대한민국이
무너지고
있다

대한민국이 무너지고 있다

4대강, 토건국가 대한민국의 슬픈 자화상

ⓒ 최병성, 2011

초판 1쇄 펴낸 날 | 2011년 9월 28일

지은이 | 최병성
펴낸이 | 박재영
펴낸곳 | 도서출판 오월의봄
본문디자인 | 김경진
주소 | (413-756) 경기도 파주시 교하읍 문발리 파주출판도시 516-2 401호
등록 | 제406-2010-000111호
전화 | 070-7704-5018
팩스 | 0505-300-0518
이메일 | navisdream@naver.com

ISBN 978-89-966875-1-1 03300

책값은 뒤표지에 있습니다.
잘못된 책은 바꾸어드립니다.
이 도서의 국립중앙도서관 출판시도서목록(CIP)은 홈페이지(http://www.nl.go.kr/ecip)에서
이용하실 수 있습니다. (CIP 제어번호: 2011003859)

대한민국이 무너지고 있다

4대강, 토건국가 대한민국의 슬픈 자화상

| 최병성 지음 |

오월의봄

강물은
다시 흘러야 합니다

4대강의 절규, 대한민국이 위험합니다

마침내 4대강 사업이 완공을 향해 달려가고 있습니다. 강의 모래는 다 파먹었고, '보'라 부르는 거대한 대형댐이 그 위용을 자랑하기 시작했습니다. 2009년 10월 착공한 지 겨우 2년 만에 690킬로미터가 넘는 공사를 완성한, 세계 그 어디서도 유례를 찾아볼 수 없는 쾌거를 이뤄낸 것입니다.

이처럼 놀라운 세계 유일의 역사를 이루기 위해 환경영향평가를 단 4개월 만에 졸속으로 해치운 환경영향평가법 위반, 국회 예산 심의 없이 사업을 조기 착공한 헌법 제54조 위반, 500억 원 이상 대규모 사업에 반드시 해야 할 예비타당성 조사를 하지 않은 국가재정법 제38조 위반, 하천법 상의 상위 계획에 위배된 하천법 위반 등 4대강 사업은 수많은 불법과 편법으로 가득합니다.

가짜 녹색으로 포장된 MB표 4대강 사업에는 갈기갈기 찢기고 처절하게 파괴된 4대강의 절규로 가득합니다. 이명박 대통령의 임기 안 완공이라는 사명 완수를 위해 밤낮없는 무리한 공사 탓에 얼음물에 빠져 죽고, 무너진 모래더미에 깔려 죽는 등 20명이 넘는 인부들이 비명횡사했습니다. 4대강 사업에는 인부들의 안타까운 피울음도 함께 담겨 있습니다. 이 대통령의 4대강 사업은 수많은 생명의 죽음을 부른 망국적 '사대강死大江' 사업이었습니다.

많은 사람들이 전광석화처럼 하루가 다르게 완공되어가는 4대강 사업을 보며 이젠 4대강을 돌이키기에는 너무 늦었다며 절망하기도 합니다. 과연 4대강 재앙을 막기엔 너무 늦어버린 것일까요? 절대 아닙니다. 4대강엔 아직도 희망이 흐르고 있습니다. 4대강 사업이 90%가 아니라, 100% 완공되었다 할지라도 우리는 생명의 강을 다시 회복할 희망이 있습니다.

우리의 강은 수천수만 년 이 땅을 보듬고 흘러왔습니다. 오랜 세월 이 땅을 흘러온 강은 앞으로 또다시 수백 년, 수천 년을 흘러가야 할 생명의 강입니다. 인간이 만든 구조물의 수명은 기껏해야 수십 년에 불과합니다. 이명박 대통령이 변종 운하를 아무리 튼튼하게 만든다 할지라도 그 수명은 얼마 되지 못합니다. 이명박 전 현대건설 사장이 1983년에 만든 한강변 콘크리트가 30년도 안 돼 무너지는 것이 바로 그 증거입니다.

또다시 흘러야 할 강의 시간이 끝없음을 기억한다면, 이 대통령이 변종 운하를 아무리 튼튼히 완공한다 할지라도 절망할 이유가 하나도 없습니다. MB표 4대강 변종 운하는 강의 긴 역사 중에 작은 점에 불과하기 때문입니다. 대운하가 평생 신념이라던 분의 꿈이 '4대강 살리기'로 이름을 개명했지만, 이명박 대통령의 꿈은 국가 재앙을 부르는 망상에 불과합니다.

강의 생명은 흐르는 역동성에 있습니다. 강은 흐르기만 하면 홍수를 통해 스스로를 치유하며 다시 거듭나는 놀라운 생명력을 가지고 있습니다. 이명박 정권이 끝난 후 우리가 수문을 열어 강을 흐르게만 해주면 강은 홍수를 반복하며 다시 생명의 강으로 거듭나게 될 것입니다. 비록 4대강이 파괴되는 재앙을 막아내지 못한 못난 우리들이지만, 하루라도 빨리 강을 흐르게 해준다면 4대강은 또다시 생명 가득한 강으로 회복될 것입니다.

'강江'을 생각하면 아련히 떠오르는 그림들이 있습니다. 굽이굽이 산을 휘감고 흐르는 맑은 물, 햇살에 반짝이는 금빛 모래, 쉼 없이 소살거리며 노래하는 여울, 물을 박차며 뛰어오르는 철새들의 웅장한 비상, 여유로운 몸짓으로 맑은 물속을 오가는 물고기, 수많은 생명을 품어주는 우거진 버드나무와 바람 따라 춤을 추는 갈대…… 강은 이 모든 것들의 총합입니다. 그 어느 하나가 빠진 강은 더 이상 강이라고 할 수 없습니다. 강은 4대강 사업처럼 단순히 썩은 물만 가득한 곳이 아니기 때문입니다.

우리는 흐르는 강을 원합니다. 강이 '흐름'을 잃어버리면 '맑음'과 함께 그 안에 깃든 모든 것을 잃어버리기 때문입니다. 고여 있는 물은 더 이상 강이 아닙니다. 강은 언제나 산을 휘감고 굽이쳐 흐르기에 강입니다. 강은 이 세상에서 가장 낮고, 이 세상에서 가장 넓은 바다를 향해 달려가기를 멈추지 않습니다. 흐르는 것이 강의 본질이기 때문입니다.

생명의 강 죽이기를 멈춰야 합니다

'강'의 반대말은 '댐'입니다. 댐은 강의 흐름을 정지시켜 강의 생명을 파괴합니다. 4대강 사업은 흘러야 할 강에 16개의 대형댐을 건설하는 '생명의 강 죽이기'입니다. 4대강 사업 후에는 더 이상 강이 존재하지 않습니다. 줄줄이 이어진 댐에 불과합니다.

흐르는 강이 우리를 부릅니다. 우리는 흐르는 강에서 모든 생명들과 하나가 됩니다. 그러나 변종 운하인 4대강 사업은 우리를 강과 단절시킵니다. 그저 유람선이나 타고 바라보는 머나먼 타자에 불과합니다. 흐르는 강에는 가슴 벅찬 생명의 속삭임이 있습니다. 흐르는 강에는 평화가 있습니다. 흐르는 강에는 따스한 위로가 있습니다. 강은 단순한 부가가치라는 탐욕의 눈으로는 볼 수 없는 더 큰 가치입니다. 건설업자들의 주머니만 배불리는 보잘것없는 4대강 개발 이윤보다, 잘 보존된 강은 더 큰 희망이요, 더 큰 미래입니다.

산과 강이 만나 서로를 보듬으며 한 폭의 그림을 그려가는 풍경화는 하늘이 준 선물이요, 미래 세대에게 물려줄 가장 큰 자원입니다. 자연 유산이 세계 문화유산이 되는 새로운 세상이기 때문입니다. 새 시대는 '개발'이 아니라 '보존'이라는 패러다임의 전환을 요구받고 있습니다. 삽질 만능의 낡은 패러다임으로 새 시대를 만들어갈 수 없습니다. 자연이 살아 있던 4대강은 미래 세대에게 무한한 가능성이었습니다. 그러기에 생명의 강을 파괴한 4대강 사업은 국가적 손실이요, 우리의 행복을 빼앗아간 잘못이요, 미래 세대의 희망을 파괴한 죄악입니다. 제5공화국의 전두환 대통령은 국민의 생명을 살생했고, 이명박 대통령은 생명의 강을 처참히 도륙했습니다. 이명박 대통령은 반드시 국토 파괴에 대한 책임을 져야 할 것입니다.

최근 이명박 대통령은 "나라 살림을 책임진 대통령으로서 경제적 타당성이 결여될 경우, 다음 정부와 미래 세대가 떠안을 부담을 고려하지 않을 수 없다"며 영남권 신공항 건설 공약을 취소했습니다.

이명박 대통령님, 10조 원짜리 신공항 사업은 타당성을 따지시면서 22조 원이 넘는 4대강 사업은 왜 타당성 조사도 없이 강행하셨나요? 다음 세대에게 부담을 주지 않기 위해 신공항을 취소하셨다는데, 다음 세대가 당신이 만든 4대강 변종 운하를 복원하기 위해 수백조 원을 퍼부어야 하는 엄청난 재앙에는 왜 눈을 감고 계신가요?

이 대통령은 영남권 신공항 백지화가 더 합리적이고 경제적이라며 국익을 위해 철회했습니다. 맞습니다. 생명의 강을 갈기갈기 찢어놓은 4대강 사업은 지금 여기서라도 중단하고 하루라도 빨리 복원을 시작하는 것이 가장 합리적이고 경제적입니다. 조만간 4대강 사업이 완공되면 상상도 할 수 없는 대홍수와 썩은 물 재앙을 경험하게 될 것이기 때문입니다.

신공항 공약 취소뿐 아니라, 2008년 6월 19일 대운하를 포기한다며 '뼈저린 반성'을 했다는 대국민 사과에서도 대통령이 내세운 명분은 '국익'을 위해서였습니다. 이명박 대통령이 애용하는 정치적 단어인 '국익'과 국민을 살생한 제5공화국 전두환 씨의 '구국의 결단'은 어떤 차이가 있을까요? 그동안 정치 권력자들이 자신들의 정치적 꼼수를 그럴싸한 말로 위장해왔듯이, 이명박 정부가 내세운 '공정한 사회', '정의', '기부' 등 언어 오염이 심각합니다.

"약속은 반드시 지킵니다"라던 이명박 대통령의 발언들은 모두 허공을 맴도는 메아리가 되었습니다. 과학벨트, 신공항, 대학생 반값 등록금, 747, 주가 3000…… 그 모든 것이 그저 표 좀 얻으려는 공약空約에 불과했습니다.

그래도 공약空約으로 끝내지 않은 것이 하나 있습니다. 한반도 대운하입니다. 대운하를 변종 운하로 바꿔 밤낮없이 강행하여 오늘 완공을 눈앞에 두고 있습니다. 이명박 대통령이 4대강 사업의 효과로 내세운 홍수 예방, 수질 개선, 일자리 창출, 지역경제 활성화 등은 모두 뻥~입니다. 꼭지켜야 할 공약公約은 국민을 속이는 공약空約이 되고, 지키지 말아야 할 것은 온갖 거짓과 기만으로 끝까지 이뤄낸 것입니다.

이제 조만간 이명박 정부는 4대강 사업 홍보를 위해 빼돌린 전용 예산으로 거짓말 가득한 4대강 광고를 쏟아낼 것입니다. 이는 '홍보'가 아니라 국민을 바보로 만드는 '세뇌'입니다. 그러나 이명박 정부가 변종 운하에 아무리 장밋빛 칠을 덧입힐지라도 국토 파괴 재앙의 진실은 변하지 않습니다.

4대강 사업의 재앙은 이미 시작되었습니다

드디어 이명박 대통령이 꿈꾸던 국토 개조의 재앙이 현실로 나타나기 시작했습니다. 무분별한 4대강 준설로 인해 100년 동안 굳건히 자리를 지켜온 칠곡 왜관철교가 2011년 6월 붕괴되었습니다. 4대강 준설로 빨라진 유속을 견디지 못하고 송수관로가 붕괴되어 구미 시민들은 물 없이 며칠을 고통을 당하며 보내야 했습니다.

왜관철교 붕괴와 송수관로 파괴는 전혀 낯선 일이 아닙니다. 저는 이미 2년 전인 2009년 8월, 강을 준설하고 교량 보호 공사를 제대로 하지 않으면 다리가 붕괴되고 취수장 사고가 발생할 것이라고 경고한 바 있습니다.

호국의 다리라 불리는 왜관철교 붕괴 소식을 들은 많은 네티즌들이 2년 전 4대강 재앙을 경고한 제 글을 보고 너무도 정확한 예언에 소름끼친다며 놀라워했습니다. 그러나 이는 전혀 놀랄 일이 아닙니다. 4대강 사업은 과학이 아니라 아주 기초적인 상식조차 지키지 않는 광란의 삽질이기에, 4대강 사업이 초래할 재앙을 정확히 예견할 수 있었던 것입니다.

다리 붕괴와 취수장 사고를 예견한 제 기사를 읽은 여러 언론사 기자들이 다음 재앙은 무엇이냐고 물어봤습니다. 4대강 사업이 초래할 재앙들을 예견하는 것은 어렵지 않습니다.

이제 4대강에 완성된 거대한 16개 댐의 수문을 닫고 물을 저장하기 시작하면 물은 썩기 시작하고, 국민들은 심각한 물 부족 사태를 겪게 될 것입니다. 4대강 16개 괴물 댐에 유람선이 떠다닐 수 있는 썩은 물은 넘치지만, 국민들이 안전하게 먹을 '맑은 물'이 없기 때문입니다. 이명박 전 현대건설 사장의 작품인 여의도 앞 한강에 물은 많으나 물이 썩어 취수장이 단 하나도 없는 것과 같은 이치입니다. 서울시가 1,800억 원을 들여 잠실수중보 근처에 있던 구의·자양취수장을 물이 맑은 상류로 이전하듯, 4대강 물이 썩기 시작하면 엄청난 국민 혈세를 퍼부어 취수원을 이전해야 하는 대재앙을 맞게 될 것입니다.

4대강 재앙은 썩은 물 취수 대란에 그치지 않습니다. 4대강 16개 괴물 댐에 가둔 물은 어느 날 거대한 물 폭탄이 되어 국민들에게 고통으로 다가올 것입니다. 그동안 홍수를 막아주던 강변습지를 파괴하고 썩은 물로 가득 채울 4대강은 국민의 생명과 재산을 쓸어가는 흡혈귀로 변신 중입니다. 4대강 사업은 '홍수 예방'이 아니라, '홍수를 유발'하는 물폭탄을 제조한 것입니다.

4대강 재앙이 '썩은 물'과 '물폭탄'에 그친다면 그나마 다행입니다. 4대강 사업은 대한민국에 더 큰 국가적인 어둠을 부르고 있습니다. 이명박 대통령이 '친수구역특별법'이라는 악법을 급조하여 4대강변 개발을 서두르고 있습니다. '친수구역특별법'이란 4대강 사업에 8조 원을 뜯긴 수자원공사가 4대강변 개발을 통해 돈벌이를 할 수 있도록 만든 아주 특별한 악법입니다. 물장사가 전문인 수자원공사가 이제 4대강변에 땅장사를 시작하면 걷잡을 수 없는 국가적 재앙은 시작됩니다. 8조 원을 남기기 위해선 100~200조 원에 이르는 대규모 공사판을 벌여야 합니다. 아름답던 강변 파괴는 말할 것도 없습니다. 한강변 막개발로 한강의 수질이 악화되었듯이, 4대강의 수질이 똥물이 되는 것도 시간문제입니다.

땅장사 전문 기업인 토지주택공사의 부채가 심각하여 하루 이자만 100억 원에 이릅니다. 지금도 건설경기 악화로 전국에 미분양 아파트가 넘쳐납니다. 4대강에 뜯긴 8조 원을 메우기 위해 수공이 강변 개발을 시작하면, 세계적 경기 악화와 맞물려 수공의 부채는 오히려 증가될 것입니다. 수공의 부채 증가는 결국 공적자금 투입이라는 국민의 부담으로 돌아올 것입니다.

반드시 강을 다시 흐르도록 해야 합니다

4대강 준설로 4대강 본류에 연결된 지천마다 역행침식으로 하천 바닥이 침식되고 제방이 붕괴되기 시작했습니다. 지천의 붕괴를 염려한 이명박 정부가 하천보호공을 설치했지만 이마저도 무용지물이 되고 있습니다. 준설로 인해 빨라진 유속을 지천이 감당하지 못하기 때문입니다. 지천 붕괴가 시작되자 몰염치한 이명박 정부는 지천 살리기를 위해

20~30조 원에 이르는 공사를 해야 한다고 주장하기 시작했습니다. 22조 원을 퍼부어 4대강을 파괴하고, 이젠 4대강 사업 때문에 붕괴되기 시작한 지천에 20~30조 원을 또다시 퍼부으려 하는 것입니다. 복지 포퓰리즘으로 나라가 망한다고 주장하는 이들이 강을 파괴하는 데에는 국민 혈세를 밑 빠진 독에 물 붓듯 하고 있습니다.

4대강 사업의 폐해는 그저 망가진 생태계와 썩어갈 강물에 그치지 않습니다. 왜관철교 붕괴와 구미 송수관 파열은 4대강 저주가 시작되었음을 보여줍니다. 앞으로 어느 날, 어떤 다리가 붕괴될지 아무도 모릅니다. 변종 운하로 빨라진 유속의 괴력은 강에 세워진 다리 붕괴는 물론이요, 강 밑을 지나는 송수관과 도시가스관 등을 파괴할 수도 있습니다. 16개 변종 댐에 가둔 물은 썩고, 4대강 물폭탄은 어느 곳에서 터질지 모릅니다. 200조 원에 가까운 수공의 4대강변 막개발이 시작되면 국가 경제를 어둠으로 몰아가는 대재앙의 그림자가 대한민국을 덮칠 것입니다. 이 모든 것은 '혹시'가 아니라 '언제냐?'라는 시간의 문제일 뿐입니다.

이명박 대통령은 2조 2,500억 원의 막대한 예산을 투입하여 경인운하를 강행해 10월 준공을 앞두고 있습니다. 그러나 경인운하 사업으로 인해 1조 5,000억 원대 혈세가 허공으로 사라질 것이라는 한국수자원공사의 내부 보고서가 최근 공개되어 파문이 일고 있습니다.

이명박 대통령 한 개인의 탐욕에 불과한 헛된 망상이 국책사업이라는 탈을 쓰고 강행된 것은 경인운하에 그치지 않습니다. 22조 원을 강에 쏟아 부은 4대강 사업은 대한민국 역사 이래 최대 국책사업입니다. 최대 국책사업답게 4대강 사업은 일제 침탈 40여 년의 국토 훼손보다 더 큰 파괴의 재앙이 될 것입니다. 4대강 사업은 갖가지 재앙을 초래하며 대한민국을 무너뜨리는 지름길이 되고 있습니다.

얼마 전 꿈속에서 고등학생들이 절규하듯 부르는 4대강 노래를 들었습니다.

나 다시 흘러가리라.
4대강 괴물 댐을 부셔
나 다시 흘러가리라.
변종 운하에 갇혀 썩은
마지막 한 방울 물까지
나 다시 흘러가리라.
금빛 모래 다시 쌓이고
철새들 다시 돌아와
힘찬 날갯짓하는 그날까지
나 다시 흘러가리라

'나 다시 흘러가리라'는 노래를 듣다 처참히 파괴되는 4대강이 애처로워 땅을 치며 통곡하다 잠이 깨었습니다. 이명박 대통령의 변종 운하가 완성될지라도 그것이 결코 4대강의 끝이 아닙니다. 4대강 변종 운하가 더 이상 대한민국의 재앙이 되지 않기 위해서는 우리가 다시 생명의 강을 흐르게 해야 합니다. 강은 흘러야 합니다. 반드시 4대강이 다시 흐르도록 해야 합니다. 이것이 우리의 의무이며 책임입니다.

2011년 가을, 다시 흐를 4대강을 그리며
최병성

차례

4부 4대강의 미래, 한강

다시는 볼 수 없는
아름다운 풍경

1부

‖낙동강 700리 중 제1비경이라 부르는 경천대. 이 아름답던 모래톱이 광란의 삽질로 사라졌습니다.

‖ 낙동강 본포의 모래톱. 매년 겨울이면 흑두루미 수천 마리가 앉아 쉬던 꿈결처럼 아름답던 곳입니다. 그러나 이 곱디고운 모래톱이 흔적도 없이 사라졌습니다. 이명박 대통령님, 낙동강의 모래가 사라지면 대한민국이 더 살기 좋아지나요?

‖ 버드나무 그늘이 그림처럼 아름답던 금강변.

‖나무와 강이 어우러져 우리를 평화롭게 해주던 금강, 이게 바로 진짜 강이지요.

▎굽이돌며 한 폭의 비경을 그려가던 낙동강 경천대입니다. (사진 : 부산 낙동강지키기운동본부)

∥백제의 역사와 문화가 숨 쉬는 금강의 공산성입니다. 그러나 4대강 사업은 이렇게 역사적인 곳마저 모래를 퍼
내고 변종 운하를 만들었습니다.

‖은빛 여울이 빛나던 한강 이포나루. 많은 사람들이 견지낚시와 수영을 즐기던 생명의 강이었습니다. 그러나 4대강 사업으로 바로 이곳에 이포댐이 들어섰고, 군인들과 인부들이 수장된 죽음의 수로가 되었습니다.

∥ 세계적인 멸종 위기 종 단양쑥부쟁이가 춤을 추고 고라니가 뛰놀던 한강변. 그러나 이곳도 사라지고 말았습니
　다. (사진 : 박용훈)

▮눈이 내린 겨울의 한강변 풍경입니다. 그림처럼 아름답던 이 모습을 이젠 더 이상 볼 수 없게 되었습니다.
　　(사진 : 박용훈)

‖ 생명으로 출렁이던 한강 바위늪구비의 여울입니다. 여울이 있기 때문에 그나마 한강 물이 맑게 유지될 수 있
었는데, 이 여울이 흔적도 없이 사라졌습니다.

‖두 번 다시 만날 수 없는 한강변의 고운 여울 빛 물결입니다.

∥어릴 적 추억을 떠올리며 던져보던 물수제비. 그러나 아름답던 한강의 자갈길은 더 이상 볼 수 없습니다. 왜 이곳을 파괴했는지 이명박 대통령에게 그 이유를 묻고 싶습니다.

‖고운 모래톱과 맑은 물과 뭉게구름이 아름답지 않나요? 그러나 낙동강의 모래는 흔적도 없이 사라지고 이곳
　에 거대한 상주댐이 솟아오르고 있습니다.

‖ 우리나라에도 이렇게 아름다운 곳이 있다니 믿기지 않습니다. 이렇게 멋진 곳이 낙동강에서 퍼낸 모래를 쌓는
적치장으로 전락하여 흉측하게 훼손되었습니다.

॥꼬마물떼새가 뛰놀던 한강변 자갈밭입니다. 꼬마물떼새가 앉아 쉬며 바라보던 자갈과 맑은 물길도 사라졌습

니다. 꼬마물떼새도 함께 사라졌습니다.

‖그윽하게 산 그림자를 품어주던 낙동강입니다. 이곳의 모래와 하중도도 사라졌습니다.

ᴵᴵ한강에도 이런 풍경이 있었습니다. 2010년 이곳이 사라졌습니다. 이제는 아름답던 한강을 사진으로만 볼 수 있게 되었습니다.

굽이굽이 돌 때마다 다른 얼굴로 반가이 맞아주던 낙동강이었습니다. 그러나 지금은 직선으로 쭉 뻗은 변종 운하만 있을 뿐입니다.

‖한강과 섬강이 만나 한 폭의 그림을 그리던 곳입니다. 그러나 이곳의 아름답던 습지도 다 파괴되었습니다. 4대강 사업이 끝나면 저 카메라에 무엇을 담을 수 있을까요?

4대강 사업으로 인해 꿈길처럼 아름답던 한강·낙동강·금강·영산강의 비경들이 흔적도 없이 사라지고 훼손되었습니다. 생태 경관이 뛰어난 곳뿐만 아니라, 역사·문화의 숨결이 가득했던 곳마저 4대강 변종 운하의 삽질로 처참히 난도질되었습니다. 4대강 사업은 이 땅의 미래와 희망을 훼손한 국토 파괴 대재앙입니다.

잃어버리고 나서야 그 존재의 소중함을 깨닫는다고 했던 옛말처럼, 4대강 괴물 댐에 갇힌 강물이 썩고 홍수 재앙이 발생하고 나서야 4대강이 얼마나 아름답고 소중했는지 알게 될 것입니다.

금빛 모래 반짝이던 4대강이 그립습니다. 맑은 여울 노래하던 4대강이 눈에 어른거립니다. 오늘도 찾아가면 4대강의 금빛 모래가, 찰랑이던 맑은 여울이, 철새들의 고운 노랫소리가 반가이 맞아줄 것만 같은데, 이 모든 것이 오랜 옛날의 추억이 돼버렸습니다.

아름답던 4대강을 그리며 〈그리운 금강산〉이란 가곡을 개사하여 읊조려보았습니다. 구절 하나하나를 속삭일수록 내가 걸었던 고운 모래밭이, 내가 발을 담갔던 맑은 물이, 손바닥에 올려놓았던 동그란 강자갈의 감촉이 새록새록 떠오르며 내 가슴이 먹먹해옵니다.

누구의 주제런가 맑고 고운 강
그리운 푸른 물결 말은 없어도
이제야 자유만민 옷깃 여미며
그 이름 다시 부를 우리 4대강
수수만년 아름다운 강 파괴된 지 몇몇 해
오늘에야 흐를 날 왔나
4대강은 부른다.

경천대 금빛 모래 파헤친 자리
흰구름 강바람도 무심히 가나
또다시 굽이굽이 흘러가거라
우리 다 맺힌 아픔 풀릴 때까지
수수만년 흘러야 할 강 운하된 지 몇몇 해
오늘에야 흐를 날 왔나
4대강은 부른다.

대한민국,
홍수 공화국

2부

강에게
더 넓은 공간을
허하라

홍수를 예방할 수 있는 방법은 두 가지가 있습니다. 첫째는 제방을 쌓아 물길을 제방 안에 가두는 방법, 둘째는 자연의 물길인 홍수와 더불어 살아가는 방법입니다. 중국에서도 이 두 가지로 논쟁이 벌어지고 있는데, 제방을 통한 홍수 예방을 유가의 '제한주의자'라고 하고, 범람원을 통한 홍수와 더불어 살아가기를 도가의 '확장주의자'라고 표현합니다.

이명박 대통령은 홍수를 예방한다며 강을 준설하고 제방을 쌓고, 대형 댐보다 더 큰 보를 건설했습니다. 그러나 대한민국 하천법 중 최상위 법인 수자원장기종합계획2006~2020은 그동안 제방 일변도였던 대한민국의 치수 방법이 잘못되었음을 지적하면서 "최근 들어 전 세계적으로 대두되고 있는 '홍수와 더불어 살아가기Living with flood'라는 개념으로 홍수 방어 대책을 전환해야 한다"고 강조했습니다.

선진국은 지금껏 제방을 쌓아 홍수를 예방해온 것이 잘못된 방법이었다는 것을 깨닫고 '홍수와 더불어' 살아가는 길을 선택하고 있습니다. 제방이 오히려 더 큰 홍수를 초래한다는 것을 깨달았기 때문입니다. 슈퍼제방으로 홍수를 예방한다고 국민을 기만하는 4대강 사업은 오히려 큰 홍수를 초래할 것입니다. 그러기에 4대강 사업은 대한민국 하천법 중 최상위법인 수자원장기종합계획을 위반한 불법인 것입니다.

프레드 피어스Fred Pearce는 《강의 죽음When the Rivers Run Dry》이라는 책에서 홍수 예방에 실패한 세계의 하천 역사를 다음과 같이 이야기합니다.

> "도시에 아무리 큰 배수로를 만들어도, 강을 아무리 넓고 곧게 만들어도, 강물이 경로를 벗어나지 않도록 하기 위해 아무리 제방을 높게 쌓아도 이 모든 노력을 조롱이라도 하듯 홍수는 계속 일어났다. 미시시피강 미국으로부터 다뉴브강독일과 오스트리아 헝가리를 거쳐 흑해로 들어가는 유럽 제2의 강에 이르기까지 홍수 없는 미래를 실현한 강은 없었다. 제방은 가장 약한 연결 고리나 다름없었고, 자연은 어김없이 그런 곳을 찾아냈다."

피어스는 "그동안 유럽에서 홍수를 방지하기 위해 시도되었던 토목기술들은 오히려 홍수를 일으키려는 음모가 아닌가 의심을 불러일으킬 정도"라며, "2002년 유럽에서 홍수가 났던 강들은 모두 홍수를 없애기 위해 특별히 정비했던 강들"이라고 밝혔습니다. 특히 그는 "강 주위의 습지와 범람원이 없어진 곳에서는 많은 양의 물이 부자연스럽게 흘러가면서 더 거세고 파괴적인 홍수가 되었다. 제방을 높게 쌓아 물이 넘치지 않게

▎독일 이자강의 홍수 예방은 4대강 사업처럼 강을 준설하고 제방을 쌓는 것이 아닙니다. 강에게 물이 흘러갈 더 넓은 길을 열어주어 여울과 모래톱이 있는 자연의 강으로 되돌아가는 것입니다. (사진 : 독일 뮌헨시청)

하고, 강물이 흐르는 데 방해가 되는 것은 모두 없앴지만 그러한 노력들이 홍수를 없애기는커녕 물이 빨라지는 병목구간에 홍수가 집중되게 하는 결과를 초래했다"고 강조했습니다.

강을 준설하고 습지를 없애고 제방과 거대한 보를 쌓는 4대강 사업이 얼마나 어리석고 잘못된 공사인지 이미 외국의 사례들이 증명하고 있습니다. 4대강 사업은 국민 혈세 22조 원을 퍼부어 대한민국에 대홍수를 초래하는 재앙에 불과합니다.

선진국의 참 홍수 대책

제방 건설이 홍수를 부르는 음모임을 깨달은 선진국의 진짜 홍수 대책은 무엇일까요? 이명박 대통령은 사전에도 없는 용어인 '국격'을 운운하며 선진국의 물 관리를 부러워하여 4대강 사업을 강행했습니다. 그러나 선진국의 홍수 대책은 제방을 허물어 강물이 흘러갈 더 넓은 공간을 강에게 되돌려주는 것입니다. 한마디로 제방을 허무는 선진국의 홍수 대책은 강바닥을 깊이 파고 제방을 쌓는 4대강 사업과는 정반대인 것이죠.

피어스는 "복잡한 강의 수리를 단순한 배수로로 바꾸려는 토목기술의 시도는 처음 약속대로 안전한 것이 아니라 더 큰 위험을 초래한다"며 오늘날의 홍수 예방은 "구불구불한 물길과 습지를 복원하여 유속이 느려지게 하는, 제방을 없애 범람원을 다시 강에게 돌려주는 것"이라고 밝히고 있습니다.

수자원장기종합계획에서 지적한 '홍수와 더불어 살아가기'란 '제방'을 없애 강에게 더 넓은 공간을 돌려주는 것을 의미합니다.

‖ 독일 이자강은 좁고 깊은 운하(맨 위)를 여울과 모래톱이 있는 원래의 자연의 물길로 되살렸습니다. 강에게 더 넓은 물길을 열어주자 대홍수에도 불구하고 피해가 발생하지 않았습니다. (사진 : 독일 뮌헨시청)

패트릭 맥컬리Patric McCully는 《소리 잃은 강Silenced Rivers》에서 "1850년 대 미국에서도 홍수 예방의 방법으로 제방 건설과 홍수와 더불어 살아가는 범람원이라는 두 가지 논쟁이 있었는데, 결국 미시시피강에 둑을 쌓아 물을 수로 안에 흐르게 해야 한다는 공병대 주장이 이겼다. 그러나 이제 한 시대를 풍미했던 '구조물적'인 접근은 최근 수십 년에 걸쳐 그 과학적 신뢰성을 잃어가고 있다"며 오늘날은 제방 건설이 아니라 비구조물 방법에 근거한 자연스러운 범람원 관리가 널리 퍼지고 있다고 강조했습니다. 최근 발생한 미국 미시시피강의 대홍수는 인위적으로 강을 수로화한 4대 강에 벌어질 재앙을 미리 보여준 것이라 할 수 있습니다.

네덜란드의 네이메헨 대학 수문학자인 피에트 닌후이스는 "최근의 홍수로 인해 강을 바라보는 생각이 완전히 변화하고 있다. 강을 위해 더 넓은 공간을 허락해야 한다. 강은 홍수로 불어날 물을 그저 쓸어버리는 배수로가 아니라, 홍수를 포용하는 공간이 되어야 한다"며 진정한 홍수 대책이 무엇인지 정확히 지적했습니다. 멀쩡한 습지를 파괴해서 강을 수로로 만든 4대강 사업이 시대에 뒤떨어진 일이요, 앞으로 얼마나 심각한 재앙을 부를지 보여줍니다.

세계의 많은 나라들은 제방을 헐고 여울과 은빛 모래밭과 구불구불한 물길을 복원하여 유속이 느려지게 함으로써 홍수를 예방하고 있습니다. 홍수 예방을 위해 '운하의 재자연화'를 실시한 독일 이자강이 바로 그 증거입니다. 이자강의 복원은 제방을 헐어 강에게 물이 넘칠 더 넓은 공간을 준 것입니다. 그러자 2009년 엄청난 호우가 쏟아졌지만, 홍수 피해가 발생하지 않았습니다. 운하를 헐어 여울이 있는 자연으로 돌아가자 홍수 피해도 막고, 강의 생태계가 다시 살아나고 시민들도 강을 즐기게 되는 등 일석삼조一石三鳥의 효과가 발생한 것입니다.

‖ 홍수 대책에서 가장 앞서고 있는 나라는 네덜란드입니다. 네덜란드는 홍수 예방을 위해 강에게 더 넓은 공간
을 마련해주고 있습니다.

운하와 제방을 헐어 다시 자연의 강으로 돌아가는 선진국의 사례는 독일의 이자강만이 아닙니다. 스위스의 투어강과 미국의 키시미강 역시 콘크리트 수로를 헐어 자연으로 돌아가게 함으로써 강을 다시 살렸습니다. 영국 역시 런던의 홍수를 막기 위해 제방을 없애고, 옥스퍼드 외곽 템스강의 범람원을 다시 복원하고 하류에는 습지를 재조성하고 있습니다.

홍수 대책에서 가장 앞서고 있는 나라는 국토의 대부분이 간척지로 이뤄진 네덜란드입니다. 네덜란드는 그동안 있었던 대홍수의 원인을 조사해본 결과 강을 곧게 펴고 강 주변에 건물을 너무 많이 세워 물이 흘러갈 길이 전혀 없었기 때문이라고 결론을 내렸습니다. 그래서 전국토의 6분의 1을 강물이 흘러넘치는 범람원과 저지대의 자연습지로 되돌리는 계획을 세웠습니다. 수변도시개발을 위해 친수구역특별법까지 급조해 강변 개발을 강행하는 이명박 대통령의 4대강 사업과는 정반대인 것입니다.

오스트리아는 알프스산에서 발원하는 드라바강의 범람원 60킬로미터 구간을 복원하는 유럽 최대 규모의 강 복원 사업을 벌이고 있습니다. 버드나무가 우거진 배후 습지로 강물이 드나들 수 있는 물길을 트는 공사입니다. 이를 통해 알프스에서 폭우로 불어난 물의 체류 시간을 한 시간 이상 늦춰, 슬로베니아에서 크로아티아에 이르는 강 하류의 마을을 모두 보호한다는 것입니다.

운하의 본거지 독일에선 어떤 일이?

　
　
　

4대강 사업으로 생명의 강이 변종 운하로 전락한 것은 이명박 대통령이 독일에 가서 라인강 운하와 MD마인강~도나우강운하를 보고 온

덕분입니다. 이명박 대통령이 배워왔다는 운하의 본거지 독일의 홍수 대책은 무엇일까요?

마크 드빌리어스Marq de Villiers는 《물의 위기Water: The Face of Our Most Precious Resource》에서 라인강 살리기의 진실을 다음과 같이 전하고 있습니다.

> "라인강이 습지가 사라지고 운하로 변하자 배들이 다니기에는 좋아졌으나, 유속이 빨라지고 지하수위도 낮아졌다. 운하를 위한 제방 때문에 강물은 하천 구간으로만 흐르게 되었고, 같은 정도의 홍수라도 전보다 피해는 더 컸다. 운하로 변한 라인강이 수질이 썩고 생태계가 파괴되자 독일, 프랑스, 룩셈브르크, 스위스, 네덜란드 등 라인강을 낀 여러 국가들이 국제 라인강 보호위원회ICPR를 발족하여 사라진 연어가 되돌아오는 라인강으로의 생태 복원을 시작했다. 라인강의 재탄생이라 불리는 ICPR의 연어 2000 프로그램으로 수십 개의 댐들과 다른 장애물들이 제거되었고, 습지가 가능한 한 모두 복원되기 시작했다. 그 결과 2만 마리의 연어들이 라인강에 돌아왔다."

이명박 대통령은 4대강 사업 홍보 동영상에서 4대강을 라인강처럼 살려야 한다고 강조했습니다. 라인강은 강을 살리기 위해 수십 개의 댐을 허물고, 습지를 다시 원상태로 복원했습니다. 그런데 라인강 살리기를 따라하겠다던 4대강 사업은 강에 16개의 대형댐을 건설하고, 습지는 다 파괴해 제방을 쌓아 강을 수로에 가두는 청개구리 사업을 했습니다.

독일 살란트Saarland 주의 환경부 장관 요세프 라이넨Josef Leinen은 1994년 라인강의 대홍수 원인으로 "라인강변의 초지를 너무 많이 포장하고, 강을 너무 많이 직선화"했기 때문이라고 밝혔습니다. 그래서 독일은 라인강의 홍수를 막기 위해 프랑스와 라인강변의 습지를 복원하는 협정을 체결하고, 라인강 하류의 1,300제곱킬로미터 넓이의 범람원을 원상태로 되돌리기 위해 제방을 헐어 갈대와 물풀이 자라는 곳으로 조성했습니다. 독일은 라인강이 운하로 변한 뒤 200년 빈도의 홍수가 6년마다 발생하는 위험에 시달리고 있기 때문입니다.

2002년 엘베강에 대홍수가 발생한 뒤, 독일 환경부 장관인 유르겐 트리틴은 "강에 충분한 공간을 되돌려주자"는 취지의 법률을 제정하겠다고 발표했는데, 이렇게 하지 않으면 강이 스스로 홍수를 통해 그 공간을 되찾게 될 것이기 때문이라는 것입니다.

세계인이 주목하는 부끄러운 4대강 사업

지금까지 외국의 홍수 대책을 살펴본 것처럼 선진국은 제방을 헐고, 다시 습지를 조성해 강물이 자연스레 흘러갈 넓은 공간을 되돌려주고 있습니다. 그런데 이명박 대통령의 4대강 사업은 참으로 놀랍습니다. 강변 습지들을 깡그리 파괴하여 직선형 수로를 만들고 슈퍼 제방을 쌓아 강물을 제방 안에 가두고 있습니다.

한강이 범람하면 자연적으로 한강의 홍수를 조절해주던 바위늪구비 습지의 버드나무를 모두 밀어버리고 물로 가득 채웠습니다. 4대강 사업 이후 홍수 위험이 더 가중되지는 않을지 염려스러울 뿐입니다.

지금 세계의 홍수 대책과 정반대로 가고 있는 이명박표 4대강 사업이 장차 얼마나 큰 재앙이 될지 외국의 사례들이 증거하고 있습니다. 그런데 이명박 대통령은 이런 시대에 뒤진 망국적 4대강 사업을 세계에 수출하겠다고 자랑까지 하고 있습니다.

이명박 대통령의 4대강 사업은 홍수를 부르고 나라 재정을 파탄내는 재앙의 바벨탑입니다. 이명박 정부와 무책임한 언론들은 지금까지 공사가 많이 진척되었다며 비용 운운하며 공사를 강행했습니다. 이 대통령은 동남권 신공항 공약을 파기하며 "책임 있는 지도자는 국익을 위해 결단할 수 있어야 한다"고 말했습니다. 그렇습니다. 지금 이명박 대통령의 4대강 죽이기 중단이라는 용기 있는 결단이 필요한 때입니다. 그 길만이 이명박 대통령도 살고, 나라 경제도 살고 4대강도 다시 회복의 길로 갈 수 있습니다.

물바다가 된
서울

2011년 8월 4일, 부산대에서 강연을 마치고 올라오는 길이었습니다. 부산역에서는 4대강 사업이 완공되는 2011년이면 모든 자연 재난에서 벗어난다는 4대강 홍보 동영상이 반복되어 방영되고 있었습니다. 심지어 4대강 사업 홍보 동영상 중엔 '홍수가 사라지다. 상상이 아닙니다'라며 4대강 사업이 모든 홍수와 재난을 막아내는 꼭 필요한 사업이라고 자랑하고 있었습니다.

이명박 정부는 2011년 10월 말 4대강 사업 준공 및 개장 행사를 기획하고 있다고 밝혔습니다. 2009년 10월 착공한 4대강 공사가 단 2년 만에 완공된 것입니다. 모든 재난과 홍수를 막겠다며 밤낮없이 서두른 4대강 사업이 완공을 눈앞에 두고 있는데, 지금 전국에선 연일 홍수 재앙이 발생하고 있습니다.

중앙재난안전대책본부는 2011년 7월 말 서울 경기와 강원 북부지역에 내린 폭우로 인해 59명이 사망하고 10명이 실종되었다고 밝혔습니다. 특히 이번 폭우로 서울 우면산에 산사태가 발생하여 16명이 사망하고 한 명이 실종되었습니다. 강원도 춘천에서는 산사태로 대학생 등 13명이 사망했습니다. 그 외에도 경기도 광주, 포천, 과천, 동두천, 용인, 연천, 여주, 양평 등에서도 줄줄이 사망자와 실종자가 나왔습니다. 경기 북부에 내린 폭우는 인명 피해만이 아닙니다. 주택 1만 38채와 공장 및 상가 1,097곳, 농경지 978헥타르가 침수되고 5,256가구 1만 1,193명의 이재민이 발생했습니다.

홍수 재난은 여기서 그치지 않았습니다. 경기 북부의 폭우가 그치고 며칠 지나지 않은 지난 8월 9일엔 제9호 태풍 '무이파'와 집중 폭우로 전남북 지역에만 56개소의 도로와 교량이 붕괴되거나 침수되고, 188곳의 하천이 범람해 정읍을 비롯하여 남원, 고창, 김제, 임실, 부안, 장수 지역에 농경지 2만 2,566헥타르가 침수되고 주택과 선박이 침몰하는 등 막대한 재산 피해가 발생했습니다.

재난을 막아준다던 4대강 사업은 무엇입니까?

2011년 7월 말 쏟아진 폭우로 대한민국 수도 서울이 물의 도시가 되었습니다. 서울 강남역을 비롯하여 대치동과 사당동은 차량이 지붕만 남긴 채 물에 잠긴 끔찍한 수상도시로 변모했습니다. 이번 폭우에 침수된 차량이 무려 1만 6,000대에 이릅니다.

서울시가 물바다가 된 것은 이번이 처음이 아닙니다. 1년 전인 2010년

‖2010년 서울 광화문 인근 도로가 물에 잠기자 네티즌들이 재치 있게 광화문대첩이라고 패러디했습니다.

가을 집중호우로 서울 시내가 물바다가 되었습니다. 도로와 인도를 구분할 수 없을 만큼 온통 물세상이 되었습니다. 도로의 맨홀은 물길이 하늘로 치솟는 분수가 되는가 하면, 지하철 역사가 물에 잠겨 전철이 정차하지 않고 그냥 통과하는 일도 벌어졌습니다.

　서울 시내가 물바다가 되자 네티즌들은 홍수 사진들을 패러디하기 시작했습니다. 그 중 최고의 걸작은 일명 '광화문대첩'입니다. 서울의 중심인 광화문이 물바다로 변하자 이순신 장군이 거북선을 동원하여 광화문 대첩을 진두지휘한 것입니다. 기상천외한 네티즌들의 패러디에 모두가 폭소할 수밖에 없었습니다.

이명박 대통령이 자연재난과 홍수를 막는다며 22조 원이 넘는 엄청난 혈세를 강에 퍼부었는데, 준공을 눈앞에 둔 지금도 여전히 전국에서 홍수가 발생하고 있습니다. 도대체 어떻게 된 일일까요? 홍수 예방이라는 미명하에 강행된 4대강 사업이 변종 운하를 위한 대국민 사기극이었음이 증명된 것입니다. 이명박 대통령이 국민을 속인 것이지요.

서울의 중심이요, 청와대 바로 앞인 광화문을 비롯하여 강남역과 대치역 등이 물에 잠긴 것은 4대강 사업이 사기극임을 극명하게 보여줍니다. 서울 시내가 물바다가 된 이유는 한강 범람 때문이 아닙니다. 4대강 사업의 모델인 한강은 1983년 한강종합개발로 슈퍼 제방이 완비된 운하입니다. 서울 시내가 물바다가 되었음에도 한강은 단 한 곳도 물이 넘친 곳이 없었습니다. 한강은 서울의 홍수와는 아무 상관이 없기 때문입니다. 이는 4대강 사업과 홍수가 아무 상관이 없다는 걸 명백히 보여주는 것입니다. 산사태와 침수로 물바다가 된 서울의 재난은 홍수를 대비한다던 4대강 사업이 국민의 혈세를 건설업자들의 주머니에 채워주고 생명의 강만 파괴한 광란의 삽질에 불과하다는 걸 증명합니다.

자연재난을 예방하는
진짜 홍수 대책이 여기 있습니다

지난 2009년 11월, 이명박 대통령은 '국민과의 대화'에서 2007

년 소방방재청이 만든 '신국가방재시스템'을 들고 텔레비전에 나와 "지난 정부에서 87조 원의 홍수 예방 사업엔 반대를 안 하더니, 22조 원에 불과한 4대강 사업은 반대한다"고 항변했습니다. 그런데 바로 이 신국가방재시스템은 준설과 보를 건설하는 이명박 대통령의 4대강 사업과는 정반대입니다.

신국가방재시스템이 제시하는 홍수 예방 대책이란 '준설'이 아니라 '배수시설'을 확충·보강하는 것이기 때문입니다. 그 증거가 신국가방재시스템에 정확히 나와 있습니다. 강원도는 2002년 태풍 매미로 인해 인명 피해가 전국 집계의 58%, 이재민은 82%를 차지할 만큼 큰 피해를 입었습니다. 그런데 태풍 매미로 인한 피해가 가장 컸던 영월과 강릉시는 이후 배수 펌프장을 설치했습니다. 그 결과, 2006년 집중호우 때에는 어떤 피해도 입지 않았습니다.

이 대통령이 텔레비전에 들고 나온 신국가방재시스템은 이명박 대통령 스스로 자신은 거짓말쟁이라고 증언한 것입니다.

서울 시내의 침수는 한강을 아무리 깊이 파고 보를 100개 세운다 할지

배수 펌프장 설치 전후 강우량 및 피해 규모 비교

	설치 전			설치 후		
	피해 연도	피해 규모	강우량	강우 연도	피해 규모	강우량
영월군	2002년 태풍	침수 58h 주택 74동	145	2006년 집중호우	—	450
강릉시	2002년 태풍	침수 105h 주택 75동	898	2006년 집중호우	—	543
김해시	2002년 태풍	침수 102h 주택 1,200동	501	2006년 태풍	—	378

(출처 : 신국가방재시스템)

라도 결코 막을 수 없습니다. 대한민국의 홍수 역시 4대강을 준설하고 보를 세우는 것과 아무 상관없습니다. 홍수 예방이란 도심의 배수 관리를 어떻게 하느냐에 달렸기 때문입니다.

소방방재청 스스로 인정한 4대강 사기극

지난 2010년 여름, 소방방재청이 서울광장에서 '2010년 자연재난 사진 포스터 표어 작품 전시회'를 개최했습니다. 혹시나 4대강의 홍수 피해 사진이 있을까 싶어 자세히 살펴보았습니다. 1등상인 대통령상은 태풍 사라호로 인한 충북 음성군의 유실된 철길 사진이었고, 2등상인 국무총리상은 강원도 춘천의 폭설로 주저앉은 비닐하우스였습니다. 그리고 나머지 재난 사진들 역시 강원도 삼척시 태봉산의 산사태, 강원도 평창군 진부면의 산불, 울릉도의 홍수로 인한 산사태, 충북 제천시의 강풍으로 무너진 인삼밭, 제주도 용담한천과 전남 고흥군의 태풍 나리로 인한 피해, 서울 은평구 녹번동의 폭설 그리고 경기 일산의 황사 등이었습니다.

소방방재청이 전시회를 통해 보여준 자연재난은 4대강과는 아무 상관없었습니다. 이명박 대통령은 대한민국의 홍수 피해를 예방한다며 4대강 사업을 밤낮없이 강행했습니다. 그런데 대한민국의 모든 자연재난을 관리하고 있는 소방방재청의 자연재난 사진전에는 4대강 지역의 홍수 피해 사진은 찾아볼 수 없었습니다. 소방방재청의 자연재난 사진은 제주도와 울릉도의 섬 지역을 포함하여 전국의 홍수, 강풍, 폭설, 산불, 황사 등 모든 자연재난을 포함하고 있었습니다.

이명박 대통령이 해마다 발생하는 2조 7,000억 원이라는 막대한 홍수 피해를 막기 위해 4대강 사업이 필요하다고 했습니다. 그런데 소방방재청의 '2007 재해연보'에 따르면 지난 10년1998~2007년 동안 모든 자연 재해를 합한 연평균 피해액이 2조 2,262억 원입니다. 연간 자연 재해 피해에는 여름 홍수 피해만이 아니라, 겨울철 폭설이나 태풍에 의한 시설물과 농작물 피해, 그리고 풍랑과 해일에 의한 선박과 항만시설의 피해까지 다 포함한 것입니다. 이명박 대통령의 홍수를 빙자한 4대강 사업이 사기극이라고 말하는 것은 바로 이 때문입니다.

이명박 대통령의 주장대로라면 4대강 사업은 대한민국의 모든 자연재해를 막는 만병통치약입니다. 4대강 사업이 완공되면 앞으로 대한민국 그 어디에서도 홍수뿐만 아니라 강풍이나 폭풍 등의 어떤 자연재해가 단 한 건도 발생하면 안 됩니다. 그러나 현실은 전혀 그렇지 않습니다.

이명박 대통령의 주장처럼 4대강의 홍수가 매우 심각하여 4대강 사업이 몹시 시급한 일이라면, 왜 4대강의 홍수 피해 사진은 없는 것일까요? 소방방재청의 사진전에 4대강 홍수 피해 사진이 없는 까닭은 4대강엔 홍수가 잘 발생하지 않기 때문입니다.

국토해양부의 《한국하천일람》2007.12.31에 따르면, 4대강은 제방 등의 하천 정비가 이미 2007년에 97.3퍼센트가 완성되었다고 밝히고 있습니다. 4대강은 홍수 대비가 이미 끝났기 때문에 홍수가 잘 나지 않는 것입니다. 홍수 대비가 필요한 곳은 4대강이 아니라 지방하천과 소하천입니다. 지방하천과 소하천은 아직 홍수 대비가 돼 있지 않아 해마다 홍수 피해가 반복되고 있습니다. 그런데 이명박 정부는 수해가 발생하는 지방하천과 소하천은 무시하고, 이미 홍수 예방이 끝난 4대강에 22조 원의 혈세를 쏟아 넣으며 홍수 대비를 위한 사업이라고 국민을 호도하고 있는 것입니다.

2011년 7월 27일 경기도 동두천시를 관통하는 신천이 범람하여 주택 3,000여 채가 침수되고 600여 명의 이재민이 발생했습니다. 역시 같은 날 경기도 곤지암천이 범람하여 막대한 피해가 발생했습니다. 경기도는 경안천, 곤지암천, 신천 등 도내 24개 시·군 777개소 19만 1,791미터에 달하는 하천이 수해로 손실되었고, 주택 7,517세대가 물에 잠겨 1만 1,288명의 이재민이 발생했습니다.

4대강 사업이 잘못되었다는 것은 하천 길이만 살펴봐도 쉽게 알 수 있습니다. 대한민국 전체 하천의 총 길이는 6만 4,900킬로미터입니다. 이 중 이명박 대통령이 홍수를 대비한다며 준설한 구간은 634킬로미터로서 대한민국 전체 하천의 단 1퍼센트도 되지 않습니다. 1퍼센트 하천을 파서 나머지 99퍼센트 하천의 홍수를 막을 수 없다는 것은 과학이 아니라 유치원생도 아는 기초 상식입니다. 매년 홍수가 4대강이 아니라 지방하천과 소하천에서 발생하고 있는 것이 바로 그 증거입니다.

‖강우일수는 14퍼센트나 줄었는데, 강우량은 7퍼센트가 더 늘었다는 MBC의 보도입니다. 집중호우 발생이 잦아졌는데, 우리나라 도로 사정은 겨우 시간당 60미리미터 이상이 쏟아지면 도로 하수구가 넘치게 돼 있습니다. 당연히 도심 홍수가 날 수밖에 없는 것이지요. 진정한 홍수 대책이란 4대강 사업이 아니라 도심 홍수 등에 대비하는 것입니다.

소리 잃은 강

•
•
•

　　진정한 홍수 대책은 어디에 있을까요? 광화문대첩이 그 길을 제시하고 있습니다. 한강이 범람하여 서울 시내가 물에 잠긴 것이 아니듯, 4대강을 파고 슈퍼 제방과 댐을 쌓는다고 홍수가 예방되지 않습니다.

　　도심 홍수를 막기 위해서는 도심 안에 빗물 저장시설이 필요합니다. 요즘 도시는 빗물 한 방울 지하로 스며들 수 없도록 포장되었습니다. 그러니 비가 오면 일시에 하수구로 몰려들어 하수구가 역류하며 시내가 물에 잠기게 되는 것입니다.

　　지금의 4대강 사업은 빗물이 이미 도시 홍수 피해를 일으키며 강으로 흘러간 후 강에 댐을 세워 강으로부터 멀리 떨어진 도시로 다시 물을 끌

▌안양 수암천을 콘크리트를 걷어내고 청계천처럼 만들고 있습니다. 그러나 물의 흐름과 자연 생태계는 전혀 고려되지 않고 있습니다. 그저 하천 인테리어뿐입니다. 이게 이명박 정부가 추진하는 청계천 플러스 20의 진실입니다. 청계천은 물론이요, 청계천 플러스 20은 그저 국민 혈세를 먹는 하마에 불과합니다.

어오는 가장 비경제적이고 환경 파괴적인 사업입니다. 도심에 내린 비는 도심에서 해결하는 것이 홍수도 예방하고, 물이 말라버린 도심 하천 문제도 해결하는 가장 경제적이고 친환경적인 방법입니다.

지하수와 빗물은 서로 별개의 것이 아닙니다. 지하수는 무분별하게 개발하여 뽑아 사용하면서 모든 도시를 콘크리트로 포장해 땅 밑 지하수가 채워지지 않고 있습니다. 도심의 하천들이 건천이 되는 이유가 바로 이 때문입니다. 도시에서 숲이 사라지는 것뿐만 아니라, 지하수의 고갈이 도심 하천의 물을 마르게 하는 주범입니다. 무분별한 지하수 사용으로 땅밑 지하에 물이 없으니, 비 오는 며칠을 제외하곤 하천의 물이 지하로 빠져 건천이 되는 것입니다.

이명박 정부는 '청계천 플러스 20'이란 이름으로 전국 하천 살리기를 하고 있습니다. 청계천에 흐르는 물은 국민 세금으로 한강의 물을 끌어온 것에 불과합니다. 물이 흐르는 것이 아니라, 국민 혈세가 흐르는 것이지요. 청계천 복원이 진정한 하천 복원이 아닌데, 청계천과 똑같이 '혈세 먹는 하마'를 전국에 만들고 있습니다.

진정한 하천 복원은 고민하지 않고, 국민 혈세로 정치인들의 과시적 전시 행정을 '하천 살리기'라고 포장하는 것입니다. 진정한 하천 살리기는 빗물을 땅으로 되돌리는 일부터 시작해야 합니다. 그래야만 홍수도 막고, 하천도 살아나고, 국민 혈세도 절약되는 것입니다. 패트릭 맥컬리는 《소리 잃은 강》에서 진정한 홍수 대책은 '건강한 강 살리기'에서 비롯되어야 한다고 강조합니다. 그는 건강한 강은 다양한 생명이 살며, 자연적인 주기에 따라 범람할 수 있어야 한다고 말합니다. 특히 그는 진정한 홍수 대책은 댐이나 제방 등의 오만한 인간의 기술이 아니라, 강 주변의 숲을 올바로 복원하는 것이라고 강조합니다. 건강한 숲이 건강한 강을 만들고,

도시를 안전하게 지켜주기 때문입니다. 맥컬리가 강조하는 홍수 대책은 한마디로 '물의 순환 과정'을 따르는 방법입니다. 숲과 그 밑의 토양은 스펀지와 같은 작용을 해서 강우와 홍수를 빨아들인 후 점차 강으로 내어놓거나 지하수층으로 침투하게 해주기 때문이라는 것입니다.

이미 도심에서 홍수를 일으킨 빗물을 제일 아래 단계인 강에 댐을 건설하여 모으려 하는 4대강 사업은 가장 잘못된 치수 대책입니다. 이것은 아름다운 강을 파괴하는 어리석은 일이요, 탐욕스런 건설업자들의 주머니만 채우는 잘못된 일입니다.

치수를 빌미로 국민을 기만하는 이명박 대통령에게 맥컬리가 《소리 잃은 강》에서 소개한 한 편의 시를 들려주고 싶습니다. 우리가 그 시의 의미를 가슴 깊이 이해하게 된다면 우리는 좀 더 아름다운 세상에 살게 될 것입니다.

> 손만 뻗으면 할 수 있는 걸 왜 안 하는지
> 알 수 없습니다.
> 우리의 땅을 댐으로 막기 전에…
> 수도관은 새는 곳을 막아달라 소리치고
> 물탱크는 녹슬어 새기만 하고
> 수도꼭지는 헐렁해서,
> 모든 저수지와 물 꼭지에서 물이 펑펑
> 쏟아져 나오는 것을 보고 있습니다.
> 고쳐보세요. 우리 모두를 내쫓기보다
> 돈이 훨씬 적게 들 겁니다.
> 하지만 이는 일부에 불과해요.

나무를 심으세요. 우물과 샘이 다시 찰 겁니다.

지붕에 내리는 장마를 모으세요.

큰 통에 모아 다시 쓰게.

흘려보내는 물과 쓰레기를 줄이고

속된 서두름보다는…

아름다움은 한번 파괴되어 사라지고 나면,

아무도 돌아보지 않을 테니까.

– 바크람 세스Vikram Seth, 〈코끼리와 핑The Elephant and Tragopan〉

4대강 사업이
오히려
홍수를 부른다

이명박 대통령은 홍수를 예방한다며 4대강 사업을 강행했습니다. 그러나 여기에는 4대강 사업으로 오히려 더 큰 홍수의 위험이 도사리고 있다는 진실이 감춰져 있습니다. 4대강 사업은 홍수 예방이 아니라 대홍수를 초래하는 바벨탑을 쌓는 재앙의 시작입니다.

기상청은 지난 2011년 3월 18일부터 24일까지 일주일간 해수면이 높아지고 저지대가 침수될 수 있다며 사리현상 주의보를 내렸습니다. 사리현상은 바다의 수면이 높아지는 현상으로 흔히 만조滿潮라고 부르기도 합니다. 기상청은 특히 인천, 안산, 평택 등 서해안 지역의 저지대뿐만 아니라 남해의 목포, 통영, 부산 지역도 사리현상으로 농작물이 바닷물에 잠기는 피해를 볼 수 있다며 주의를 요했습니다.

이 뉴스에서도 4대강 사업이 홍수 예방 차원에서 벌여진 것이 아니라는 것을 알 수 있습니다. 4대강 사업으로 금강에 금강보, 부여보 등 3개, 영산강에 승촌보와 죽산보 등 2개의 대형 보를 건설했습니다. 홍수 예방과 물 부족 대비는 서로 다른 방향의 목적 사업입니다. 변종 운하라는 속셈을 감추기 위해, 물 부족을 핑계로 금강과 영산강에 물을 가득 채워놓았

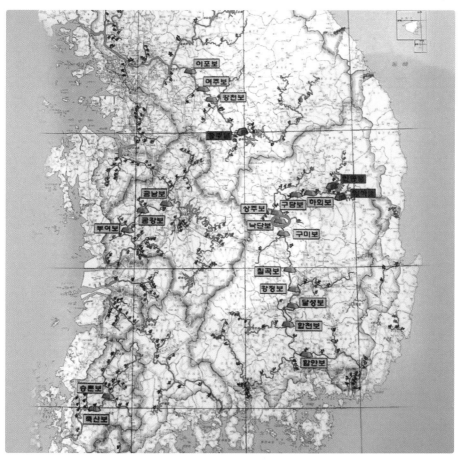

16개의 거대한 댐을 세우는 4대강 사업 계획도. 금강과 영산강은 만조로 인한 침수를 걱정해야 하고, 8개의 댐을 세우는 낙동강은 언젠가 터질 거대 물폭탄을 안고 살아야 합니다.

으니 비가 오더라도 하굿둑을 열어 강에 채워놓았던 물을 바다로 방류하면 아무 상관없습니다. 그러나 문제는 바다의 만조 시기와 집중호우와 겹치게 되면 하굿둑을 열 수 없다는 사실입니다. 수문을 열면 오히려 바닷물이 강으로 역류하여 더 큰 홍수가 발생하기 때문입니다.

저는 인천시 부평에서 태어나고 자랐습니다. 집중호우와 서해 바다 만조가 겹쳐 하천물이 역류하여 도시 침수 피해가 종종 발생했습니다. 라디오 특집 뉴스를 통해 '만조로 인한 하천 역류가 발생하니 조심하라'는 아나운서의 다급한 목소리가 아직도 귀에 생생합니다. 4대강 사업 후에 만조와 집중호우가 겹치는 날엔 금강과 영산강 하류 지역의 대홍수 재앙은 너무도 당연한 일이 될 것입니다.

물폭탄을 안고 살아야 할 낙동강

금강과 영산강보다 더 큰 홍수 재앙이 기다리는 곳은 낙동강입니다. 4대강 사업으로 낙동강에 8개의 대형 댐을 세우고 물을 가득 채워놓았습니다. 낙동강이 물폭탄을 안고 사는 위험한 지역이 된 이유는 물 부족과 홍수 예방이라는 서로 다른 차원의 문제를 동시에 해결한다는 4대강 사업의 궤변 때문입니다. 우리는 북한 금강산댐 물폭탄에 대비해 평화의댐을 항상 비워두고 있다는 걸 잘 알고 있습니다. 물폭탄에 대비한 평화의댐처럼 4대강 사업이 정말 홍수 대비를 위한 사업이라면 항상 물을 빼놓아야 하고, 물 부족에 대비하기 위해선 낙동강 8개 대형 보에 물을 가득 채워놓아야 합니다. 4대강 사업의 진짜 목적이 변종 운하이다 보니 이렇게 스스로 모순을 안고 있는 것입니다.

이명박 정부가 국민에게 4대강 사업의 모순을 설명하기 위해 만들어낸 꼼수가 "물 부족을 대비하여 물을 채워놓았다가, 비가 오기 전에 물을 빼내면 된다"는 것입니다. 과연 가능한 일일까요?

낙동강 상류인 안동댐에서 낙동강 하구까지는 334킬로미터에 이르는 긴 구간입니다. 안동댐에서 출발한 물이 하굿둑까지 도착하는 시간은 약 18일이 소요됩니다. 이제 4대강 사업으로 낙동강에 8개의 대규모 보를 세워 물길을 막았으니 수문을 활짝 연다고 할지라도 18일보다 더 긴 시간이 필요합니다. 8개 보 공사 전후의 유하 시간이 동일하다고 가정하더라도, 최소한 비 오기 18일 이전에 낙동강 8개 보에 가득 채워놓았던 물을 비워야 낙동강의 홍수를 예방할 수 있습니다. 문제는 현실적으로 이게 가능하냐는 것입니다.

지구온난화와 기후 이상으로 요즘은 단 하루 전의 일기도 맞히기 어려운 시대가 되었습니다. 이명박 대통령이 이것을 4대강 사업의 명분으로 제시하고 있죠. 70년 만의 폭우가 쏟아진 2009년 7월에도 단 하루 전의 일기를 예보하지 못해 전국이 물폭탄 피해를 입었습니다. 심지어 2010년 가을 서울 광화문이 물바다가 된 '광화문대첩' 역시 하루 전의 기상을 맞히지 못했기 때문입니다.

기후 이상으로 단 하루 전의 기상도 맞히지 못하는 요즘, 낙동강엔 어떤 일이 벌어지게 될까요? 비 오기 18일 전에 낙동강의 물을 미리 빼놓는다는 것은 불가능합니다. 그렇다면 4대강 사업이 완공된 낙동강은 언제 터질지 모르는 물폭탄을 안고 살아가는 위험한 지역이 된 것을 의미합니다.

18일을 맞히기 어려우니 한여름 우기에는 항상 물을 빼놓으면 홍수 예방이 가능하다고요? 요즘은 심각한 '기상 이변'으로 우기가 따로 없습니다. 2년 전부터 기상청은 매년 예보하던 장마 기간을 발표하지 않고 있습니다. 기후 이상으로 대한민국에는 장마 기간만이 아니라 봄부터 가을까지 시도 때도 없이 비가 쏟아지기 때문입니다.

물 부족 타령 말고, 낡은 수도관이나 고치길

만약 홍수를 대비한다며 5월부터 낙동강 8개 보의 물을 비워두면 어찌될까요? 수량 부족으로 유람선 운영이 불가능해지고 적자 경영이 뻔하니 미리 물을 방류하는 것도 불가능합니다. 홍수 대비를 위해 낙동강 보에 물을 비워놓았는데, 기상 이변으로 비가 오지 않을 경우 심각한 물 부족 사태가 발생하게 됩니다. 이도저도 어려운 일이 되는 것입니다.

제 상상력이 너무 지나치다고요? 아닙니다. 지난 2009년 태백시의 심각한 물 부족 사태가 바로 이런 경우였습니다. 태백시 물 부족 사태의 원인은 두 가지였습니다. 첫째는 태백시의 수도관 누수율이 무려 46퍼센트였습니다. 10의 물을 보내면 절반 가까이는 노후한 수도관을 통해 아까운 수돗물이 땅으로 새나간 것입니다. 두 번째 원인은 수자원공사가 홍수를 대비하여 태백시의 수원인 광동댐의 물을 미리 비워두었는데, 예상했던 비가 오지 않아 수돗물을 만들어야 할 물이 없었기 때문입니다.

태백시의 심각한 누수율은 물 부족을 대비한다는 4대강 사업이 얼마나 큰 잘못인지 보여주고 있습니다. 낡은 수도관으로 인한 누수 현상은 태백시만이 아니기 때문입니다. 연합뉴스는 2011년 5월 5일 '경남서 수돗물 연간 780억 원어치 버려진다'며 경남 지역의 심각한 누수 현상을 다음과 같이 보도했습니다.

"경남지역으로 공급되는 수돗물 가운데 땅속으로 버려지는 수돗물이 연간 780억 원어치나 되는 것으로 나타났다. 5일 경남도의회 김오영 의원한나라당이 경남도에서 제출받은 '도내 시·군 수돗물 유·무수율 현황'에 따르면 18개 시·군의 총 수돗물 생산량 3억 7,548만 1,000톤 가운데 도민이 사용하고 요금을 내는 유수량은 68.2퍼센트인 2억 5,621만 6,000톤이다. 또 공공 부문소화전 등 사용량은 4,156만 9,000톤11.1퍼센트이고 이를 제외하고 땅속으로 새는 무수량이 7,769만 6,000톤20.7퍼센트으로 드러났다. 무수량을 수돗물 생산원가로 환산하면 무려 781억 6,000만여 원이나 된다. 경남의 누수율은 전국 15개 시·도 평균 11.5퍼센트보다 훨씬 높은 것이다. 공공 부문 사용량을 제외하고 땅속으로 새는 수돗물 비율인 무수율을 보면 고성군이 가장 높은 48.5퍼센트여서 절반가량의 수돗물이 버려지는 것으로 나타났다. 이밖에 통영시 39.9퍼센트, 창녕군 39.5퍼센트, 남해군 37.0퍼센트이고 거창과 합천, 산청군 등도 30퍼센트가 넘어 대책 마련이 필요한 것으로 지적됐다."

정작 물이 부족한 지역은 산간 지역과 섬 지역인데, 이곳은 수도관이 공급돼 있지 않아 물을 보낼 수도 없고, 수도가 공급돼 있는 곳도 관이 낡아 땅속으로 아까운 수돗물이 새나가는 것입니다.

국민의 생명을 담보로 쌓은 바벨탑

낙동강 유역 주민들이 물 부족 사태를 겪지 않으려면 낙동강 8개 보에 가둔 물을 비워둘 수가 없습니다. 결국 낙동강은 집중호우 18일

이전에 수문을 열지 못해 대홍수 재앙이 발생할 수밖에 없는 것입니다. 특히 낙동강 8개 대형 보에 가둔 물은 엄청난 물폭탄이 되어 그동안 홍수 피해가 없던 낙동강 주변 마을을 덮치게 될 것입니다. 이명박 전 현대건설 사장이 만든 경기도 연천댐이 1996년과 1999년 두 번이나 붕괴되며 연천 지역 주민들에게 홍수 피해를 입혔던 재앙이 낙동강에서 그대로 반복될 것입니다.

4대강 사업으로 낙동강에 홍수 피해가 가중되는 이유는 또 있습니다. 한강은 3개, 금강에 3개, 영산강에 2개의 대형 보만 세우지만, 낙동강은 무려 8개에 이르기 때문입니다. 비가 온다고 아무 때나 수문을 여는 것이 아닙니다. 하류의 댐 붕괴나 홍수 피해를 고려하여 수문을 여는 시간을 서로 잘 맞춰야 합니다.

수도 서울의 홍수를 예방하는 중요한 댐이 한강의 충주댐과 팔당댐입니다. 충주댐에서 팔당댐까지 거리는 114.3킬로미터입니다. 충주댐에서 홍수 조절을 위해 물을 방류할 경우엔 미리 팔당댐에 통보하여 팔당댐의 수위를 조절시켜놓습니다. 만약 팔당댐에 물이 가득한 상황에서 충주댐을 방류하게 되면 심각한 홍수 피해가 발생하게 되고, 최악의 경우 팔당댐이 붕괴될 수도 있기 때문입니다.

그렇다면 334킬로미터에 불과한 거리에 8개의 대형 보를 세운 낙동강은 홍수 위험에서 얼마나 안전할까요? 제일 상류인 상주보에서 낙단보까지 거리는 겨우 14.9킬로미터, 낙단보에서 구미보까지는 18.1킬로미터로 매우 짧습니다. 낙동강의 홍수 피해를 막기 위해서는 낙동강 8개의 보의 수문 조작이 서로 정확해야 한다는 것입니다. 만약 단 하나라도 문제가 발생하여 수문 조작이 제대로 맞지 않는다면, 낙동강에 홍수는 당연히 발생할 것이고 최악의 경우 하나의 댐이 무너지면 그 여파로 줄줄이 댐이

‖이명박 전 현대건설 사장님이 각서까지 쓰면서 건설한 연천댐이 붕괴해 도시가 물에 잠겼습니다. 결국 홍수 재앙만 초래하는 연천댐은 철거되고 말았습니다. 4대강에 세운 거대한 16개 댐의 미래가 바로 홍수 재앙을 일으키다 철거된 연천댐입니다. 더 큰 홍수 재앙을 부르기 전에 4대강 괴물댐을 철거하는 것이 홍수도 예방하고 강도 살아나는 길입니다. (사진 : 연천닷컴)

낙동강 보 사이의 길이

구간	구간길이(km)
상주보~영강	13.0
낙단보~상주보	14.9
구미보~낙단보	18.1
칠곡보~구미보	27.3
강정보~칠곡보	25.2
달성보~강정보	20.4
합천보~달성보	29.0
함안보~합천보	42.9
하구둑~함안보	75.7

붕괴될 수도 있다는 사실입니다.

　이명박 대통령님, 제 상상이 너무 과하다고요? 이런 문제까지 다 생각해서 4대강 사업을 건설했다고요? 일본 원자력발전소는 늘 안전하다고 자랑했습니다. 그러나 안전에 대한 맹신은 결국 주민의 생명을 위협하고 삶터까지 빼앗는 재앙이 되었습니다. 홍수 때에는 생각지 못한 사고가 발생하기 마련입니다. 안전을 주장하며 4대강 사업을 강행한 이명박 정부는 국민의 생명을 담보로 바벨탑의 재앙을 쌓은 것에 불과합니다. 아무리 기술이 뛰어나다 할지라도 재앙을 막아주지 못합니다. 자연은 인간의 오만을 용납하지 않기 때문입니다. 홍수를 부르는 어리석은 인간의 오만은 이명박 전 현대건설 사장이 각서까지 쓰며 건설했지만, 두 번이나 붕괴된 연천댐에서 이미 확인한 바 있습니다.

부실하기 짝이 없는 모의실험

유원일 국회의원과 박창근 교수, 박재현 교수와 함께 4대강 모의실험을 하는 현장을 다녀왔습니다. 국민의 생명과 안전이 달린 하천 공사 모의실험이라고 하기엔 어설프기 짝이 없었습니다. 법적 절차를 위한 요식 행위에 불과했습니다. 모의실험은 4대강에 건설되는 댐의 규모와 주변 지형의 수치가 정확해야 합니다. 그래야만 정확한 유속을 계산하여 홍수를 예방할 수 있는 정확한 설계가 나오기 때문입니다. 한강 이포보의 경우 실제 지형과 모형의 수치가 맞지 않았습니다. 이뿐만 아니라 모의실험은 여러 모로 엉터리로 이뤄지고 있었습니다. 4대강 사업이

‖4대강 수리모형실험 현장을 조사한 결과 부실 덩어리였습니다. 강의 실제 거리와 실험 데이터가 틀렸습니다. 틀린 수치로 만든 실험은 아무 소용없는 것이요. 결국 이런 부실 설계와 실험은 연속되는 낙동강 상주보의 제방 붕괴가 증명하고 있습니다.

완공되면 재앙이 발생할 것임을 여실히 보여주고 있었습니다.

4대강 사업은 이렇게 모두가 졸속으로 이뤄지고 있습니다. 22조 원이
드는 대한민국 최대의 국책사업임에도 졸속으로 환경영향평가를 했습니
다. 문화재 조사도 마찬가지입니다. 공사 역시 추운 한겨울은 물론이요,
밤낮없이 졸속으로 이뤄지고 있습니다. 앞으로 어떤 재앙이 발생할지 참
으로 두렵기만 합니다.

4대강에는 홍수가 나지 않는다

한국 방재협회가 2008년 1월 발표한 '유역 단위 홍수 대책 추
진 방안'에 따르면 1999년부터 2003년까지 발생한 홍수 피해 중 국가
하천에서 발생한 피해는 겨우 3.6퍼센트에 불과합니다.

아래 표에 따르면 국가하천에 포함되는 4대강엔 홍수가 발생하지 않습
니다. 그런데 이명박 대통령은 홍수가 발생하지 않는 4대강에 홍수를 대
비한다며 22조 원을 퍼부은 것입니다. 결국 4대강 사업이란 변종 운하를
만들기 위해 홍수 예방이라는 미명하에 강행한 대국민 사기극에 불과합
니다.

하천 등급별 직접 피해액 비율

연도	1999년	2000년	2001년	2002년	2003년	평균
국가하천	4.7%	3.2%	0.6%	2.7%	7%	3.6%
지방하천	50.4%	68.0%	46.8%	63.8%	54.4%	55.0%
소하천	44.9%	28.8%	53.8%	33.5%	38.6%	39.9%

경남도청 치수방재과 하천관리 담당자인 이인덕 씨는 지난 2010년 8월 24일 방송된 MBC 〈PD수첩〉 인터뷰에서 "경상남도 내에서 지난 10년간 전체 피해액은 3조 5,000억 원인데, 그 중 낙동강 본류의 홍수 피해액은 464억 원으로 겨우 1.3퍼센트"라고 증언했습니다. 홍수 예방을 위한다는 4대강 사업이 얼마나 큰 사기극인지 보여주는 또 하나의 증거입니다.

지금까지 모든 홍수 통계를 살펴보아도 4대강에서는 홍수가 잘 발생하지 않습니다. 대한민국의 홍수 피해는 지천과 소하천에서 발생합니다. 심각한 문제는 4대강 사업 후 그동안 홍수가 잘 발생하지 않던 4대강에 지

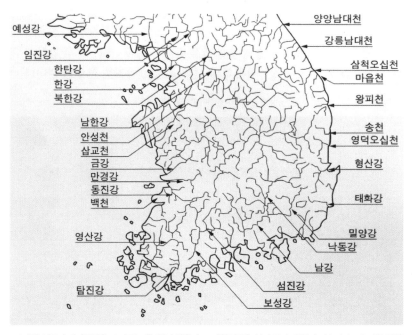

∥4대강 사업이 사기극임을 보여주는 한 장의 하천지도. 대한민국은 산이 많아 하천이 많습니다. 이 많은 하천 중에 단 4개 한강. 금강. 낙동강. 영산강만 판다고 나머지 모든 강의 홍수가 막아지나요? 너무도 심각한 거짓말입니다. 단 1퍼센트도 되지 않는 4대강을 판다고 나머지 99퍼센트의 하천 홍수를 막을 수 없습니다. 4대강 사업은 사기극입니다. (출처 : 《한국의 민물고기》, 교학사)

금까지 상상하지 못한 대홍수 재앙이 발생하게 된다는 것입니다. 4대강에 가둬둔 많은 물이 물폭탄이 되기 때문입니다. 연천댐이 터지듯, 언젠가는 4대강 대형보가 터질 것입니다.

4대강 사업은 홍수 대비가 아니라 22조 원을 들여 만든 물폭탄입니다. 이게 바로 4대강 사업을 당장 중단해야 하는 이유입니다.

잘려나간
나무들의 절규

지난 2011년 4월 5일 식목일에 이명박 대통령은 한창 공사가 벌어지고 있는 한강 현장에서 나무를 심으며 "4대강 정비로 천지가 개벽했다"고 했습니다. 또 김황식 국무총리 역시 "4대강과 희망의 숲 사업으로 더욱 진일보한 치산치수 모델을 제시할 수 있게 됐다"며 "4대강과 4대강 유역에 조성되는 '희망의 숲'은 후손에게 큰 축복이 될 것"이라고 말했습니다.

그동안 우리의 강이 어떤 모습이었기에 4대강 정비로 천지가 개벽하고, 후손들이 큰 축복을 받게 된 것일까요? 그동안 이명박 대통령은 4대강 사업 홍보 동영상을 통해 수림녹화를 강조해왔는데, 이명박표 수림녹화 현장은 이렇습니다.

버드나무 군락이 그림처럼 펼쳐져 있던 한강변의 '바위늪구비'라 불리

▮ 한강변 바위늪구비입니다. 홍수를 막아주고 수많은 생명을 품어주던 한강변 습지를 깡그리 파괴하고 썩은 물로 가득 채우는 것이 MB표 수림녹화의 진실입니다.

▥그 아름답던 한강변 전북리 습지도 여지없이 파괴되었습니다. 이게 수림녹화라고요? 지나가던 개가 들어도 웃
   지 않을까요?

는 곳이 있습니다. 일명 강천습지라고도 합니다. 이곳은 강변을 따라 자생하는 버드나무들이 집중호우로 불어난 한강의 홍수를 막아주고, 수질을 개선해주며, 수많은 생명들을 품어주는 생명의 보금자리였습니다. 특히 세계에서 유일하게 이곳에서만 자라는 멸종 위기종인 단양쑥부쟁이가 밀집 서식하던 곳이기도 했습니다. 동글동글한 강자갈로 이뤄진 맑은 여울이 있고, 멸종 위기종인 돌상어와 꾸구리와 천연기념물 어름치가 유유히 노닐던 아름다운 강이었습니다. 바위늪구비를 따라 강 길을 걷다보면 곳곳에 널린 꼬마물떼새의 둥지와 인기척에 놀라 뛰어가는 고라니를 만나는 일이 다반사였습니다.

그러나 '한강처럼' 만드는 MB표 4대강 공사로 버드나무 군락이 깡그리 사라져버렸습니다. 강변 버드나무 숲을 다 파괴하여 없앤 후에 그 자리에 썩은 물로 가득 채우는 게 이명박 정부가 주장하는 수水림녹화인가요? 눈이 시리게 푸르던 버드나무 군락도 사라지고, 그 속에 깃들어 살던 고라니 무리도 오갈 데 없어지고, 서울 시민이 마시는 한강물의 천연 정수기 역할을 하던 고운 여울도 다 사라져버렸습니다.

강변 숲에 졸부들 이름을 붙여준다고?

후손을 위한 축복이라는 4대강 희망의 숲을 가꾸기 위한 이명박 정부의 꼼수가 참으로 눈물겹습니다. 지난 2011년 4월 5일 《경향신문》은 이명박 정부가 '4대강 나무 심기'를 수종과 수량까지 정해 기관·기업에 강제 할당, 떠넘기기를 하고 있다고 보도했습니다. "4대강 사업으로 훼손된 산림을 복원하기 위해 국토해양부·행정안전부·산림청은 기관·기업·

‖파괴되기 전 바위늪구비.

단체가 참여하는 '희망의 숲' 조성 사업을 위한 공동 계획을 수립하고, '국민 참여 나무 심기 추진반'을 구성한 뒤 참여 대상 지역과 식재할 수종·수량까지 결정해 전국 기관 등에 공문을 내려 보냈다. 그러나 각 부처가 나무 심기 참여 기관 등을 결정하는 과정에서 무리한 할당이 이뤄지면서 반발이 일고 있다. 사실상 '예산 떠넘기기'라는 것이다"고 밝혔습니다.

또 《문화일보》는 4월 4일자 기사에서 "4대강 희망의 숲에 기업들이 나무를 심을 경우 법인세 등을 일부 감면해주는 등 세제 혜택을 부여하는 방안이 추진된다"며 이명박 정부의 유치한 꼼수를 보도하고 있습니다. 4대강 나무 심기에 동참하면 세금 감면뿐만 아니라 20만 원부터 300~400만 원대의 고가의 나무를 심는 기업에겐 점용 허가를 통해 소유권을 인정하고 'A그룹 기업의 숲'처럼 명칭도 붙일 수 있도록 한다는 내용이었습니다.

결국 4대강 사업으로 강변을 파괴한 뒤에 정부 기관과 기업에 예산을 떠넘겨 나무를 심겠다는 것이지요. 예산을 추가하지 않고도 4대강에 나무를 심는 멋진 꼼수가 바로 4대강 희망의 숲 가꾸기인 것입니다.

강변의 아름드리 버드나무들을 다 잘라내고 혈세를 퍼부어 나무 몇 그루를 심는 것이 과연 수립녹화인가요? 도대체 4대강 사업의 진실은 어디에 있을까요? 결국 4대강 사업의 진실은 강을 살리는 것이 아니라 강변 놀이터를 만드는 인테리어 공사였던 것입니다.

강변 버드나무 군락이 사라지면…

강변 버드나무 숲이 무엇보다 소중한 이유는 그것이 수많은 야생동물들을 품어주는 생명의 보금자리일 뿐만 아니라, 홍수를 막아주는 역할을 하기 때문입니다. 집중호우로 강물이 불어나면 강변 나무들은 온몸으로 불어난 물과 싸워 물의 힘을 약화시킵니다. 또한 강변 토양의 유실을 막아주기도 합니다.

이명박 정부는 홍수를 예방한다며 4대강 사업으로 강변의 습지를 파괴했습니다. 강변 습지가 사라지고 물로만 가득해진 강에서는 앞으로 어떤 일이 벌어질까요? 구불구불했던 강이 수로화되면 더 심각한 홍수 위험에 노출된다는 것은 너무나 기초적인 상식입니다. 강이 수로가 되기 이전엔 강변 나무들이 집중호우로 불어난 물과 싸워 유속을 늦춰주며 홍수를 예방합니다. 그러나 강변 나무들이 사라지면 수로에 가득해진 물은 하류로 내려갈수록 유속이 더욱 빨라지게 되고, 결국 물폭탄이 되어 제방을 터뜨리며 상상할 수 없는 대홍수를 일으키는 것입니다. 전국 하천에서 제방을 건설한 후, 유속이 빨라져 작은 비에도 불구하고 하류지역이 더 많은 홍수에 시달리게 된 사례는 무수히 많습니다.

이명박 정부는 슈퍼 제방을 쌓아 홍수를 막는다고 주장하지만, 이는 물의 힘을 전혀 모르는 무지의 소치입니다. 아무리 튼튼한 슈퍼 제방일지라도 호우로 불어난 물은 인간이 생각하지 못한 틈을 찾아 여지없이 무너뜨리며 인간 삶터를 쓸어갑니다. 자연은 인간의 오만을 용납하지 않습니다.

라인강이 경고하는 4대강의 미래

강변 습지 파괴 후 홍수가 더 빈발한다는 것은 우리나라만의 일이 아닙니다. 많은 사람들이 잘 알고 있듯 '로렐라이 언덕' 전설이 깃든 아름답던 라인강은 운하로 변한 뒤 80퍼센트의 습지가 사라지고 이전보다 더 많은 홍수에 시달리게 되었습니다.

마크 드빌리어스는 《물의 위기》에서 라인강이 수로가 된 후 홍수 위험이 더 커졌음을 다음과 같이 밝히고 있습니다.

"1830년대 산업혁명이 움트기 시작하면서 많은 전설을 가지고 있던 라인강이 이리저리 토막 났다. 자본주의의 선구자들은 이 전설들에 별로 개의치 않았다. 습지가 강에서 얼마나 중요한 역할을 하는지 아무도 이해하지 못했다. 그래서 라인강의 강변 개발과 항해를 위한 수로화 작업으로 습지는 80퍼센트가 사라졌다. 배들이 다니기에는 더 편리해졌으나, 강이 곧아지자 유속이 빨라져 온갖 것이 더 많이 떠내려왔다. 대부분의 경우 제방 때문에 강물은 하천 구간으로만 흐르게 되었고, 같은 정도의 홍수라도 전보다 더 피해는 컸다."

프레드 피어스는 《강의 죽음》에서 라인강의 역사를 통해 앞으로 4대강에서 벌어질 재앙을 미리 보여주고 있습니다.

"라인강 운하 사업은 유럽에서 가장 큰 하천토목공사였다. 기술자들은 그들이 생각하는 대로 세상을 재창조하려 했다. 비옥한 목초지와 숲이 있는 드넓은 범람원을 가로지르며 흐르던 라인강을 명확하고 단 하나의 수로로 바꾸어놓았다. 이 사업으로 라인강은 독일에서 가장 거대한 하천 고속도로가 되었다. 강변을 따라 만하임, 코블렌츠, 쾰른, 뒤셀도르프 같은 공업도시가 늘어섰다. 적어도 2,000개 넘는 섬이 사라졌으며, 자갈이 깔린 얕은 여울이나 물살이 느린 곳에 생긴 웅덩이도 대부분 사라졌다. 곧게 뻗은 새 라인강은 예전에 비해 유속이 3분의 1 이상 증가했다. 라인강 운하 사업의 계획은 제방을 쌓아 강 주변을 보호하는 것이었다. 마침내 라인강 운하 사업이 완성되자 강의 유속이 빨라져 바지선이 바다에 도착하는 시간이 짧아졌다. 그러나 알프스산에서 흘러내려오는 홍수가 내려오는 시간도 빨라졌다. 그 결과 엄청난 물이 하류로 밀려 내려와 홍수량이 3분의 1가량 더 많아졌다. 따라서 이전에는 200년마다 한 번씩 일어났던 대홍수가 요즘에는 6년에 한 번 꼴로 일어날 수 있다."

이명박 정부는 피어스의 라인강 홍수 경고를 심각하게 받아들여야 합니다. 라인강 습지를 없애고 수로를 만든 결과 강의 유속이 빨라져 하류 지역이 더 큰 홍수 위험에 노출되었다는 것입니다. 특히 수로화 이전에는 200년에 한 번꼴로 발생할 수 있는 홍수가 수로화 이후엔 6년에 한 번꼴로 발생하는 재앙이 될 수 있다는 것입니다. 바로 이 모습이 지금 홍수를 예방한다며 강변 습지를 다 파괴하며 수로화 작업을 하는 4대강에서 벌어질 미래입니다.

최근 독일의 하천 관리 전문가인 알폰스 헨리히프라이제Alfons Henrich-freise 박사는 직접 한국을 방문하여 보름 동안 4대강 공사 현장을 돌아보았습니다. 그는 한강과 낙동강이 회복 불가능한 방식으로 변화하고 있다며, 4대강 사업은 당장 중단하는 것이 가장 현명하다고 밝혔습니다. 그는 강바닥을 준설하고 강변 습지를 없애 직선화하면 유속이 더 빨라지기 때문에 홍수 위험이 더 커진다며 너무나 상식적인 사실을 무시하고 있는 4대강 사업의 어리석음을 지적했습니다.

강변 습지를 파괴하여 수로로 만드는 이명박 정부의 4대강 사업은 그 목적이 뻔합니다. 그것은 운하의 다른 이름에 불과합니다. 배가 다니기 위한 변종 운하가 아니고서는 생명의 터전이요, 홍수를 막아주는 강변 습

□ 4대강 사업 구간(본류)에 위치한 습지 현황 : 총 107개소			
남한강 (19개소)	금강 (24개소)	낙동강 (32개소)	영산강 (32개소)
위늪구비	금강호습지	해평습지	청동(용)습지
금사습지	합강습지	달성습지	구정리습지
부치울	성담하수습지	오산습지	월산보습지
강천습지	구감습지	낙동강하구	영산습지(송월동습지)
두오소	방우리습지	구담습지	유덕습지
복대습지	심천습지	병산리습지	고문진습지
하청나루습지	신홍습지	풍신1습지	오랑습지
비내섬습지	월송습지	풍신2습지	소댕이습지
중도습지	북곡습지	안교리습지	남산습지
강변유원지습지	장암습지	지보습지	담양습지
월상습지	대평들지	본보습지	마항습지
원포습지	저석습지	율도습지	평촌습지
여우섬습지	신성습지	송진늪	용호습지
덕음습지	구드레습지	회산습지	나불도습지
덕은나루습지	외암습지	내제늪지	산호습지
샘개나루습지	노산습지	마애리습지	남악습지
개치나루습지	대평습지	신덕습지	석포습지
용섬습지	하황습지	연막습지	종포리습지
이포습지	초강습지	영공습지	중동습지
	천내습지	대암리습지	주연습지
	저석습지	구곡습지	토계동습지
	대티교습지	적포습지	삼도동습지
	한반도달온하천내습지	박진교습지	학산리습지
	대소교습지	삼학습지	용산습지
		감노습지	터진목습지
		모정습지	송정습지
		신덕습지	천변습지
		외롭습지	삼지보습지
		박석진교습지	몽탄습지
		옥산습지	연제습지
		우곡습지	동림습지
		월평습지	

4대강 사업 홍보 동영상을 보면 4대강에 자연습지가 단 하나도 없다고 나옵니다. 그러나 환경부 국정감사에서 4대강변에는 무려 107개의 습지가 있다고 밝히고 있습니다. 변종 운하를 만들기 위해 어떤 거짓말도 서슴지 않는 이명박 정부의 심각한 부도덕성을 보여줍니다. 이명박 대통령은 4대강 사업으로 4대강 습지를 하나도 남기지 않고 '전무' 하게 만들겠다는 뜻인가 봅니다. 그러지 않고서는 저리도 처참히 강을 파괴할 수 없겠지요.

지를 파괴할 이유가 전혀 없기 때문입니다. 그러나 운하라는 목적을 감추고 강을 무작위로 파헤친 4대강 사업은 그들이 내세우는 홍수 예방과는 정반대로 오히려 대홍수를 부르는 재앙이 될 것입니다.

4대강 인테리어 사장님, 이제 멈추십시오

이명박 정부는 방송과 언론 보도를 통해 4대강변에 나무를 심는 행사를 자랑하고 있습니다. 이명박 정부가 4대강에 심은 나무 목록을 살펴보니 소나무, 느티나무, 벚나무, 상수리나무, 산철쭉. 영산홍 등입니다. 이 나무들은 도시 조경용 나무들에 불과합니다. 서울시립대학교 조경학과 한봉호 교수는 2009년 '생태하천 한강에 이르는 길'이라는 발표문에서 "둔치 시민공원 조성을 위한 각종 조경수와 잔디 식재는 생물다양성의 단순화와 관리를 위한 비료 투입 및 농약 사용으로 인한 수질 오염을 초래한다. 또 과도한 강변 이용으로 인한 야생동물의 생식 교란과 강변 인공포장으로 인한 심각한 수질 오염과 둔치의 건조화로 인한 외래식물의 번성을 부른다"고 지적했습니다.

모래와 자갈을 없애고 만든 인위적 한강 둔치에는 환삼덩굴 등의 외래식물로 뒤덮여 있습니다. 생명의 강에는 물과 더불어 자라는 습지성 식물들과 나무들이 있어야 생명이 깃들고 수질이 정화되며 홍수도 예방할 수 있습니다. 강의 생명이나 수질 정화하고는 아무 상관없는, 그저 사람 보기에 그럴싸한 나무 몇 그루 심는다고 강이 살아나는 것은 아닙니다. 서울시가 《한강의 어제와 오늘》이라는 책에서 "잔디 역시 가치가 거의 없어 시멘트 바닥과 같다"고 경고했듯이, 4대강 사업은 생명의 강을 그럴싸한 녹색으로 포장하여 놀이터로 만드는 4대강 인테리어에 불과합니다.

∥남한강과 섬강이 만나 절경을 이루는 흥원창 습지.

‖ 한강의 홍수를 막아주고, 수많은 생명을 품어주던 흥원창 습지가 광란의 삽질로 파괴되어 사라졌습니다.

▌4대강 사업으로 인해 생명을 피워야 할 나무가 무참히 잘린 채 강물 속에 누워
  있습니다.

▌울창하던 4대강변 숲을 파괴하고 이명박 대통령이 조경수들을 심었습니다. 그러나 나무들
  이 고사하여 포클레인으로 파내고 있습니다. MB표 희망의 숲이 고사한 나무로 가득한 '절망의 숲'으로 변했
  습니다. 국민 혈세가 펑펑 새나가는 현장입니다.

지천이 무너지고
가라앉다

이명박 대통령의 4대강 사업은 정말 대단했습니다. 4대강 사업의 명분으로 안창호 선생의 국토개조론을 외치더니, 4대강으로 연결된 지천마다 외국의 유명한 관광지인 그랜드 캐년과 나이아가라 폭포가 만들어지기 시작한 것입니다. 이전에 경험해보지 못한 국토 변형이 발생하니 4대강 사업은 정말 국토 개조가 맞습니다. 그러나 멀쩡하던 지천의 제방들이 무너지고, 하천 바닥이 파여 나가고, 다리 붕괴를 걱정해야 하는 처지가 되었습니다. 4대강 사업으로 발생하는 망국적 국토 개조를 보수하기 위해 앞으로도 얼마나 많은 국민 혈세를 퍼부어야 할지 걱정입니다.

4대강 본류로 유입되는 지천마다 강둑과 제방이 무너졌습니다. 칼로 자른 듯 무너져 내린 하천 제방들은 실제 그랜드 캐년의 협곡과 닮았습니

▐ 4대강 준설로 강 본류로 연결되는 지천마다 유속의 증가로 제방이 심각하게 붕괴되었습니다. 이제 시작된 지천의 붕괴는 상류로 계속 이어질 것입니다. 4대강 사업은 홍수 예방이 아니라 홍수를 유발하는 국가 재앙입니다. 사람들은 이를 MB표 그랜드 캐년이라고 칭합니다. 참 대단한 국토 개조입니다.

▐ MB표 나이아가라 폭포. 4대강 준설은 지천 제방의 붕괴만이 아니라, 하천 바닥의 심각한 침식도 불러왔습니다. 오랜 세월 쌓여 있던 하천의 점토질까지 침식되는 것은 지금까지 겪어보지 못한 재앙입니다. 이명박표 4대강 국토 개조의 위력을 볼 수 있는 현장입니다. 앞으로 얼마나 더 심각한 국토 개조가 이뤄질지 두려울 뿐입니다.

∥이명박표 국토 개조의 위력. 지천의 침식을 막기 위한 콘크리트로 만든 제방과 하상유지공까지 여지없이 파괴했습니다. 4대강 죽이기 재앙을 불러온 이명박 정권과 그에 찬성한 한나라당의 무책임한 정치인들까지 모조리 쓸어갈 것입니다.

다. 특히 4대강 준설로 급속히 증가한 지천의 유속은 제방 붕괴만이 아니라, 하천 바닥을 나이아가라 폭포처럼 만들어버렸습니다. 빨라진 유속이 오랜 시간 다져진 하천 바닥까지 다 쓸어버린 까닭입니다. 심지어 지천을 보호하기 위한 하상유지공이라는 돌망태는 물론이요, 시멘트를 처바른 곳까지도 빨라진 유속을 견디지 못하고 붕괴되고 말았습니다.

지천은 무너지고, 가라앉고, 파여 나갔습니다. 이 유실과 붕괴는 2011년 5월 내린 봄비 때문이었습니다. 여름장마에 앞서 맛보기로 내린 봄비에 이 같은 재앙이 발생했으니, 앞으로는 어떤 붕괴 소식이 들려올까요? 이명박 대통령이 꿈꾸는 4대강 국토 개조의 재앙은 국민의 안전뿐만 아니라 국토를 위험으로 몰아가고 있습니다.

강은 사람의 혈관처럼 크고 작은 하천들이 연결되어 이루어집니다. 4대강으로 유입되는 크고 작은 하천은 약 360여 개에 이릅니다. 문제는 4대강 준설로 강 본류로 유입되는 지천의 유속이 급속히 증가했습니다. 강 본류와 지천 사이의 높이 차이가 발생했기 때문입니다.

이명박 정부는 홍수를 예방한다며 4대강 사업을 강행했습니다. 그러나 그동안 대한민국의 홍수는 4대강 본류가 아니라 97퍼센트 이상이 지천에서 발생했습니다. 이에 대해 이명박 정부는 강 본류를 깊이 파면 강 본류로 유입되는 지천의 물 흐름이 빨라져 지천의 홍수가 예방된다는 궤변을 늘어놓았습니다.

본류로 유입되는 지천의 유속이 빨라진다는 이명박 정부의 주장은 사실입니다. 문제는 빨라진 유속은 지천의 홍수를 예방하는 것이 아니라, 엄청난 힘으로 지천의 제방 붕괴와 하천 바닥의 유실이라는 새로운 형태의 홍수 재앙을 초래한다는 사실입니다. 심지어 지천 바닥의 침식은 하천을 지나는 다리 붕괴를 초래할 만큼 위험합니다.

4대강은 수많은 지천들로 이뤄져 있습니다. 앞으로 어느 지천에서 어떤 재앙이 발생할까요? 4대강 사업은 일제 침탈 40여 년보다 더 심각한, 한반도 5,000년 역사에 길이 남을 국토 파괴 대재앙입니다.

역행침식은 이미 예견된 재앙

강바닥과 제방과 강기슭이 지속적으로 무너지는 침식이 본류에서 지천 상류 쪽으로 거슬러 올라가며 확산되는 현상을 '역행침식'이라고 말합니다. 4대강 준설로 강 본류의 수위가 낮아져 본류로 흘러드는 지천 수위와 낙차가 커져서 유속이 증가하면서 강바닥과 제방을 파괴하는 것입니다. 한 번 파괴가 시작되면 지속적으로 또 다른 파괴를 유발하는데, 이런 침식현상은 토양이 모래일 경우 더 빨리 퍼져나가게 됩니다.

지난 2007년 7월 소방방재청이 만든 '신국가방재시스템'이라는 보고서에는 4대강식 준설과 제방은 잘못된 홍수 대책이라고 밝히고 있습니다. 그뿐 아니라 과도한 하천 준설은 하상변화 등 다양한 문제를 초래한다고 분명하게 경고하고 있습니다.

> "일정 규모 이상의 하상 세굴은 호안, 보, 교각 등의 국부 세굴과 하상 저하로 이어져 하천 시설물의 안전 문제를 야기할 수 있음. 하천 내 골재 채취는 단기간에 가장 급속한 하상 변동을 야기할 수 있는 요인으로서, 하류부 하상저하, 두부 침식 등을 초래하여 교량, 제방, 취배수장 등 수리구조물의 안전에 직접적인 영향을 줄 수 있다."

║독일 헨리히 프라이제 박사가 라인강이 역행침식으로 하천뿐만 아니라 집과 도로가 얼마나 위험해졌는지 증언하고 있습니다.

    과도한 하천 준설로 발생하는 역행침식은 이미 여러 나라에서 증명된 재앙입니다. 방송 탄압의 논란 속에 지난 2010년 12월 22일 방영된 KBS 《추적 60분》은 독일 연방 자연보호청 하천 분석관인 헨리히 프라이제 박사의 인터뷰를 통해 독일 라인강의 역행침식 사례를 보도했습니다. 박사는 지난해 가을 한국을 방문하여 4대강 공사 현장을 직접 조사한 바 있습니다. 그는 방송 인터뷰에서 역행침식으로 붕괴된 독일 라인강의 사례를 보여주며 "여기 보이는 것처럼 도로와 강변 전체가 다 휩쓸려버렸고, 집들도 매우 위태로워졌다"고 증언했습니다.

    특히 프라이제 박사는 "본류 바닥이 1미터까지도 아니고, 단 몇 센티미터라도 낮아진다면 본류로 들어오는 모든 지류들에서는 파괴적인 침식현상이 일어난다"고 경고했습니다. 낙동강은 영강에서 하굿둑까지 평균 수심 8.5미터로 준설했습니다. 프라이제 박사의 경고처럼 본류 바닥이 단 몇 센티미터만 낮아져도 지천에서 파괴적인 침식현상이 발생한다면, 앞으로 4대강으로 유입되는 그 많은 지천들에서 어떤 재앙이 발생할지 두렵습니다.

국토 개조론을 운운하며 강행한 4대강 사업은 이미 예견된 국가 재앙입니다. 강을 준설해서 깊게 만들면 강은 더 이상 사람이 통제할 수 없게 됩니다. 지난 봄비에 발생한 '역행침식'은 이제 시작에 불과합니다.

단 2년 만에 4대강 694킬로미터를 파헤친 역사는 전 세계에서도 전무후무한 사건입니다. 재독 건축학자인 임혜지 박사는 4대강 재앙을 다음과 같이 경고합니다.

"독일의 하천공사는 150년에 걸쳐 진행되었기 때문에 부작용이 생길 때마다 그때그때 대책을 세워 막을 수 있었지만, 전국에 걸쳐 단기간에 밀

‖한강으로 유입되는 한천입니다. 지천의 유실을 막기 위해 석축을 쌓았지만, 2011년 6월 29일 여지없이 붕괴되었습니다. 4대강 준설로 인한 재앙을 막을 방법은 그 어디에도 없습니다. (사진 : 김성만)

어붙이는 4대강 공사는 이 모든 부작용을 한꺼번에 초래할 것이다. 부작용과 피해는 걷잡을 수 없을 것이다. 독일인들은 150년 전에도 역행침식의 무서움을 알아서 절대로 피했던 대규모 준설까지 겹친 4대강 공사. 이 공사가 불러일으킬 재앙의 수준을 예측할 경험치가 지구상 단 한 곳에도 존재하지 않는다."

연간 유지비 약 1조 원에 이를 수도

역행침식으로 지천에서 쓸려나간 모래와 흙은 다 어디로 갈까요? 본류에 쌓이는 것이 당연하겠지요. 이명박 정부는 4대강의 동맥경화를 치료한다며 강의 모래를 준설했습니다. 그 결과 역행침식으로 지천들은 무너지고, 지천에서 급속히 쓸려온 모래들은 다시 4대강 본류에 가득 쌓이게 됩니다. 이명박 대통령은 하나마나한 일을 위해 22조 원을 강에 퍼부은 것입니다.

한여름 홍수가 지나면 강이 변합니다. 홍수가 지날 때마다 단 한 번도 지난해와 같은 강을 본 적이 없습니다. 홍수 때에는 엄청난 양의 모래와 자갈이 휩쓸려가기도 하고, 다시 쌓이기도 합니다. 강물이 몰고 다니는 그 엄청난 양의 모래를 단 한 번이라도 본 사람이라면, 4대강 죽이기와 같은 미친 삽질은 애초에 생각지도 않았을 것입니다. '도로 아미타불'이란 말처럼, 4대강 준설은 원래 제 상태로 돌아가는 강을 모르고 저지른 하나마나한 일이기 때문입니다.

2011년 5월 봄비에 지천들 곳곳이 무너지고 붕괴되었습니다. 별로 많이 오지도 않은 봄비에 지천의 하천 바닥이 심하게 파여 나갔습니다. 이

॥ 역행침식을 막기 위해 지천을 온통 돌망태로 씌워놓았습니다. 4대강만 아니라 지천까지 생명이 살 수 없는 죽음의 수로로 전락시켰습니다. 4대강에서 시작된 죽음의 그림자가 어디까지 이르러야 멈추게 될까요? 결국 끝없이 이어지는 재앙을 막기 위해 강바닥에 국민 혈세를 퍼붓다 나라까지 망하는 것은 아닐까요? 죽음의 수로화 공사를 강 살리기라고 주장하는 인간들의 썩은 양심에서 풍기는 악취가 대한민국에 진동합니다.

미 준설이 다 끝난 4대강 곳곳에 모래섬이 새로 만들어졌습니다. 하나마나한 삽질의 증거를 쉽게 발견할 수 있었습니다. '역행침식'과 '반복되는 퇴적'은 과학이 아니라 상식입니다. 이명박 대통령은 양심을 팔아먹은 몇몇 과학자들을 등에 업고 국민을 기만한 것입니다.

모래 퇴적은 이미 한강에서도 잘 알 수 있습니다. 서울 한강에 유람선이 떠다니기 위해서는 매년 준설을 해야 합니다. 40여 킬로미터에 불과한 한강의 주운수로 유지를 위한 준설 비용이 연간 45억 원에 이릅니다. 그런데 낙동강 주변은 토양 자체가 모래입니다. 단 한 번의 집중호우로도 엄청난 양의 모래가 강으로 유입됩니다. 334킬로미터의 낙동강에 배를 띄우기 위해서는 얼마나 많은 혈세를 강에 퍼부어야 할까요?

만약 이명박 대통령이 꿈꾸는 변종 운하를 계속 유지하려면 매년 4대강에 엄청난 국민 혈세를 퍼부어야 합니다. 한마디로 밑 빠진 독에 물 붓기이지요. 이명박 정부는 4대강 연간 유지비가 2,400억 원이라고 발표했습니다. 과연 2,400억 원이 전부일까요? 정부는 2,400억 원에 대한 자세한 내역을 국민 앞에 공개하고 검증받아야 합니다. 4대강 연간 유지비용엔 수자원공사 대신 갚아주어야 할 이자 3,000억 원이 빠져 있습니다. 전문가들은 수공 이자 3,000억 원과 숨겨진 비용들을 모두 포함한다면 4대강 유지관리를 위해 매년 강물 속에 퍼부어야 할 혈세는 약 1조 원에 이를 수도 있다고 경고하고 있습니다.

이명박 대통령과 오세훈 전 서울시장은 무상급식이 표를 위한 포퓰리즘이라며 반대했습니다. 서울시 교육청의 올해 무상급식 예산이 1,162억 원입니다. 한나라당의 무상보육 대책 연간 예산은 1조 2,000억 원입니다. 요즘 한창 논란인 반값 등록금 해결을 위한 연간 소요 예산은 5조 7,000억 원입니다.

4대강 사업비 22조 원은 무상급식과 무상보육과 반값 등록금을 다 합한 3년간의 예산이 되고도 남습니다. 4대강 사업은 22조 원으로 끝이 아닙니다. 변종 운하를 유지 관리하기 위해 매년 강에 퍼부어야 할 연간 1조 원의 예산이라면, 얼마나 많은 학생들이 배불리 먹을 수 있고, 무상교육을 받을 수 있을까요?

건설업자들의 주머니를 채워주는 데에는 아낌없이 국민 혈세를 퍼부어주지만, 국민들의 눈물을 닦기 위해서는 돈이 없다고, 복지를 즐겨서는

‖이미 준설이 끝나 변종 운하가 된 낙동강입니다. 그러나 비가 그치니 지천에서 쓸려온 모래가 낙동강에 다시 퇴적되어 수심이 발목 정도에 불과합니다. 하나마나한 준설을 위해 국민 혈세를 퍼부은 것입니다.

안 된다고 떠드는 미친 나라에 우리는 살고 있습니다. 역행침식과 반복되는 퇴적은 4대강 사업이 국민 혈세를 퍼붓는 망국적 사업임을 증명하고 있습니다. 더 이상의 재앙을 막기 위해 하루라도 빨리 4대강 변종 운하의 수문을 열고 가로막힌 강물을 흐르게 해야 합니다. 그 길만이 재앙을 막고 생명의 강을 회복하는 가장 빠른 지름길입니다.

드디어
시작된
4대강의 저주

역시 이명박 대통령이 꿈꾸는 국토 개조론의 위력은 대단했습니다. 오랜 세월 그 어떤 홍수와 태풍에도 꿈적 않던 다리가 4대강 사업 덕에 와르르 무너졌습니다. 지난 2011년 5월 낙동강의 왜관철교의 교각이 붕괴되며 다리가 강물 속으로 주저앉았습니다. 이 다리는 100년 전 세워진 것으로 등록문화재 제406호로 지정된 소중한 국가 문화유산입니다.

호국의 다리라 불리는 왜관철교가 붕괴된 것은 이명박 대통령이 무리하게 강바닥을 준설했기 때문입니다. 4대강 사업으로 강의 모래를 깊이 퍼내고 물을 가득 채웠습니다. 강의 수심이 깊어졌다는 것은 불어난 유량과 빨라진 유속으로 인해 다리 교각에 가해지는 힘이 엄청 커졌음을 의미합니다. 이뿐 아니라 강의 수심을 깊이 파냈다는 것은 다리 교각의 안전

‖ 광풍처럼 밀어붙이는 4대강 사업으로 인해 100년의 세월을 끄떡없이 견뎌온 왜관철교가 붕괴되었습니다. 4대강 사업이 국토를 훼손하고 국민의 생명을 위협하는 재앙임을 여실히 보여준 사건입니다.

성이 위험해졌다는 걸 보여줍니다.

준설로 인해 다리 교각이 불안정해지고, 다리에 가해지는 유량과 유속의 힘이 거세지니 다리가 붕괴되는 것은 너무도 당연합니다. 그래서 강을 준설할 경우 다리의 안전을 위해 교각마다 보호 공사를 추가적으로 해야 합니다. 이를 교량보호공이라고 합니다.

그러나 이번에 무너진 호국의 다리는 천재가 아니라 4대강 사업으로 인한 인재였습니다. 이명박 정부가 교량보호공 공사를 빼먹은 교각이 붕괴되었기 때문입니다.

호국의 다리가 붕괴되기 며칠 전에 찍은 낙동강 항공사진입니다. 제일 아래쪽 다리가 붕괴된 호국의 다리입니다. 사진에서 보이는 것처럼 붕괴된 교각은 교량보호공 공사를 하지 않았습니다. 그리고 붕괴된 교각이 둔치에 있는 준설선 밖에 있다는 이명박 정부의 해명이 거짓임을 쉽게 알 수 있습니다. 붕괴된 교각 주위에 준설흔적이 보이고, 맨 위 교각은 준설선 밖에 있음에도 교량보호공 공사를 하고 있습니다. (사진 : 부산 낙동강지키기 운동본부)

이미 2년 전에 호국의 다리 붕괴를 예언했습니다

호국의 다리 붕괴는 전혀 낯선 일이 아닙니다. 이미 2년 전인 2009년 8월, 저는 호국의 다리 붕괴를 예언한 바 있습니다. '나라 발전과 지역경제를 망치는 4대강 사업'이라는 제목의 기사를 통해 강을 깊이 준설하고 교각 보호 공사를 제대로 하지 않으면 다리가 붕괴될 수 있다고 지적했습니다. 4대강을 지나는 300여 개가 넘는 다리 중에 정확히 호국의 다리 사진 2장을 보여주며 4대강 준설이 다리 붕괴를 초래할 수 있음을 경고했습니다.

2년 전 4대강 준설 후 교량보호공사를 하지 않으면 붕괴된다고 지적한 제 기사 중 일부입니다. 많은 네티즌들이 제 기사를 읽고 성지 순례 왔다고 인사말을 남겨두었습니다.

호국의 다리 붕괴 소식을 들은 많은 네티즌들이 2년 전 제가 쓴 다리 붕괴 경고 기사를 찾아내 이리저리 퍼 나르기 시작했습니다. 그들은 제 블로그에 들르며 성지 순례 왔다고 재치 있는 인사말들을 남겨두었습니다.

2년 전 다리 붕괴를 지적한 제 글을 읽고 많은 분들이 소름끼친다며 놀라워했습니다. 300개가 넘는 4대강의 다리 중에 붕괴될 다리를 정확히 지적했으니 놀랄 만도 합니다. 그러나 이는 전혀 놀랄 일이 아닙니다. 4대강 사업은 과학이 아니라 아주 기초적인 상식조차 지키지 않는 광란의 삽질이기에, 저 같은 사람도 정확히 예견할 수 있었던 것에 불과합니다.

'양치기 소년'을 닮아가는 이명박 정부

호국의 다리가 붕괴되자 4대강 사업을 강행한 이명박 대통령이 난처해졌습니다. 다리가 세워진 지 100년이 넘도록 그 어떤 태풍과 홍수에도 끄떡없었는데, 홍수를 대비한다는 4대강 준설로 인해 오히려 다리가 붕괴되었으니 말입니다. 그나마 인명 피해가 없었으니 큰 비난을 피할 수 있었습니다. 호국의 다리는 그동안 많은 주민들이 오가던 다리입니다. 만약 다리가 낮에 붕괴되었다면 심각한 인명 피해가 발생했을 것입니다.

이명박 정부는 4대강 사업이 다리 붕괴를 가져왔다는 비난을 면키 위해 서슴없이 거짓말을 하고 있습니다. 국토관리청 담당자는 무너진 교각은 4대강 준설 범위가 아니기 때문에 준설로 인한 붕괴가 아니라는 기자회견을 했습니다. 붕괴된 교각이 강물 속이 아니라 둔치에 있는 교각이기에

▥붕괴되기 전의 호국의 다리는 평소 많은 시민들이 오가는 인도교입니다. 다행히 새벽에 붕괴되어 인명 피해가 없었지만, 낮에 붕괴되었더라면 큰일이 날 뻔했습니다.

붕괴 원인이 4대강 사업 때문이 아니라는 것입니다. 참 대단한 거짓말입니다. 분명히 붕괴된 교각은 강물 속에 있으며, 주변에 다양한 증거들을 쉽게 찾을 수 있습니다.

거짓말로 국민을 속이려는 이명박 정권의 뻔뻔스러움이 하늘을 찌르고 있습니다. 대통령이 텔레비전에 나와 수시로 거짓말을 하니 휘하의 관료들 역시 국민을 속이는 것을 우습게 여기고 있습니다. 4대강 사업이 애초에 명분 없는 거짓된 사업이기에 그 모든 것이 거짓말일 수밖에 없는 것이겠지요.

또 이명박 정부는 비가 너무 많이 왔기 때문에 다리가 무너졌다고 합니다. 그러나 태풍 매미가 낙동강 유역에 뿌린 비의 양은 그다지 많지 않았습니다. 마을 주민들은 SBS 〈8시 뉴스〉 인터뷰에서 비가 많이 오면 주차장까지 물이 차오르는데, 이번 비는 비도 아니라고 밝혔습니다. 비도 아닌 비에 다리가 무너졌으니, 그 원인은 무엇일까요? 국민들은 재앙을 부르는 4대강 준설이 바로 그 원인임을 모두 잘 알고 있습니다. 이명박 대통령만 그렇게 믿고 싶지 않을 뿐입니다.

세금을 아끼려고 공사를 하지 않았다고?

이명박 정부는 국민 세금을 함부로 낭비하면 안 되기 때문에 교량보호공 공사를 하지 않았다고 다리 붕괴 원인을 해명했습니다. 이명박 대통령은 참 대단하신 분입니다. 국민의 생명과 안전이 달린 교량보호공 사를 할 돈은 없지만, 강의 모래를 퍼내는 돈은 넘쳐납니다.

이명박 정부가 온갖 거짓말로 국민을 기만하는 증거를 찾기란 어렵지

‖교량보호 공사를 하면 돈이 많이 들기에 세금을 아끼기 위해 보강 공사를 하지 않았다고 해명하고 있습니다.

않습니다. 이명박 대통령은 한반도 대운하 공사비 총 14조 원 중 60%인 8조 원은 강을 준설해서 발생하는 골재 판매비용으로 충당하겠다고 밝힌 바 있습니다. 그런데 한반도 대운하보다 더 작은 규모인 4대강 사업은 22조 원이 넘게 들어가고 있습니다. 특히 4대강 공사비 22조 원 중 4대강의 모래를 파는 준설 비용만 5조 2,000억 원입니다.

‖한반도 대운하 홍보 동영상입니다. 한반도 대운하 공사를 추진할 때는 골재를 팔아 공사비의 60%를 충당할 만큼, 국민 세금이 들어가지 않는다고 홍보했습니다. 그런데 대운하처럼 똑같이 강의 모래를 파는데 4대강 사업은 준설 비용으로 왜 국민 혈세가 5조 2,000억 원이나 들어가는 것일까요?

한반도 대운하 때에는 공사비의 60%인 8조 원을 강에서 퍼낸 골재를 팔아 충당한다고 했는데, 변종 운하인 4대강 사업은 골재를 준설하는 비용이 5조 원이 넘게 듭니다. 도대체 이명박 대통령의 논리는 앞뒤가 맞질 않습니다. 한반도 대운하는 골재를 팔아 공사비를 충당할 수 있는데, 똑같은 골재를 파면서 4대강 사업 때에는 왜 5조 원이 넘는 혈세가 들어가야 하는 걸까요? 5조 원이 넘는 혈세를 퍼부어 강의 모래를 팔 돈은 있는데, 준설로 인해 발생하는 교량 안전 공사를 할 돈은 없다니요?

뒤늦게 교량보호공 공사비에 3,000억 원이 책정되었습니다. 이 돈은 4대강 총 사업비 22조 원에 포함돼 있지 않은 숨어 있는 돈이라고 이야기합니다. 이렇게 숨어 있는 예산이 수조 원에 이릅니다. 앞으로 4대강 사업이 22조 원이 아니라 얼마로 뻥튀기 될지는 아무도 모릅니다. 문제는 뒤늦게 책정된 교량보호공 공사비 3,000억 원으로는 4대강을 통과하는 300여 개가 넘는 모든 다리에 안전 공사를 하기에는 턱없이 부족하다는 사실입니다. 그래서 '국민 세금' 운운하며 마땅히 해야 할 교량보호공 공사를 줄줄이 빼먹은 것입니다.

다리의 안전은 국민의 생명이 직결된 문제입니다. 따라서 강바닥을 준설하기 이전에 당연히 교량의 안전 공사를 먼저 해야지요. 그런데 준설할 돈은 있어도 안전 공사를 할 돈이 없다니 기가 막힌 일입니다.

이명박 대통령의 국토 개조 덕에 변종 운하로 변신한 4대강은 수심이 깊어지고 유량이 증가했습니다. 앞으로 증가된 유량과 빨라진 유속으로 인해 강물 속 침식은 가속화되고, 그 힘이 교량에 지속적으로 미치겠지요. 다리의 불안이 점점 더 커져갈 것입니다.

4대강의 다리 붕괴는 결코 호국의 다리 하나에 그치지 않을 것입니다. 앞으로 언제 어느 다리가 붕괴될지 아무도 모를 일입니다. 다리 붕괴의

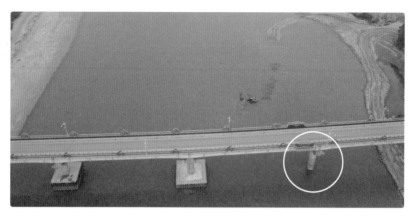

낙동강의 경천교입니다. 교량보호공 공사 크기가 제각각입니다. 더 큰 문제는 제각각인 교량보호공 공사조차 빼먹은 다리가 수두룩하다는 사실입니다. 어느 날 갑자기 무너지지 않을까 두렵습니다. 다리를 건너기 전에 이 것저것 살펴보고 건너시기 바랍니다. (사진 : 부산 낙동강지키기운동본부)

재앙은 단지 시간문제일 뿐입니다. 이젠 다리를 지날 때마다 언제 무너질 지 몰라 안전을 염려해야 하니 참 두렵기만 합니다.

상주댐 제방은 왜 무너졌을까?

　　　낙동강의 상주댐 제방이 와르르 무너졌습니다. 지나가는 사람들 을 금방 삼키기라도 할 듯 보기에도 위태롭기만 합니다. 상주댐 제방은 지난 2011년 5월과 6월 연이어 불어난 강물에 맥없이 붕괴되었습니다. 이곳은 이미 오래전에 제방 공사를 끝내고 조경공사까지 완료한 곳입니 다. 이명박 대통령의 말씀처럼 천지가 개벽한 곳이요, 김황식 국무총리의 표현을 빌리자면 진일보한 치산치수의 모델로서 후손들에게 축복이 될

▮천지개벽이요, 후손들에게 축복이라던 희망의 숲 조성 공사 지역이 와르르 무너졌습니다. 이곳에서 어떤 희망의 나무들이 자랄 수 있을까요?

▮2011년 5월 붕괴되었던 제방을 보수했으나(맨 위), 단 한 달 만에 또다시 무너졌습니다(가운데). 그러자 다시 흙을 퍼붓고 비닐로 덮어놓았습니다(맨 아래). 상주댐을 철거하지 않는 한, 이런 재앙은 100년이고 1,000년이고 계속 반복될 것입니다.

희망의 숲 현장이었습니다. 그러나 천지개벽이라던 4대강 공사 현장은 붕괴된 제방을 보수한 지 한 달 만에 또다시 붕괴되어 천지를 놀라게 했습니다.

비가 그치자 두 번이나 붕괴되었던 곳에 또다시 흙을 퍼붓는 등 복구공사가 한창입니다. 그러나 비가 오면 상주댐 제방은 또 처참하게 무너질 것입니다. 상주댐 구조 자체가 제방 붕괴를 초래하도록 설계되었기 때문입니다.

상주댐은 고정보와 두 개의 가동보로 이뤄져 있습니다. 그 중 수문을 통해 물이 흐르는 두 개의 가동보가 모두 좌측 강변에 위치하고 있습니다. 홍수로 물이 불어나면 가동보 수문을 통과한 거센 물살이 좌측 강변 제방에 부딪히는 것입니다.

수심 6미터 이상 모래를 깊이 준설한 낙동강은 변종 운하로 변신했습니다. 물 부족을 핑계로 낙동강에 가둬놓은 엄청난 유량과 홍수 시 빨라진 유속의 힘은 이제 거칠 것이 없는 괴력이 되었습니다. 4대강 변종 운하를 흐르는 거센 괴력 앞에 보잘것없는 4대강 제방이 무너지는 것은 너무나 당연한 일입니다.

지난 2011년 6월 태풍 메아리에 또다시 붕괴된 상주댐 제방은 이명박 정권의 무지가 얼마나 심각한지 잘 보여줍니다. 5월 봄비에 발생한 붕괴 때에는 상주댐 바로 아래 콘크리트 포장도 유실되었습니다. 변종 운하의 드넓던 강물이 두 개의 가동보로 좁아지자 거친 물살이 콘크리트도 감당할 수 없을 만큼 괴력이 되었음을 보여준 것입니다.

상주댐 제방의 붕괴는 초등학생도 알 수 있는 아주 기초 상식에 속합니다. 반복되는 상주댐 제방 붕괴를 막기 위해서는 콘크리트를 처바르는 일밖에 없습니다. 지금처럼 흙 제방은 물론이요, 돌망태 제방으로는 상주댐

∥상주댐은 물의 흐름조차 모르는 사람들이 설계했나 봅니다. 우측에 고정보가 있고 좌측에 두 개의 가동보인 수문이 있습니다. 수문을 통과한 물이 어디로 갈까요? 수문을 통과한 거센 물살이 좌측 제방에 부딪힐 것입니다. 그러니 계속 제방이 붕괴되는 것이지요. (사진 : 부산 낙동강지키기운동본부)

의 구조적인 부실을 막을 수 없기 때문입니다. 그러나 콘크리트 제방도 변종 운하의 괴력을 오래 견디지는 못할 것입니다. 반복되는 붕괴를 막기 위해서는 상주댐을 철거하는 수밖에 없습니다. 그것이 유일한 방법입니다. 애초에 설계 자체가 홍수를 부르도록 만들어졌기 때문입니다.

밑 빠진 독에 혈세 붓기

상주댐 제방 붕괴는 4대강 사업이 초래한 '밑 빠진 독에 혈세 퍼

▌2011년 5월 봄비에 한강 이포댐 주변 제방이 유실되었습니다. 조금만 더 진행되었다면 바로 옆 도로도 위험해졌겠지요. (사진 : 김성만)

▌이명박 대통령이 4대강 사업의 모델로 제시한 한강입니다. 한강종합개발로 한강의 모래를 다 파냈습니다. 그러나 한강 제방이 유실되지 않는 이유는 콘크리트가 지탱해주기 때문입니다. 그러나 콘크리트도 20여 년의 시간을 견디지 못하고 쥐 이빨 빠진 듯 곳곳이 무너지고 있습니다.

붓는 헛 삽질'의 작은 사례에 불과합니다. 비만 그치면 이명박 대통령이 추위와 싸워가며 밤낮없이 만들어놓은 제방이 곳곳에 무너져 있기 때문입니다.

제방의 붕괴는 상주댐만이 아닙니다. 한강의 이포댐 공사 현장에서도 2011년 5월 봄비에 제방이 유실되었습니다. 만약 제방의 유실이 조금 더 진행되었다면, 바로 곁 도로도 위험해졌을 것입니다. 4대강 공사가 얼마나 무지하게 강행되고 있는지 보여주는 현장입니다.

이 대통령이 그토록 애쓰고 있는데도 비만 오면 왜 4대강 곳곳이 무너지고 붕괴되는 것일까요? 그 정답은 한강에서 찾을 수 있습니다. 이명박 전 현대건설 사장이 1983년 한강종합개발로 만들어놓은 한강입니다. 사방이 콘크리트로 뒤덮여 있습니다. 그러나 한강의 콘크리트 제방도 건설된 지 30년도 되지 않았건만 여기저기 무너지고 있습니다.

자연의 신비는 여기 있습니다. 자연이 오랜 시간을 통해 빚은 모래톱과 습지로 이뤄진 제방은 거센 홍수에도 끄떡없이 강을 지켜줍니다. 그러나 인간이 만든 콘크리트는 아무리 단단해 보여도, 조금만 시간이 흐르면 금이 가고 부식되고 붕괴됩니다.

상주댐 제방 붕괴는 공사 중 발생할 수 있는 우연한 사고가 아닙니다. 부실과 졸속으로 이어진 4대강 사업이 초래한 당연한 결과입니다. 강물의 기초적인 흐름조차 역행하는 상주댐의 부실 설계와 반복되는 제방 붕괴는 이명박 대통령이 꿈꾸는 4대강 국토 개조가 국가 재앙이 될 것임을 예견하고 있었습니다.

2년 전 4대강의 저주를 예언한 분이 또 있습니다

생명의 강을 파괴할 경우 물이 내릴 저주에 대해 정확히 예언한 분이 있습니다. 그분은 지금 4대강 사업 부본부장으로 있는 차윤정 교수입니다. 차윤정 교수는 4대강 사업 부본부장으로 임명되기 전인 2009년 9월 30일 《한국일보》 칼럼을 통해 '정복당한 물이 내릴 저주란 얼마나 끔직할지…'라며 4대강 사업이 초래할 저주를 다음과 같이 강조했습니다.

"이제 강을 수로와 수심과 수변으로만 다듬는 '사업'을 한다고 예산까지 구체화했다. 뭘 어떻게 해서 자연의 아름다운 강보다 더 아름다운 강을 만든단 말인가.

작은 샘에서 시작되는 강의 긴 여정과 그 여정이 다듬어왔던 생물과 풍광의 역사가 어찌 4,700년보다 짧을까. 강의 의미가 단순히 사람의 풍광만으로 정의될 수 있다면 그나마 다행이겠다. 그러나 강은 산보다 더 정교하고 엄격한 자연이요, 환경이다. 산의 파괴가 그토록 오랜 시간 저주를 풀지 않는데, 정복당한 물이 내릴 저주란 얼마나 끔찍할지, 좀 더 심각한 고민이 필요하지 않을까. 자연은 투자의 대상이 아니라 보호의 대상이다."

차윤정 부본부장의 칼럼처럼, 4대강 죽이기로 인해 정복당한 물이 내릴 저주는 끔찍할 것입니다. 오랜 시간 지속되는 산의 파괴가 부르는 저주보다, 파괴된 강이 초래하는 참혹한 저주는 언제까지 지속될지 두렵기만 합니다. 호국의 다리 붕괴와 상주댐 제방의 붕괴는 이제 4대강의 저주와 재앙이 시작되었다는 걸 알리는 신호탄에 불과합니다.

‖오늘도 이명박 대통령은 불철주야 주구장창 강바닥을 파내고 있습니다. 멀쩡했던 다리에 어떤 일이 생길지 불안하기만 합니다. 그러나 준설 이전에 먼저 해야 할 교량보호공 공사는 나 몰라라 하고 있습니다. 다리가 붕괴되면 비가 너무 많이 왔다고 하고, 원래 교량이 낡았기 때문이라고 변명하시겠지요. 이명박 현대건설 사장이 건설한 연천댐이 붕괴되자 비가 너무 많이 온 천재였다고 핑계된 것과 똑같습니다.

대통령은
거짓말쟁이

3부

피라미도 모르면서
강을 살린다고?

4대강 사업을 이명박 정부는 '4대강 살리기'라고 부릅니다. '강 살리기'라! 이름 한번 참 좋습니다. 4대강 사업을 통해 정말 강을 살리려면, 우선 '강江'을 잘 알아야 제대로 강을 살릴 수 있다는 것은 기본 상식이겠지요. 그렇다면 이명박 정부는 과연 강에 대해 얼마나 잘 알고 있을까요? 강에 대한 이명박 정부 관계자들의 발언을 살펴보면 그들의 강에 대한 천박한 인식을 잘 알 수 있습니다.

지난 2010년 7월 6일, 대한예수교 장로회 총회 사회봉사부이명박 장로가 다니는 소망교회가 속한 교단 주최로 '4대강 살리기 관련 사회 포럼'을 개최했습니다. 4대강 사업 찬성 측 토론자로 4대강 사업 본부장인 인하대 교수 출신의 심명필 씨와 부본부장인 경원대 교수 출신의 차윤정 씨, 그리고 4대강 사업 반대 측은 수원대 이상훈 교수와 제가 참석했습니다.

ⓘ이명박 장로가 속한 장로교 통합 측에서 마련한 4대강 사업 토론회입니다.

4대강 사업의 본부장과 부본부장이니 4대강 사업에 대해 가장 잘 알고 있는 분들이라 하겠지요. 이명박 대통령이 심명필 씨와 차윤정 씨를 본부장과 부본장으로 세운 것은 전문가가 추진하는 4대강 사업이라는 타당성을 국민에게 보여주기 위함일 것입니다.

4대강 사업에 대한 찬·반 양측의 설명이 끝난 후, 발표자가 상대방에게 한 가지씩 질문할 기회가 있었습니다. 제가 준비한 질문은 '물 부족을 대비한다며 1억 톤이 필요한 낙동강에 10억 톤이라는 수량을 확보하여 9억 톤의 엄청난 물이 남아도는데 낙동강 취수원을 옮기는 이유는 무엇이냐?'라는 것이었습니다. 그런데 막상 제가 질문할 차례가 되자 갑자기 내 마음 깊은 곳에서 다른 질문이 올라왔습니다.

토론회 자료로 준비해간 것 중에 사진 한 장을 꺼냈습니다. 이명박 정부가 만든 4대강 사업 홍보 동영상에 따르면, 4대강 사업 후에 우리의 강은 '꿈틀대는 생명의 몸짓'으로 거듭난다며 맑은 물속에서 물고기 한 마리가 모래바닥을 헤치는 모습이 나옵니다.

4대강 홍보 동영상 속의 장면은 피라미의 산란 장면입니다. 피라미는 얕은 여울의 모래 속에 암컷이 산란하면 수컷이 그 위에 방정을 하여 수정시킵니다. 4대강 홍보 동영상 속 장면이 얕은 여울임을 쉽게 알 수 있는 것은 배경으로 보이는 수면이 파랗기 때문입니다. 수면이 깊으면 빛이 강물 속에 들어오지 못하기 때문에 캄캄하여 강물 속이 보이지 않습니다. 수심이 얕은 여울이기에 빛이 들어오고 파란 하늘빛이 비치는 것이지요.

4대강 홍보 동영상에 나오는 물고기는 대한민국 물고기 중에서도 가장 흔한 피라미입니다. 이렇게 흔한 물고기를 대한민국 최고의 전문가라고 자처하는 4대강 사업 본부장과 부본부장이 모를까 내심 걱정이 되었습니다. 너무 쉽게 맞히게 되면 저만 우습게 되는 것이 아니라 4대강 사업 반대 측 역시 초라해지기 때문입니다. 그럼에도 제 마음속에 이 질문을 하라는 아주 강한 끌림이 있었습니다. 아마도 목사인 제게 하나님의 계시라는 말 외에는 그 당시 제가 준비도 하지 않은 그토록 쉬운 질문을 왜 했는지 달리 설명할 길이 없습니다.

제가 "심명필 본부장님, 차윤정 부본부장님, 이 사진이 4대강 사업 후에 4대강이 이렇게 변한다는 4대강 홍보 동영상 중 한 장면인데, 어떤 장면인지 구체적으로 설명해주시죠?"라고 하자, 놀라운 일이 줄줄이 벌어졌습니다. 자칭 4대강 살리기의 대한민국 최고 전문가라는 심명필 본부장이 단 한마디도 대답을 하지 못하고 침묵했습니다. 잠시 뒤 곁에 있던 차윤정 부본부장이 방청석을 향해 손을 내밀며 기어들어가는 목소리로 "우리 실무자들……"이라는 것이었습니다. 본부장과 부본부장이 모르니 4대강 토론회에 따라나온 국토해양부 관계자들에게 대신 대답을 요청한 것이었습니다.

‖4대강 홍보 동영상 중 한 장면을 사진으로 뽑아 이 장면에 대한 설명을 4대강 사업 본부장과 부본부장에게 요청했습니다. 그러나 4대강을 살린다는 본부장과 부본부장은 물론이요, 토론장에 따라나온 관련 직원들 중 단 한 사람도 대답하지 못했습니다. 텔레비전을 통해 4대강 사업 후에 강이 이렇게 살아난다고 보여준 동영상인데, 그 누구도 대답을 못하다니 정말 놀라운 일입니다.

순간 제가 "실무자들이 아니라 당신들이 대답을 해야죠"라고 재차 요구했습니다. 차윤정 부본부장은 "자신들은 책임자이기에 세세한 것까지 알지 못한다"고 대답했습니다. 아니 강 살리기의 최고 책임자가 강을 몰라? 그것도 그 흔한 피라미를? 그렇다면 강 말고 도대체 무엇을 알고 있다는 것일까요? 참으로 황당했습니다.

전문가들은 도대체 뭘 아는 것일까?

더 놀라운 일은 그 다음이었습니다. 어차피 대한민국 최고의 4대강 살리기 본부장과 부본부장조차 4대강 홍보 동영상의 구체적 내용을 모르는 것으로 결론 났으니, 그 자리에 참여한 국토해양부 관계자들에게 이 사진에 대한 설명을 요구했습니다. 장관급인 심명필 본부장이 나오는 자리이니 당연히 토론회장에 국토해양부 관련 직원이 많이 참석했습니다.

심지어 국립환경과학원의 정동일 과장도 참석하여 4대강 사업 반대 측인 이상훈 교수에게 항의성 질문을 했을 정도였으니, 4대강을 살린다는 관련 책임자들이 대부분 참석한 것이지요. 특히 당일 행사는 이명박 정부가 종교단체와도 4대강 사업 토론회를 열며 국민의 소리에 귀를 모았다는 홍보로 사용하기 위해 국정방송 ENG 카메라가 3대나 동원되었습니다. 토론회 주최 측은 물론이요, 참여자인 제게도 방송 중계를 한다는 사전 통지나 양해가 없었습니다. 4대강 사업의 홍보에 이용된다는 불쾌함이 있었지만, 그래도 저들의 무지를 깨우치기 위해 참고 토론회를 진행했습니다.

토론회에 참여한 국토해양부 직원들을 향해 제가 사진을 높이 들고 "실무자 여러분, 이 장면이 무엇인지 설명 좀 해주시죠?"라고 했습니다. 사진이 잘 안 보였는지, 4대강 사업본부 실무자가 앞으로 나와 사진을 받아가서 서로 돌려보았습니다.

여기까지는 제가 괜히 너무 쉬운 질문을 했나 싶어 속으로 후회를 했습니다. 본부장과 부본부장은 모른다 할지라도 대한민국 역사 이래 최대의 국책사업으로서 4대강을 살린다는 위대한 소명을 가진 실무자들에겐 너무도 쉬운 질문이라 생각했기 때문입니다. 그런데 이해할 수 없는 일이 벌어졌습니다.

토론회에 참석한 그 많은 실무자들이 전부 사진을 돌려보았지만, 단 한 명도 이에 대한 설명을 하지 못했습니다. 심지어 대한민국 최고의 환경 전문가들이 모여 있다는 국립환경과학원의 과장까지 있었는데 말입니다.

어찌 이런 일이 가능하단 말입니까? 모든 국민이 보는 텔레비전뿐만 아니라, 국토해양부와 환경부 홈페이지를 통해 연일 4대강 사업 후에 변할 우리 강의 미래라고 광고하고 있는 장면입니다.

더욱이 그 장면의 주인공이 돌상어나 꾸구리처럼 희귀성 물고기도 아니었습니다. 대한민국 어느 하천에서나 살고 있는 가장 흔한 물고기인 피라미였습니다.

지난 2년 동안 4대강 사업 후에 4대강이 이렇게 살아난다며 날마다 국민들에게 홍보해놓고, 정작 자신들은 그 장면이 어떤 것인지도 모른다니 과연 이게 말이 되는 일일까요?

무조건 아름답고 좋은 장면만 골라 4대강 사업 후의 변할 강의 모습이라고 국민에게 사기쳐온 것입니다. 이러기에 4대강 사업이 대국민 사기극이라고 말하는 것입니다.

피라미는 도대체 어디로 가야 하나?

저들의 무지보다 더 심각한 문제는 꿈틀대는 생명의 몸짓으로 강이 살아난다는 저들의 주장과는 정반대로 4대강 사업으로 인해 우리의 강이 앞으로 피라미가 알도 낳을 수 없는 수로가 된다는 사실입니다.

▮이게 바로 대한민국 하천에서 가장 흔한 피라미입니다. 피라미는 수심이 얕은 여울 모래에 알을 낳습니다. 그
런데 4대강 사업은 강을 깊게 준설하여 피라미조차 알을 낳을 수 없는 죽음의 수로를 만듭니다. 피라미도 모
르는 주제들이 강을 살린다고 하니 정말 기가 막히네요.

피라미는 얕은 여울의 모래바닥을 헤치고 산란하는데, 4대강 준설로 인해 강의 수심이 깊어지고 여울이 다 사라지면 피라미는 더 이상 알을 낳지 못하기 때문입니다.

피라미만 여울에 알을 낳는 것이 아닙니다. 대한민국 강에 살아가는 대부분의 물고기는 물이 맑은 여울에 살아갈 뿐만 아니라, 여울 주변에 산란을 합니다. 피라미처럼 여울모래에 알을 낳는 물고기가 있는가 하면, 꺽지처럼 여울 근처 얕은 자갈 밑에 산란하는 물고기들이 있고, 붕어나 잉어처럼 수초에 산란하는 물고기가 있습니다. 잉어는 깊은 물을 좋아하는 물고기입니다. 그러나 산란철이 되면 여울 주변 얕은 곳의 수초를 찾아 산란합니다. 깊은 곳을 좋아하는 붕어나 잉어 역시 4대강 사업의 피해자가 되는 것입니다.

이뿐만이 아닙니다. 대한민국 강에는 민물조개가 살아가는데, 놀랍게도 묵납자루, 줄납자루, 각시붕어, 중고기 등의 물고기들은 기다란 산란관을 통해 조개 안에 산란을 합니다. 이들은 조개가 없으면 알을 낳을 수 없습니다. 다시 말해 민물조개가 강에 없으면 조개 안에 알을 낳는 종류의 물고기들 역시 더 이상 강에 살 수 없습니다. 그런데 4대강 사업으로 강을 깊이 준설하여 햇빛이 강바닥에 내려오지 못하는 곳에선 조개가 살수 없습니다. 결국 조개와 더불어 살아가는 많은 종류의 물고기들이 앞으로 4대강에서 사라지게 되는 것입니다.

4대강 사업으로 물고기가 알도 낳을 수 없는 죽음의 수로로 만들어놓고는, 꿈틀대는 생명의 몸짓이 가득한 강으로 살아난다고 홍보를 하다니 천하에 이런 사기극이 어디에 있단 말입니까? 참으로 기가 막힐 노릇입니다.

이명박 정부의 4대강 사업의 홍보 내용과 4대강에서 벌어지는 실제 내

∥이 물고기가 바로 쉬리입니다. 쉬리는 빠른 물살이 흐르는 여울을 좋아합니다.

∥여울에 살아가는 물고기인 돌상어와 꾸구리입니다. 이제 4대강 사업으로 인해 더 이
상 강에서 살 수 없게 되었습니다.

‖강의 생명인 여울입니다. 천연기념물 어름치(아래)는 여울이 시작하는 지점에 알을 낳고 돌을 물어다 산란탑을 쌓습니다. 어름치는 여울이 없으면 산란을 하지 못합니다. 4대강 사업으로 여울이 사라지면 어름치는 더 이상 우리 강에서 볼 수 없게 될 것입니다.

┃모래 바닥에 살아가는 조개입니다. 조개는 강물을 맑게 합니다. 특히 줄납자루 등은 바로 이 조개 안에 산란을
 합니다. 줄납자루(아래), 묵납자루 등의 물고기 등은 조개가 없으면 강에 살 수 없습니다.

‖ 4대강 사업으로 강에 살던 조개들이 죽어갔습니다. 특히 멸종 위기 종인 귀이빨대칭이(오른쪽)는 낙동강환경영
향평가서에도 빠져 있었습니다. 보호가 필요한 멸종 위기 종임에도 광란의 삽질인 4대강 사업으로 인해 낙동
강변은 폐사한 귀이빨대칭이의 무덤이 되었습니다. (왼쪽 사진 : 박용훈)

용은 정반대입니다. 물고기가 알도 낳을 수 없는 수로를 만들면서 생명의
강으로 변한다고 뻥을 칩니다. 아이들이 손도 담글 수 없는 위험한 수로
를 만들면서 아이들이 마음 놓고 뛰놀 수 있는 강을 만든다고 뻥을 칩니
다. 철새들이 살아가는 4대강을 파괴하면서 철새들의 낙원을 만든다고
뻥을 칩니다. 4대강 사업 홍보 동영상엔 국민을 속이는 거짓으로 가득할
뿐입니다.

특히 4대강 사업 홍보 동영상 중에 물고기가 처참히 죽은 장면을 보여
주며 대한민국 강은 물고기도 살 수 없는 죽음의 강이라고 설파했습니다.
그러나 이 사진은 대한민국의 오염된 강이 아니라, 미국 두와미시강의 독
극물 유출 사건으로 연어가 죽은 장면으로서 외국 사진작가 사진첩에 실
린 장면입니다. 이명박 정부는 홍수와 가뭄에 대비해야 한다며 지난 수년

‖ 낙동강 회천에 살아가는 재첩입니다. 재첩이 강에 살 수 있는 것은 모래가 있기 때문입니다. 강의 모래를 파 없앤 4대강 사업은 생명도 살 수 없고, 물도 썩을 수밖에 없습니다. 4대강 준설로 회천의 재첩들도 모두 사라졌습니다. (사진 : 정수근)

간 발생한 홍수 피해와 가뭄 피해 지역 사진을 보여주었는데, 4대강 유역엔 홍수가 발생하지 않고, 물 부족 지역도 없으니 관련 사진 역시 4대강과는 아무 상관없습니다. 결국 타당성 없는 4대강 사업을 홍보하려니 홍보 동영상이 대부분 거짓과 과장뿐이었던 것입니다.

거짓말로 국민을 세뇌하는 무책임한 정부

타당성 없는 사업을 강행하려면 그 방법은 국민의 눈과 귀를 가리는 홍보뿐입니다. 말도 안 되는 거짓말도 계속 듣다보면 진실이라 믿게 되기 때문입니다. 텔레비전 광고뿐만 아니라 추석 귀향길 기차역에서 4

나는 '삽어(漁)'입니다.
당신들이 만들어준 강(江)에 사는 삽어(漁)입니다.
당신들의 눈가림은 양심, 눈돌린 무관심, 눈앞의 이기심이
만들어낸 삽어(漁)입니다.
더 이상 진짜 물고기는 찾지 마세요.
나는 '삽어(漁)'입니다.
당신들이 만들어준 강(江)에 사는 삽어(漁)입니다.

나는 살고 싶다.
당신들의 강이 아닌
우리들의 강에 살고 싶다.

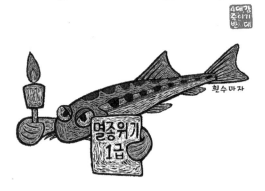

대강 홍보 책을 무차별 배포하기도 하고, 고속도로 휴게소마다 4대강 홍보 책이 널려 있고, 그리고 길거리에 세워진 광고판마다 4대강 사업 광고로 넘쳐납니다. 지금까지 그 어떤 국책사업에서도 우리가 경험해보지 못한 엄청난 예산을 4대강 사기극 홍보에 쏟아 붓고 있습니다. 이렇게 무차별로 광고하려면 그 많은 예산은 누구 주머니에서 나오는 것일까요? 모두 국민 혈세입니다. 국민의 피땀 담긴 혈세로 국민의 귀를 가리는 데 사용하는 것입니다.

2011년 4월 27일 《한겨레》는 '가축분뇨처리비 등 80억 끌어다 정부, 4대강 사업 홍보비에 썼다'는 기사에서 4대강 사업 홍보를 위한 이명박 정부의 뻔뻔스러운 예산 전용 실태를 고발했습니다.

"정부가 강우 레이더 설치와 하천 정비, 가축분뇨 처리시설 확충 등 사업 예산 수십억 원을 4대강 홍보비로 전용해온 사실이 감사원 감사 결과 드러났다. (……) 국토해양부는 강우 레이더 설치 7억 원과 홍수예보 및 수문 조사 3,500만 원, 치수 연구개발 2억 원, 국가하천 정비 24억 5,500만 원, 본부 기본경비 20억 원 등의 예산을 4대강 홍보 예산으로 전용해 사용했다. 환경부도 지방자치단체에 보조해주는 가축분뇨 처리시설 예산 26억 원을 4대강 홍보비로 사용했다. 이처럼 22개월 동안 4대강 홍보비로 전용된 예산은 80억 원에 달해 전체 예산 전용액 86억 원의 90% 이상을 차지했다. 감사원은 이와 함께 4대강 홍보버스 운영, 4대강 디카·폰카 사진공모전, 4대강 홈페이지 오픈 퀴즈 이벤트, 16개 보 온라인이벤트 등 홍보 이벤트를 펼치며 사업비 1억 6,300만원을 과다 집행한 사실도 밝혀냈다. 또 감사원은 5개 부처가 이른바 기사형 광고 291건 16억 원을 집행해 광고를 기사로 혼동시켜 언론의 신뢰성을 저하하고 독자의 오인을 유발했다고 지적했다."

독일 하천 전문가인 알베르트 라이프Albert Reif 박사는 '4대강 사업이 대한민국 하천 환경에 미치는 영향과 용어상의 문제점'이라는 보고서에서 이명박 정부의 4대강 사업은 "국민의 의지를 조종하는 행태, 또는 '선동' 행위라 불러 마땅하다"며 '홍보'가 아니라 '선동'이라고 정확히 표현했습니다. 특히 라이프 박사는 "정부가 그런 식으로 주장을 관철해 정책을 이행하는 것은 '바람직한 관리체계'에 정면으로 반하며, 이익만을 좇는 '이데올로기'에 불과하다"고 일침을 가했습니다.

피라미도 모르면서 전문가?

장로교 총회가 개최한 4대강 토론회에서 피라미 한 마리 때문에 창피를 당한 심명필 본부장이 체면을 만회하기 위해 마지막 신상 발언을 했습니다. "최병성 목사님의 말씀하신 의도는 알겠지만, 전문지식을 가지고……"라는 것이었습니다. 자신은 하천학회 회장까지 지낸 대한민국의 대학 교수이고, 저는 교회 목사라는 뜻이겠지요. 심명필 본부장은 전문가라는 권위를 내세워 피라미를 몰라 구겨진 체면 좀 세워보려고 했겠지요. 아름답던 생명의 강을 처참히 망가뜨리는 것도 가슴 아픈데 심본부장의 허풍을 듣고 가만히 있을 제가 아니지요. 많은 사람들이 보는 자리였지만 심명필 본부장의 말을 자르며 통쾌하게 한마디 날렸습니다. "전문 지식? 피라미도 모르는 주제에……" 바로 이 한마디에 토론회장은 폭소가 터지고 우레와 같은 박수 소리로 가득했습니다. 얼마나 시원하던지.

이명박 정부는 4대강 사업을 강 살리기라고 주장합니다. 4대강 사업이 정말 강 살리기라면 다른 것은 고사하고서라도 물고기들이 살 수 있는 강으로 만들어줘야 하는 것 아닐까요? 물고기도 알을 낳을 수 없는 수로로 만들면서 강을 살린다니, 그러니 천하에 없는 사기극이라고 하는 것이지요.

처음 들어본 말이라던
임태희 대통령 비서실장

4대강 사업이 강에 대해 무지한 자들이 벌이는 생명의 강죽이라는 증거는 많습니다. 그 중에 이명박 대통령을 가장 가까이에서 보필하고 있는 임태희 비서실장도 포함됩니다. 2007년 미디어 다음의 블로거 기자상 대상을 받은 파워 블로거라는 덕에 몇 명의 유명한 블로거들과 함께 2009년 한나라당 정책위의장을 하고 있던 임태희 의원을 인터뷰할 기회가 있었습니다.

이 자리에서 환경부가 대한민국 강의 물고기를 서식 환경에 따라 A최적, B양호, C보통, D악화라고 구분한 환경부 국정감사 자료를 임태희 의원에게 보여주며 "임의원님, 우리나라 강의 대부분의 물고기들은 수심이 얕은 곳에서 살아가는 물고기들인데, 4대강 사업 준설로 수심이 깊어지면 깊고 더러운 물을 좋아하는 D등급의 붕어나 잉어만 산다는 사실을 아십니까?"라고 질문했습니다. 임태희 의원에게서 돌아온 대답은 놀랍게도 "처음 들어보는 말인데요"였습니다.

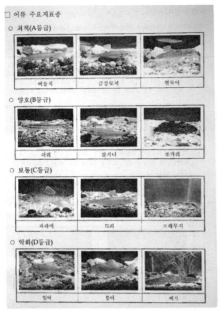

□ 어류 주요지표종

○ 최적(A등급)

| 버들치 | 금강모치 | 열목어 |

○ 양호(B등급)

| 어리 | 갈겨니 | 쏘가리 |

○ 보통(C등급)

| 피라미 | 끄리 | 모래무지 |

○ 악화(D등급)

| 잉어 | 붕어 | 메기 |

‖환경부가 작성한 물고기 서식 등급표입니다. 4대강 사업 후엔 강의 수심이 깊어지면 A(최적), B(양호), C(보통) 등급의 물고기들은 사라지고, 깊고 더러운 곳에 살아가는 D(악화)등급의 잉어와 붕어만이 살 수 있을 뿐입니다. 임태희 전 한나라당 정책위의장(현 이명박 대통령실장)에게 이 사진을 보여주니 처음 듣는 말이랍니다. 도대체 저들이 강에 대해 아는 것은 무엇일까요?

수심이 깊어지면 더러운 물에 사는 물고기만 살 수 있다는 이런 기초적인 사실을 처음 들어본다니, 과연 4대강 사업을 추진하는 저들이 아는 게 도대체 무엇이 있을까요?

많은 사람들이 오해하는 것이 있습니다. 물고기들이 많은 물을 더 좋아한다고 생각하는 것이지요. 그야말로 무지한 우리들의 착각일 뿐입니다. 대한민국 강에 살아가는 물고기들은 깊은 물을 좋아하지 않습니다. 환경

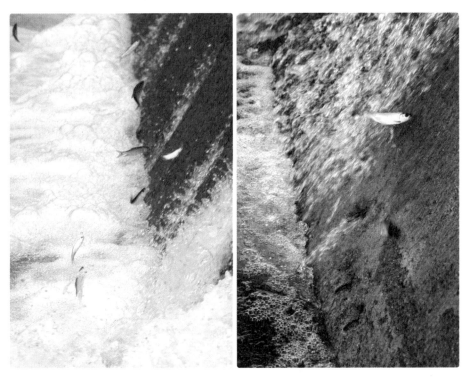

물고기들은 5월과 6월, 산란철이 되면 물길을 거슬러 올라갑니다. 그러나 보로 인해 물길이 막히면 보를 뛰어 오르려고 안간힘을 씁니다. 이명박 정부는 4대강 물길에 16개의 거대한 대형댐을 건설하곤, 어도를 만들었다 며 친환경이라고 주장합니다. 멀쩡한 길을 가로막고 조그만 개구멍을 뚫어놓으면 그것도 친환경이겠군요.

부 국정감사 자료처럼, A B C 등급의 물고기들은 '많은 물'이 아니라 빠른 물살이 흐르는 얕은 여울을 좋아합니다. 이들은 여울을 떠나서는 살 수 없는 물고기들입니다. 여울은 그 어느 곳보다 산소가 풍부하고 물이 맑기 때문입니다.

대한민국 하천법 상의 최상위 법인 수자원장기종합계획2006~2020에 따르면 "한반도 고유종은 수질 오염, 수환경 변화, 하상 구조 변화 등에 대한 내성이 약하며 돌이나 자갈 바닥에 서식하는 저서성 어류이다. 보호를 요하는 어종들이 주로 분포하는 여울의 정수화를 지양해야 한다"고 밝히고 있습니다. 한마디로 한반도 고유종은 깊은 물이 아니라 얕은 자갈 바닥에 사는 물고기들이라는 것입니다. 이명박 대통령의 4대강 사업은 '여울의 정수화를 지양해야 한다'는 대한민국의 가장 높은 하천법을 '여울의 정수화를 지향'하며 불법을 저지르고 있습니다.

무지한 돌팔이들의 광란의 칼질

4대강 사업은 물이 많아지면 강이 더 좋아질 거라는 무지가 초래한 환경 파괴 재앙입니다. 무지한 자들의 발언 중 최고는 원희룡 한나라당 최고위원의 '수술론'입니다. 대한민국 강이 암에 걸렸으니 수술 중에 어찌 중단할 수 있느냐는 것이었습니다. 도대체 아름다운 우리 4대강이 어떤 암에 걸린 것일까요? 하늘이 선물로 준 아름다운 자연유산을 암으로 바라보는 저들의 환경적 문맹이 오늘 생명의 강을 죽인 것입니다.

의사가 환자의 질병을 치료하기 위해서는 칼을 잡기 전에 우선 어디가 왜 아픈지 진단부터 하는 게 당연한 일입니다. 그러나 4대강 사업은 아프지도 않은 강을 제대로 진단조차 하지 않고 갈기갈기 찢어놓고 무자비하게 칼질을 한 것입니다. 면허도 없는 돌팔이들의 삽질로 생명의 강을 죽인 것이 4대강 사업입니다.

피라미도 모르는 돌팔이들이 강을 살린다며 생명의 강을 처참히 난도질하고 있습니다. 4대강 사업은 결코 강 살리기가 될 수 없고, 세계 역사에 길이 남을 최대 환경 파괴 재앙이 될 뿐입니다. 4대강 사업은 생태에 무지한 돌팔이들이 펼치는 망국적 광란의 칼질입니다.

한국 하천의 대표적인 물고기인 꺽지입니다. 꺽지는 봄이 되면
물이 얕은 자갈 밑에 알을 붙이고 알이 깨어날 때까지 수컷이 알
을 지키는 특이한 습성이 있습니다. 4대강 준설로 꺽지가 알 낳을 곳
도 함께 사라졌습니다.

철새 낙원?
철새들은
어디로 가야 하나?

수심을 깊게 준설하는 4대강 사업은 철새들이 더 이상 강에 살 수 없게 만드는 환경 재앙입니다. 그러나 이명박 대통령은 철새들로 가득했던 4대강을 파괴하면서, 오히려 4대강 사업이 끝나는 2011년이면 철새들의 낙원이 된다는 거짓말을 하고 있습니다.

철새 낙원 조성일까요, 아니면 철새 낙원 파괴일까요? 철새 천국을 만든다는 원대한 염원으로 이명박 대통령이 불철주야 애쓰고 있는 4대강 공사 현장으로 함께 가보겠습니다.

경상북도 구미시를 흐르는 낙동강변입니다. 은빛 모래와 맑은 물이 흐르는 이곳은 철새들로 가득합니다. 천연기념물 제228호 흑두루미와 제203호 재두루미, 제201호 큰고니, 그리고 천연기념물 제199호이자 멸종 위기 야생조류 1급인 황새, 큰기러기와 쇠기러기 등 온갖 희귀 철

‖낙동강 해평습지 모래밭에 흑두루미들이 쉬고 있습니다. 매년 겨울이면 이곳에 수천 마리의 흑두루미가 찾아
옵니다. 그러나 철새들이 앉아 쉬어야 할 모래를 중장비들이 끊임없이 파내고 있습니다. (사진 : 습지와 새들의
친구)

‖철새낙원에 끝없이 늘어선 포클레인과 덤프트럭입니다. 이제 낙동강을 찾아오던 철새들은 어디로 가야 할
까요? (사진 : 이희섭)

‖낙동강 해평습지를 찾아온 황새와 흑두루미입니다. (사진 : 습지와 새들의 친구)

새들로 가득합니다. 이곳은 드넓게 펼쳐진 모래밭이 있어 위험에서 자신들을 보호할 수 있기에 천연기념물 흑두루미 수천 마리를 비롯하여 다양한 철새들이 찾아오는 것입니다. 끼륵끼륵하며 푸른 하늘을 V로 무리지어 날아가는 흑두루미의 비행을 바라보는 것은 그야말로 황홀경입니다. 구미시의 관광홍보 자료에 구미시 해평습지가 당당하게 등장합니다. 철새들이 찾아오는 낙동강의 해평습지는 구미시 최고의 자랑이기 때문입니다.

그런데 이렇게 발 디딜 틈 없이 온갖 희귀 철새들로 가득했던 낙동강에 철새 낙원으로 만들겠다는 공사로 난장판입니다. 낙동강은 이미 철새들의 낙원인데, 얼마나 더 멋진 낙원으로 만들려는 것일까요? 이명박 대통령의 철새 낙원 조성 공사로 인해 철새들이 앉아 쉬어야 하는 강의 모래를 열심히 퍼내고 있습니다. 편안히 쉴 곳 없는 운하가 어떻게 철새 낙원이 되는 것일까요? 철새로 가득했던 낙동강엔 철새는 없고 포클레인과 덤프트럭만 끝없이 이어져 있습니다. 철새들의 고운 노랫소리는 들리지 않고, 낙동강을 갈가리 찢어놓는 중장비의 굉음소리만 가득합니다.

MB표 철새 낙원의 진실

4대강 사업이 완공되면 모래는 사라지고 썩은 물만 가득하겠지요. 철새들의 낙원을 만드시느라 애쓰시는 이명박 대통령님께 여쭙고 싶습니다. 4대강 사업 후에 낙동강을 찾아온 흑두루미와 재두루미와 황새와 기러기들은 어디에 앉아 쉴 수 있을까요? 4대강 사업으로 많은 물을 채워놓았으니 철새들이 신나 춤을 출거라고요? 이 대통령님, 혹시 흑두루미가 수영하는 것 보신 적 있으신가요? 아니면 기러기와 황새가 잠수하여 물고기를 잡는 것 보신 적 있으신가요? 수영 못하는 흑두루미와 황새를 위해 강을 거대한 수로로 만드는 이명박 대통령의 깊은 뜻이 너무 눈물겨워 가슴이 터질 것만 같습니다.

MB표 철새 낙원엔 흑두루미와 황새를 위한 '낙동강운하'라는 수영장만 조성되는 것이 아닙니다. 철새를 너무 사랑하는 이명박 대통령께서 지금보다 더 멋진 철새 낙원을 위해 다양한 운동시설들도 함께 조성하고 있습니다. 잠실 88올림픽 공원에 수영장만이 아니라 야구장과 축구장 등 모든 운동시설들이 한 곳에 모여 있듯이, 대한민국을 찾아온 철새들의 편의를 위해 온갖 운동시설을 한 곳에 건설하는 대통령의 깊은 뜻을 낙동강에서 만날 수 있습니다. '낙동강 철새 보호구역'이라는 입간판 바로 곁에 낙동운하 수영장을 비롯해 종합경기장 1개, 축구장 10개, 야구장 2개, 배드민턴장 10개, 농구장 5개, 족구장 10개, 게이트볼장 4개, 인라인스케이트장 1개, 피크닉장 4개 등이 설치되고 있습니다. 전 세계 유례가 없는 'MB표 철새 낙원'에 서면 절로 감탄사가 흘러나옵니다.

'한국형 원자로'가 전 세계로 수출될 만큼 대한민국의 국격(?)이 높아진 시대가 되었으니, 4대강 사업으로 2011년 완공되는 '한국형 철새 낙원'에는 수영하는 두루미는 물론이요, 축구하는 재두루미, 야구하는 기러기를 만날 수 있을 것입니다. 혹시 운이 좋으면 흑두루미와 기러기 간의 흥미진진한 축구 시합과 재두루미와 황새의 스릴 넘치는 야구 경기도 볼 수 있게 되지 않을까요? 조만간 제1회 철새 올림픽이 낙동강변 이명박표 철새 낙원에서 개최되어 전 세계에 있는 철새들이 대한민국으로 다 몰려올 날이 기대됩니다. 그날을 위해 오늘도 저토록 불철주야 4대강을 파헤치고 계신 것이겠지요.

철새 집단 도래 보호구역에 조성되고 있는 MB표 운동장입니다. 축구장 10개, 야구장 2개, 배드민턴장 10개, 농구장 5개, 족구장 10개 등 어마어마합니다.

한국형 철새 낙원 조성장에 황사 바람이 휩쓸고 있습니다. (사진 : 습지와 새들의 친구)

‖(사진 : 한문식)

‖'철새'들을 내쫓고 포클레인만 가득한 '철쇠(Fe) 낙원'으로 만들고 있습니다.

낙동강에는 이미 철새들로 가득합니다. 그런데 이명박 장로님은 4대강엔 철새가 찾지 않는다며 철새 낙원을 위한 4대강 사업을 하고 있습니다. 그렇다면 지금 4대강에 가득한 흑두루미와 재두루미와 기러기와 황새와 원앙은 철새가 아니고 뭐란 말일까요?

아하~ 4대강 공사 현장을 보니 이제야 이명박 대통령의 깊은 뜻을 조금 이해할 수 있을 듯합니다. 이명박 장로님이 말씀하시는 '철새 낙원'이란 하나님이 만드신 '하늘을 나는 철새'가 아니라 사람이 철鐵, Fe로 만든 철새, 곧 포클레인과 덤프트럭을 말하는 것입니다. 그래서 4대강에 철로 만든 포클레인과 덤프트럭들로 가득했던 것이겠지요. 4대강의 '철새'를 내쫓고 철로 만든 포클레인과 덤프트럭이 가득한 철쇠 낙원으로 만들어 건설업자들의 주머니를 두둑이 불려주신 대통령의 깊은 뜻을 너무 늦게 알게 되었습니다.

철새 낙원엔 누가 찾아올까?

이명박 대통령이 철새 낙원 조성을 위해 열심히 파헤치는 강변에 이곳이 철새 낙원임을 알리는 알림판이 세워져 있습니다. 알림판에는 재두루미가 하늘을 나는 형상이 멋지게 새겨 있습니다. 알림판에는 "이곳은 천연기념물이자 세계적 멸종 위기종인 흑두루미천연기념물 제228호 재두루미천연기념물 제203호 큰고니천연기념물 제201호 쇠기러기와 청둥오리가 10월 말부터 이듬해 4월 초까지 매일 15,000마리가 찾아드는 집단 철새도래지입니다"라는 안내문과 함께 철새들이 은빛 모래밭에 가득 앉아 있는 사진이 담겨 있습니다.

※ 위 사진처럼 이렇게 철새로 가득했던 곳이 아래 사진처럼 변했습니다. 이제 철새들은 어디로 가야 하나요?

‖4대강 사업으로 갈 곳 없어 방황하는 기러기들입니다. 이게 철새 낙원을 만드는 일이라고요? 철새가 찾아오는 계절에는 공사를 하지 않겠다고 해놓고, 저토록 처참하게 난도질하고 있습니다.

철새 낙원 알림판에 있는 사진과 똑같은 장소를 찾아냈습니다(왼쪽 사진). 사진 뒤편의 미루나무 한 그루와 송전탑과 산등성이가 똑같은 장소임을 보여주고 있었습니다. 그런데 철새들로 가득했던 바로 그 낙원이 이명박 대통령의 철새 낙원 조성을 위한 공사로 처참히 파괴되었습니다. 이제 저 모래밭에 앉아 쉬던 흑두루미와 재두루미와 황새와 기러기는 어디로 가야 하는 것일까요? 철새가 날아올 수 없는 철새 낙원 조성 공사라니 참으로 기가 막힐 뿐입니다.

낙동강이 수많은 철새들의 낙원임을 환경부도 잘 알고 있습니다. 그래서 환경부는 비록 낙동강변의 금빛 모래가 다 파괴되지만, 이곳에서 조금 떨어진 곳에 대체 서식지를 만들 예정이라고 합니다. 집을 이전시켜놓으면 내년에 두루미들이 그곳으로 이사 가는 것일까요?

대한민국의 습지들을 소개하기 위해 환경부가 2008년 발행한 《습지와 사람들》이란 보고서에 수자원공사의 임진강댐 건설로 인해 두루미 서식지가 위협받고 있다며 다음과 같이 말하고 있습니다.

"댐을 지으면 여울이 없어지고 얼음이 얼게 되어 먹이 활동과 휴식처 기능을 잃게 된다. 수자원공사에서는 두루미의 인공 서식처를 조성하겠다고 하지만, 이는 검증되지 않았고 국내외 어느 지역에서도 성공한 사례가 없다. 사람들의 잘못된 판단에 의해 파괴되는 자연을 지키지 못한다면 연천은 더 이상 겨울철새들의 낙원으로서 우리에게 다가오지 못할 것이다."

구미 시민은 왜 모를까?

구미 시민들은 강변에 축구장과 야구장 등의 운동 및 놀이시설이 들어선다고 좋아하고 있습니다. 인구 35만 명의 구미시에 종합경기장 1면, 축구장 10면, 야구장 2면, 배드민턴장 10면, 농구장 5면, 족구장 10면, 게이트볼장 4면, 인라인스케이트장 1면, 피크닉장 4면 등이 왜 필요한 것일까요? 철새 낙원 대신 이런 운동장이 들어서면 구미시가 더 잘살게 되는 것일까요?

4대강 사업의 모델인 1,000만 서울 인구가 살아가는 한강변에도 이런 대규모 강변 놀이시설은 없습니다. 문제는 여름 집중호우 때입니다. 매년 여름이면 집중호우로 불어난 강물로 인해 한강변 놀이시설이 물에 잠기

▦ 비가 오면 물에 잠기는 한강변 운동기구들입니다. 구미시가 낙동강변에 조성한 그 넓은 운동장을 어떻게 관리할 수 있을까요? 여름마다 물에 잠긴 낙동강변 운동장은 결국 시민들의 혈세를 먹는 애물단지로 전락할 것입니다.

기를 수차례나 반복합니다. 물이 빠져나가면 흙탕물에 잠겼던 시설들을 세척하느라 수많은 인력과 예산이 투입됩니다. 과연 구미시가 그 넓은 강변 체육 시설들을 제대로 관리할 수 있을까요? 구미시는 매년 수차례나 물에 잠기는 강변 놀이시설 관리를 위해 엄청난 혈세를 퍼부어야 합니다. '낙동강변 운동장'이라는 모양은 그럴듯하지만, 제대로 관리를 못해 흉물로 변해갈 내일이 눈에 훤히 보입니다.

대통령님 덕분에
세계적인 철새 낙원이 파괴되었습니다

철새 낙원을 만든다며 철새 낙원을 파괴하는 기막힌 현장이 또 있습니다. 대한민국 최고의 철새 낙원인 낙동강 하굿둑 주변 을숙도입니다. 철새들의 천국이라는 중요성 때문에 낙동강 하류 지역 전체가 1966년 천연기념물 제179호 문화재보호구역문화관광부으로 지정되었으며, 1988년 환경보전지역건교부, 1989년엔 자연생태계보호구역환경부으로 지정된 곳입니다. 한 지역을 정부 기관 3곳이 보호구역으로 지정한 사례는 극히 드뭅니다. 그러나 이명박 대통령은 이렇게 중요한 철새들의 낙원을 자전거도로와 골재적치장으로 만들었습니다.

4대강 공사가 시작되기 전인 2009년 가을 찾아간 낙동강 하굿둑은 황금 들녘으로 넘실거렸습니다. 낙동강 하구를 찾아온 기러기와 가창오리들이 이곳에서 먹이를 찾고 쉬고 있었습니다. 부산시는 철새 보호를 위해 "당해 지역은 자연환경보전법 제37조 규정에 의한 생물 다양성 관리 계약 사업 지역으로 겨울철새들의 안정적인 먹이터와 쉼터를 제공하기 위

‖ 대한민국 최고의 철새 낙원인 낙동강 하굿둑 주변을 골재 적치장으로 만들었습니다. 공사장 한켠에 세워놓은 법적보호종 현황표를 보니 저들도 이곳이 수달과 철새 보호구역임을 알고 있네요. 그런데 저토록 미친 듯이 공사를 하고 있습니다.

하여 보호활동벗집 존치을 경작민과 체결하여 이행하는 지역입니다"라는 내용의 안내문을 세워놓았습니다. 특히 부산시는 철새 보호를 위해 이곳에 방문하는 이들은 소음이 많은 행위나 차량 운행을 자제해달라고 안내문에 밝히고 있었습니다.

그런데 낙동강 하구를 찾는 철새들의 안정적인 먹이터와 쉼터를 위한 황금 들녘이 철새 낙원을 만드는 4대강 사업으로 인해 깡그리 사라져버

▮2009년 가을 낙동강 하굿둑을 찾아오는 철새들의 먹이터인 염막둔치를 찾았습니다. 그러나 철새들의 식당인 이곳도 4대강 사업으로 여지없이 파괴되었습니다. 뒤에 보이는 아파트들이 보이시죠? 같은 장소가 어떻게 달라졌는지 보여줍니다.

렸습니다. 황금 들녘이 있던 자리엔 낙동강에서 퍼 올린 시커먼 썩은 흙만 가득 쌓여 있었습니다. 특히 "철새보호구역 훼손자는 문화재 보호법 제112조에 의거 5년 이하의 징역과 5,000만 원 이하의 벌금에 처한다"는 섬뜩한 경고판이 곳곳에 세워져 있음에도 철새는 보이지 않고, 철새 낙원을 훼손하는 장비들만 보였습니다.

낙동강 하구 염막둔치라 불리는 이곳은 매년 겨울 을숙도를 찾아오는 철새를 보호하기 위해 60만 평의 논을 보존해온 곳입니다. 2009년 부산시가 바로 이곳에 드넓은 황금 들녘의 둘레를 따라 사람들이 자전거도 타고 운동도 할 수 있도록 연인원 3,159명을 투입하여 1억 5,900만 원의 예산을 들여 6.6킬로미터에 이르는 버들길을 조성하고 '테마가 있는 낙동강 버들길 안내도'를 세웠습니다. 그러나 이렇게 조성한 버들길도 4대강 사업으로 인해 단 1년 만에 무용지물이 되었습니다.

이명박 대통령은 돈이 많으니 밥을 먹지 않아도 살 수 있는지 모릅니다. 그러나 낙동강을 찾아온 철새들은 먹을 것이 필요합니다. 새들은 하늘을 날기 위해선 많은 에너지가 필요합니다. 그런데 철새들의 먹이터가 없어졌습니다. 이제 낙동강 하구를 찾아온 철새들은 먹이를 찾아 어디로 가야 할까요? 4대강 사업으로 인해 사라진 황금 들녘과 함께 철새들의 노랫소리도 사라졌습니다.

천연기념물과 문화재 보호구역으로 지정해놓은 철새들의 낙원조차 이명박 대통령은 처참히 파괴했습니다. 4대강 사업은 거짓말이 끝없이 이어지고 있습니다. 도대체 4대강 사업의 진실은 어디에 있을까요? 22조 원이라는 대한민국 역사 이래 최대 삽질을 하면서 그 어떤 사실적 근거도 제시하지 못하고 있습니다. 국가가 거짓말로 국민을 속이는 21세기의 대한민국 현실이 참으로 서글픕니다.

∥금강변 철새들의 쉼터를 파헤친 4대강 공사 현장입니다. 철새들이 철새 낙원 조성 공사를 구경하러 온 것은 아니겠지요.

∥고지를 점령하기 위한 철새들의 전쟁도 아닐 텐데, 4대강 준설을 알리는 빨간 깃발 곁에 보금자리를 빼앗긴 철새들이 처량하게 앉아 있습니다.

‖ 을숙도의 저녁노을입니다. 4대강 사업으로 낙동강 하굿둑을 증설하고 있습니다. 그러면 대한민국 최대 철새
도래지인 을숙도도 심각한 영향을 받게 될 것입니다.

생명 살리기?
영원히 볼 수 없는
생명들

완공을 목전에 두고 있는 금강보 공사 현장에 30여 마리의 원앙들이 옹기종기 모여 있었습니다. 이명박 대통령이 철새 낙원을 만드는 4대강 사업이 궁금했기 때문일까요? 완공도 되지 않은 금강보에 원앙들이 모여든 것을 보니, 22조 원을 처바르는 철새 낙원에 원앙들도 기대가 큰 모양입니다.

사실 금강보에 모인 원앙들은 호기심에 철새 낙원 공사 현장을 찾은 것이 아닙니다. 이미 철새 낙원이었던 금강을 찾아왔으나, 그들의 보금자리였던 금강이 파괴되어 오도 가도 못하고 방황하는 중입니다. 4대강 사업은 철새 낙원을 만든다며 강변 습지를 없애고 준설하여 수심을 깊게 했습니다. 그러나 원앙은 수심이 깊은 곳을 좋아하지 않습니다. 원앙은 수심이 얕은 곳에서 물놀이를 즐기고, 먹을 것을 찾고, 짝짓기도 하는 새이기

‖금강보 공사 현장에 쉼터를 잃은 원앙 무리가 방황하고 있습니다. 원앙은 수심이 얕은 물가를 좋아하는 철새
입니다. 준설로 수심이 깊어진 운하엔 살 수 없는 철새이지요.

‖원앙들이 빨간 깃발 뺏기 놀이라도 하는 것일까요?

|| 원앙은 수심이 얕은 곳에서 짝짓기도 하고 새끼들을 키웁니다.

때문입니다.

버드나무와 갈대로 우거졌던 금강변이 사라지자, 금강을 찾아왔던 원앙들이 먹이를 찾아 황폐해진 강변을 배회하고 있었습니다. 심지어 덤프트럭이 오가는 길을 종종걸음으로 횡단하는 원앙들도 있었습니다. 세계유일의 철새 낙원을 만드는 4대강 사업 현장엔 세계 그 어디서도 볼 수 없는 희한한 장면을 종종 만나게 됩니다.

천연기념물 제327호로 지정된 원앙은 금슬 좋은 부부의 사랑을 상징하는 새로 사람들에게 가장 친숙한 새 중 하나입니다. 그래서 베갯모나 이불에 원앙새를 수놓고, 여성의 쪽진 머리에는 원앙새 모양의 원앙잠鴛鴦簪을 꽂기도 했습니다. 원앙은 남녀 사이의 사랑만이 아니라, 친구의 두터운 우정을 비유하여 한시에는 원앙에 빗댄 남성들의 우정이 자주 등장합니다. 통일신라의 학자인 최치원崔致遠은 "새매를 피해 외로운 섬에 가려해도 / 부럽구나, 원앙새는 물에서 즐겁구나"라며 다정한 원앙새 때문에 멀리 어디론가 떠나도 정겨운 친구가 생각날 것을 염려했습니다.

원앙은 많은 시와 그림에 등장합니다. 그만큼 우리에게 친근한 새이기 때문입니다. 그러나 이제 철새 낙원을 만드는 4대강 사업 덕에 우리 삶에 익숙한 원앙도 우리 곁을 떠나게 되었습니다.

귀여운 물총새, 다시 볼 수 있을까?

지난여름 이포보 공사가 한창인 한강변 자갈밭에서 강물 속에 다이빙하며 물고기 사냥을 즐기는 청색 옷의 뾰족한 부리를 가진 물총새를 만났습니다. 강물 속으로 다이빙한 녀석이 잠시 후에 물고기를 입에

∥준설로 강의 수심이 깊어지고, 슈퍼 제방과 농경지 리모델링으로 물총새가 둥지 틀 곳이 사라지면 더 이상 물총새도 볼 수 없게 될 것입니다.

물고 나오더니 강변 자갈에 물고기 머리를 부딪쳐 기절시킨 후 꿀꺽 삼킵니다. 강변에서 날쌘 비행을 즐기다 다이빙하는 물총새를 만날 수 있다는 것은 우리가 강을 찾는 즐거움 중 하나입니다.

그러나 이제 4대강에서 물총새를 보는 것도 어려워질 것입니다. 강을 준설하여 수심을 깊게 하는 MB표 철새 낙원 공사 덕분입니다. 물총새는 수심이 얕은 곳에 다이빙하여 작은 물고기를 잡아먹고 사는 새입니다.

물총새가 이명박 대통령의 철새 낙원 조성 공사로 인해 삶의 터전에서 쫓겨나는 더 중요한 이유가 있습니다. 물총새는 강 주변 경사진 밭두렁에 수평으로 땅 속 깊이 파서 둥지를 만들고 알을 낳습니다. 그런데 4대강 사업으로 슈퍼 제방이 건설되고, 강변 밭들은 농경지 리모델링이란 이름으로 다 뒤덮여버렸습니다. 이제 조만간 수자원공사가 4대강 투자비 8조 원을 벌기 위해 강변 개발을 시작할 것입니다. 물총새가 강변에 둥지를 틀고 새끼를 키울 곳이 사라지는 것입니다.

꼬마물떼새야 어디로 갔니?

이명박 대통령의 철새 낙원 공사 덕에 쫓겨나는 새는 원앙과 물총새만이 아닙니다. 강을 찾는 우리에게 즐거움을 선사하던 꼬마물떼새와 흰목물떼새와 도요새 무리도 더 이상 4대강에서 만날 수 없게 됩니다.

꼬마물떼새나 흰목물떼새는 강변에 모래와 자갈이 있는 곳에 알을 낳습니다. 이들이 숲 속이 아니라 강변 자갈밭에 산란하는 이유가 있습니다. 알껍데기에 알록달록 새겨진 점들이 마치 모래를 닮아 적의 눈에 띄지 않기 때문입니다. 이들이 강변에 살아가는 더 중요한 이유는 알에서 깨어난 새끼들의 등 깃털 때문입니다. 새끼들은 위험을 느끼면 바닥에 납작 엎드려 위험이 사라질 때까지 꼼짝하지 않습니다. 새끼들의 등 깃털은 영락없는 모래빛깔이기 때문에 아무리 눈이 좋은 적들도 이들을 찾지 못

∥강변 모래밭에 둥지를 튼 흰목물떼새입니다. 알에서 깨어난 새끼들의 깃털은 모래를 닮았기에 위험을 느끼면 모래밭에 주저앉아 미동도 하지 않습니다. 4대강 사업으로 강변 모래가 사라지면 이들은 더 이상 살 수 없습니다. 이명박 대통령이 아름답다며 4대강 사업의 모델로 제시한 한강에서 흰목물떼새와 꼬마물떼새를 볼 수 없는 이유가 바로 이 때문입니다.

‖다리가 짧은 흰목물떼새는 수심이 얕은 물가에서 먹이를 찾습니다. 드디어 작은 물고기를 잡았습니다. 4대강 사업으로 수심이 깊어지면 수영도 못하는 이들은 사형선고를 받는 것과 같습니다.

‖한강 바위늪구비 강변에 둥지를 튼 꼬마물떼새입니다.

‖강변에서 어미가 먹이를 가져오기를 기다리는 노랑할미새 새끼와 얕은 물가에서 먹이를 찾고 있는 노랑할미새 어미입니다.

‖검은등할미새 역시 얕은 물가에서 먹이를 찾습니다. 이렇게 다리가 짧은 물새들은 얕은 물가를 기대어 살아갑니다. 그러나 4대강 사업이 이뤄진 뒤엔 더 이상 이들을 만나기 어려워집니다.

합니다.

강변 모래와 자갈이 사라진 곳에서는 꼬마물떼새와 흰목물떼새를 만날 수 없습니다. 모래자갈이 없는 곳에서는 새끼들을 키울 수 없기 때문입니다. 물속 잠수를 즐기는 비오리는 알에서 갓 부화된 새끼 때부터 여울을 타고 오르내리며 강물 위에서 성장합니다. 그러나 꼬마물떼새 새끼들은 수영을 하지 못할 뿐만 아니라 키가 매우 작습니다. 그래서 수심이 얕은 강변을 오가며 먹이를 찾습니다. 그러나 4대강 사업으로 강변의 모래와 자갈이 사라지고 수심이 깊어지면 이들은 더 이상 강변에 살 수 없게 됩니다.

지난 2010년 봄, 많은 사람들과 함께 4대강 사업으로 사라지기 직전의 한강 바위늪구비 강변을 걸었습니다. 강변 자갈길을 걷던 사람들이 갑자기 환호성을 질렀습니다. 자갈밭에 모자이크처럼 수놓인 꼬마물떼새 알을 발견했기 때문입니다. 한강변 모래밭에는 꼬마물떼새의 발자국으로 가득했고, 곳곳에서 꼬마물떼새들을 만날 수 있었습니다. 때론 바위 위에서, 때론 수면 위를 스치듯 낮게 날던 꼬마물떼새들의 노랫소리가 이제 더 이상 들을 수 없는 희미한 기억이 되었습니다.

수심이 얕은 강변을 좋아하는 새들이 또 있습니다. 노랑할미새와 알락할미새, 백할미새, 검은등할미새 등입니다. 이들은 물가의 비탈진 곳이나 풀숲 또는 돌 틈에 둥지를 틉니다. 알에서 깨어난 새끼가 조금씩 날기 시작하면 이들은 모두 강가로 날아옵니다. 어미 새들은 수심이 얕은 강가에서 열심히 먹이를 찾아 아기 새들을 먹여줍니다. 수심이 얕은 강가에서 물속의 낙엽을 뒤지며 새끼에게 줄 먹이를 찾는 할미새를 만나는 것은 어렵지 않습니다. 그러나 이들 역시 이명박 대통령의 철새 낙원에서는 더 이상 살 수 없습니다. 꼬마물떼새처럼 키 작은 새이기에 수심이 깊어진 MB표 철새 낙원에서는 살고 싶어도 살 수 없는 것입니다.

개골개골 개구리 살려!

개구리와 맹꽁이 등의 양서류 또한 4대강 사업의 직격탄을 맞아 삶의 터전을 잃게 됩니다. 양서류란 물속 생활과 육상 생활 양쪽을 함께 하기 때문에 붙여진 이름으로서 이들은 물이 없으면 살 수 없는 생명체입니다. 특히 이들은 강가의 수심이 얕은 습지를 터전으로 살아갑니다. 4대강 사업으로 직선화되고 수심이 깊어진 강에서는 더 이상 양서류가 살 수 없습니다. 특히 맹꽁이는 주로 강변 습지 웅덩이 근처 땅 속에 서식하며 여름철 장마기에 웅덩이 물속에서 산란합니다.

‖개구리들은 생태계의 아주 중요한 자리를 차지하고 있습니다. 그러나 쉽게 무시되고 있습니다. 4대강 사업으로 강변 습지가 사라지면 개구리의 서식지는 완전히 파괴됩니다. 개구리알이 떠내려가지 않고, 또 알이 부화되고 올챙이들이 잘 자라기 위해선 습지나 물이 잔잔한 얕은 물가가 필요합니다.

생명이 깨어나는 봄은 강에서 시작됩니다. 아직 살얼음이 어는 추운 날씨에 개구리가 산란을 시작합니다. 개구리가 알을 낳는 장소는 물의 흐름이 거의 없는 강변의 물웅덩이나 수심이 아주 얕은 수초와 자갈로 이뤄진 곳입니다. 개구리가 얕은 곳에 알을 낳는 이유는 알이 물결 따라 떠내려가지 않기 위함일 뿐만 아니라, 최대한 산소를 공급받게 하기 위함입니다.

개구리나 맹꽁이가 수심이 얕은 곳을 반드시 필요로 하는 이유는 알에서 깨어난 올챙이들을 위해서입니다. 올챙이들이 비록 물속 생활을 하며 수영을 할 수 있긴 하지만, 흐르는 물속에서는 살지 못합니다. 흐름이 없는 강가 얕은 곳이나 강변 습지의 웅덩이는 수온도 따뜻할 뿐만 아니라, 작은 올챙이들이 개구리가 되기까지 2~3개월을 살아가기에 알맞은 환경이 됩니다.

개구리류나 맹꽁이의 주된 먹이는 강과 주변의 습지에 살아가는 곤충류, 작은 갑각류, 지렁이 등입니다. 4대강 사업으로 직선화된 수로에서는 이들이 살 터전이 없을 뿐만 아니라 먹을 것조차 사라집니다.

양서류는 사람들에게 경제적으로 도움을 주는 생명은 아닙니다. 그러나 이들은 인간에게 해로운 해충들을 잡아주는 이로운 존재일 뿐만 아니라 생태계 먹이사슬에서 반드시 필요한 존재입니다. 건강한 강, 건강한 생태계를 이루기 위해서는 양서류가 반드시 필요한 것이지요. 결국 4대강 사업은 양서류에겐 사망 선고요, 생태계 먹이 사슬이 단절되는 환경 재앙입니다.

이명박 대통령님, 당신이 4대강 사업의 모델로 제시한 한강에서 개구리를 보신 적이 있나요? 한강이 손도 담글 수 없는 똥물이 된 원인은 개구리도 살 수 없을 만큼 건강한 먹이사슬 관계가 파괴된 수로이기 때문입니다. 개구리와 맹꽁이의 울음소리가 사라지고 유람선이나 떠다니는 4대강 사업은 생명 파괴의 재앙일 뿐입니다.

하나만 알고 둘은 모르는 어리석음

이명박 대통령은 4대강 살리기를 통해 강에 물을 모아놓고, 강변을 따라 자전거도로와 공원을 건설했습니다. 이제 많은 국민들이 공원화된 4대강에 몰려가서 환호할 일만 남았습니다. 썩은 녹조 가득한 콘크리트 어항임에도 불구하고 환호하며 청계천에 몰려가듯 4대강 역시 그 안에 감춰진 진실은 모르고 공원으로 변모한 껍데기만을 보며 강이 더 좋아졌다고 이야기하겠지요.

지난 2011년 4월 3일 《경남도민일보》 편집국장이 4대강 현장에서 PPT 자료를 감상한 후 감동하여 쓴 기사가 앞으로 국민들이 어떻게 4대강 사기극에 넘어갈지 잘 보여주고 있었습니다.

> "나는 4대강 사업에 반대하는 편이다. 그러나 이를 어쩌랴. 열흘 전 우리 지역의 신문·방송사 편집·보도국장들과 함께 둘러본 함안보 공사 현장은 거의 마무리 단계였다. 합천보나 달성보, 강정보, 칠곡보, 구미보, 낙단보, 상주보 등도 모두 공정 80% 이상이라고 했다. 우기가 오기 전인 6월에는 보 건설과 준설공사가 100% 완료되고 수변공원도 70% 공정이 목표로 되어 있었다. 그것도 올 연말이면 완전 마무리된다.
>
> 현장에 가서 새로 알게 된 사실은 보라는 것이 단순히 물을 막아두는 둑의 역할만 하는 게 아니라 그 위로는 사람과 자전거, 자동차가 다닐 수 있는 교량의 역할도 한다는 것이었다. 큰고니의 날개를 형상화한 가동보 기둥에는 낙동강을 조망할 수 있는 전망대도 있었다. 게다가 인근의 광활한 둔치에는 각종 조경수와 야생화를 심고, 데크가 설치된 산책로가 조성되며 다목적 광장과 조류 서식 습지, 조류 관찰 데스크, 조형 습지

원, 친수 문화공원과 습지공원 등이 들어서게 된다. (……) 자연 그대로의 강이 아름답다고는 하지만, 그 아름다운 풍경을 조망할 수 있는 곳은 거의 없었다. 접근성이 떨어졌기 때문이다. (……) 각종 장애물에 가로막혀 있기 때문이다. 하지만 함안보, 합천보와 그 주변의 강변공원들이 완공되면 접근성이 획기적으로 높아진다. (……) 내년 봄이면 공사 현장은 언제 그랬느냐는 듯이 녹색 풀로 뒤덮일 것이다. 그곳을 찾은 사람들은 자기 돈이 얼마나 들어갔는지는 까맣게 잊은 채 '멋지다'는 감탄사를 연발할지도 모른다."

기사의 지적처럼 4대강 사업으로 강이 공원화되면 사람들이 더 가까이 다가갈 수 있습니다. 그런데 접근성은 더 좋아졌다는데, 그 누구도 강에 들어갈 수가 없습니다. 수로가 된 강은 사람을 물과 단절시키기 때문입니다. "강에 접근성은 좋아졌는데, 수심이 깊어 그 누구도 강에 들어갈 수가 없다?" 참 아이러니한 일입니다. 이게 바로 4대강 사업의 진실입니다.

접근성이 좋아지면 강이 더 아름다워진 것이고, 강이 더 살아난 것일까요? 사람들은 4대강 사업으로 인해 우리가 잃어버린 것을 인식하지 못할 것입니다. 원앙과 꼬마물떼새와 물총새와 개구리와 맹꽁이가 살 수 있도록 강과 사람 사이에는 경계선이 있어야 합니다. 강은 수많은 생명이 살아가는 삶의 터전입니다. 우리는 잠시 그곳을 지나가는 방문객에 불과합니다. 생명의 강조차 사람 위주의 관점에서 개발하는 것은 아무리 보기 좋아졌다고 할지라도 재앙에 불과합니다.

강이란 수계와 육지와 대기 등 서로 다른 세 가지 세상이 만나는 장소로서 다양한 생물군집이 어울려 존재하는 곳입니다. 참된 강 살리기란 생물의 다양성이 유지되고 보존되는 방향으로 추진되어야 합니다. 그러나

4대강은 용산을 따라 흐르고

4대강

강

낙동강
영산강
금강
한강

2010 김규정

∥4대강 사업은 강을 기대어 살아가던 생명들을 죽음으로 몰아가는 또 하나의 용산참사입니다. 4대강 사업 후엔 오리배를 띄울 수는 있지만, 생명들은 사라질 것입니다. (그림 : 김규정)

변종 운하를 만드는 4대강 사업은 강의 환경을 단순화시켜 생물의 다양성을 파괴합니다.

《하천 환경과 수변식물》에는 "하천은 인간을 위한 환경이기 이전에 다양한 생물의 서식 장소로서 중요한 환경이다. 그러나 도시화, 산업화가 진전됨에 따라 하천은 인공화 장치화되어 생물의 서식 장소로서의 기능을 상실하고 아울러 인간 생활의 도움을 주는 다양한 생태적 기능도 발휘하지 못하고 있다"고 했습니다. 생명의 강을 인간 위주의 놀이터로 만드는 4대강 사업이 초래할 내일의 환경 재앙을 경고하고 있습니다.

원앙과 꼬마물떼새와 물총새와 개구리와 맹꽁이를 쫓아낸 4대강 사업은 수많은 생명이 불에 타죽은 또 하나의 용산망루입니다. 철새 낙원을

‖깝작도요새가 줄타기하듯 4대강 공사 현장의 오탁방지막 위를 위험스레 건너고 있습니다. 깝작도요새 역시 얕은 물가 자갈밭에 알을 낳습니다.

조성한다는 4대강 사업은 수많은 생명들에게 사망 선고를 내리는 일입니다. 4대강의 모델인 한강. 그 어떤 생명도 깃들지 못하는 한강이 4대강의 암울한 내일을 분명하게 보여줍니다. 원앙과 꼬마물떼새와 물총새와 개구리와 맹꽁이가 사라진 한강에서 나올 수 있는 것은 '괴물'밖에 없듯이 4대강 사업 후의 4대강에도 괴물로 가득해지겠지요. 원앙과 꼬마물떼새와 물총새와 개구리와 맹꽁이가 사라진 강은 사람도 살기 힘든 곳이 될 뿐입니다.

∥ 검은머리딱새가 강가에서 계속 울고 있었습니다. 살펴보니 둥지에서 떨어져 나온 검은머리딱새 새끼가 중장비의 굉음에 놀라 자갈 틈새에 숨어 있습니다. 강변 공사로 둥지를 잃은 검은머리딱새가 새끼를 지키기 위해 울부짖고 있었던 것입니다. 강변 습지는 수많은 생명의 보금자리입니다. 그러나 4대강 사업은 이 모든 것을 파괴했습니다.

운하인 4대강을 운하라고 하지 않는 이유

이명박 정부는 4대강 사업이 홍수와 물 부족 대비를 위한 치수 사업이라며 결코 한반도 대운하가 아니라고 강조합니다. 그러나 그 누가 뭐라 해도 4대강 사업은 홍수와 물 부족을 빙자한 운하입니다. 이명박 대통령이 아무리 운하가 아니라고 부인할지라도, 지금의 4대강 사업 내용과 공사 과정 그 모든 것이 운하임을 증명하고 있습니다.

이 대통령은 지난 제18차 라디오 연설에서 4대강 사업은 결코 대운하가 아니라고 강조하며 구구절절 그 이유를 다음과 같이 변명했습니다.

"많은 분들은 4대강 살리기에 대해서 이름만 바꿔 대운하 사업을 추진하려는 것 아니냐고 물으셨습니다. 또 적지 않은 분들은 '20조 가까이 들여서 건설사들의 배만 불리는 것 아니냐'고 따지셨습니다. 이 기회에 분명하게 말씀을 드리겠습니다. '대한민국의 미래를 위해 대운하가 필요하다'는 제 믿음에는 지금도 변화가 없습니다. (……) 그럼에도 불구하고, 이 문제가 정치적 쟁점이 되어 국론을 분열시킬 위험이 있었기 때문에 국민적 공감대가 형성되지 않는 한 대운하 사업을 하지 않겠다고 밝힌 바 있습니다. 사실 대운하의 핵심은 한강과 낙동강을 연결하는 것입니다. 그러나 우리 정부에서는 그걸 연결할 계획도 갖고 있지 않고 제 임기 내에는 추진하지 않겠습니다."

맞습니다. 이 대통령은 한강과 낙동강을 연결하는 '한반도 대운하'는 포기했습니다. 그러나 '운하'는 포기하지 않았습니다. 지금 4대강 사업은 분명히 한강운하, 낙동강운하, 금강운하, 영산강운하입니다. 이 대통령의 주장처럼 대운하의 핵심인 한강과 낙동강을 연결하는 대운하가 아니라고 해서 4대강 사업이 운하가 아닌 것은 아니기 때문입니다. 한강과

‖4대강 사업은 운하임을 국민들은 잘 알고 있습니다. 4대강 사업이란 이명박 대통령이 국민을 속이는 거짓 구호에 불과합니다.

낙동강을 연결하는 핵심만 빠진 운하 사업입니다.

이명박 대통령이 한반도 대운하를 포기한 이유는 두 가지입니다. 한반도 대운하에 대한 국민적 반감이 크기에 대운하를 강행하게 되면 자칫 정권의 운명이 위태롭고 지금의 변종 운하도 할 수 없기 때문이요, 둘째는 이명박 대통령 임기 안에 한강과 낙동강을 연결할 시간이 부족하기 때문입니다.

"대한민국의 미래를 위해 대운하가 필요하다는 제 '믿음'에는 지금도 변화가 없습니다"라던 라디오 연설뿐만 아니라, 이 대통령은《한반도 대운하는 부강한 나라를 만드는 물길이다》라는 책의 서문에서 "한반도 대운하가 만들어짐으로써 앞으로 우리 후손들은 백년이고 천년이고 영원한 번영과 축복을 누릴 것입니다. (……) 우리는 할 수 있습니다. 대운하가 우리 미래의 희망이자 저의 '신념'이기 때문입니다"라고 강조했습니다. 믿음과 신념이라는 것은 쉽게 변하는 것이 아닙니다. 그래서 '한반도 대운하'가 '4대강 살리기'라고 이름만 바꿔 강행된 것입니다.

운하용 댐을 짓는 4대강 죽이기

그렇다면 4대강 사업이 운하인 증거가 있냐고요? 그 증거는 길에 널린 만큼 많습니다. 4대강 사업이 홍수와 물 부족을 대비한 치수 사업이라는 근거를 찾는 것이 어렵지, 변종 운하라는 증거를 찾는 것은 아주 쉽습니다. 먼저 4대강 사업의 규모 자체가 4대강이 변종 운하임을 증명합니다. 4대강 사업 마스터플랜에 따르면 낙동강 살리기의 규모는 다음 표와 같습니다.

4대강 사업이 얼마나 큰 운하인지는 세계 대형댐 기준과 비교하면 쉽게

낙동강 사업의 규모

보 이름	높이(m)	수심(m)	저류량(톤)	길이	수문 길이(m)	수문 갯수
함안보	13.2	8.6	1억 2,700만	567.5	40	3
합천보	9.0	8.9	6,660만	328	40	5
달성보	10.5	8.9	5,600만	589.5	40	3
강정보	11.5	9.3	1억 770만	953.5	45	2
칠곡보	12.0	7.9	9,360만	400	40	5
구미보	11.0	7.5	5,540만	374.3	40	2
낙단보	11.5	7.7	3,430만	390	40	3
상주보	11.0	7.4	2,870만	953.5	40	2

출처 : 4대강 사업 마스터플랜. 국토해양부 보도자료

알 수 있습니다. 국제대형댐학회 홈페이지에는 높이 10~15미터 사이, 길이 50미터 이상, 저류량 100만 톤 이상, 홍수방류량 초당 2,000톤 이상 중 하나만 해당돼도 대형댐이라고 밝히고 있습니다.

4대강 사업의 규모와 세계 대형댐 기준과 비교하면 어떨까요? 낙동강에 세워지는 8개의 보 중에 9미터인 합천보 하나를 제외하곤 모두 10~13미터에 이르는 대형댐입니다. 평균 500미터가 넘는 낙동강의 보 길이 역시 대형댐 기준 50미터보다 10배가 넘는 것은 기본입니다. 더 놀라운 것은 저류량입니다. 세계 대형댐의 저류량 기준은 100만 톤입니다. 그런데 낙동강 함안보의 저류량은 대형댐 기준의 128배가 넘는 1억 2,800만 톤입니다.

이제 4대강 사업 후에는 4대강엔 더 이상 강이 존재하지 않습니다. 함안댐, 합천댐, 달성댐, 강정댐 등 줄줄이 늘어선 댐 천국이 되는 것이지요. 4대강 사업은 결코 치수를 위한 사업이 아닙니다. 운하를 위해 엄청난

‖낙동강 낙단보 모습입니다. 4대강에 세워지는 것은 단순한 '보'가 아니라 대형댐입니다.

댐을 줄지어 세워놓은 것에 불과합니다. 운하용 댐을 짓게 되면 반대 여론에 직면할까 두려워 '보'라는 용어로 국민을 기만한 것입니다.

'댐'이 아니라 '보'라고?

4대강 사업이 변종 운하인 증거가 또 있습니다. 국토해양부가 낙동강 보에 수문을 달면서 2010년 6월 18일 보도자료를 통해 "낙동강의 강정보로 수문의 크기는 45미터×11미터이며 848톤짜리 2개로 구성된다. 수문당 방류 능력은 3,100세제곱미터퍼세크로 소양강댐 수문1,125

세제곱미터퍼세크의 2.7배, 팔당댐 수문1,733세제곱미터퍼세크의 1.8배"라고 밝혔습니다.

여기 놀라운 사실이 있습니다. 이명박 정부가 밝힌 강정보 수문의 방류량 3,100세제곱미터퍼세크는 세계 대형댐 기준 2,000세제곱미터퍼세크의 1.5배입니다. 특히 국토해양부 스스로 강정보 수문의 홍수 방류량 능력이 대한민국 최대의 댐인 소양강댐 수문의 2.7배요, 팔당댐 수문의 1.8배라고 자랑스럽게 밝히고 있습니다.

지금까지 이명박 정부는 4대강에 세우는 것이 '댐'이 아니라 '보'라고 주장해왔습니다. 그런데 왜 보잘것없는 '보'에다가 세계 대형댐 기준보다 더 큰 수문을 다는 것일까요? 전혀 이치에 맞지 않는 것이지요. 4대강 마스터플랜에 따르면 낙동강 보 수문의 크기가 모두 40미터 이상입니다. 여기에 운하라는 더 큰 의혹이 숨어 있습니다.

이명박 대통령은 4대강이 운하가 아닌 이유를 배가 다니는 갑문이 없다는 것을 근거로 제시합니다. 그러나 이미 넓게 만들어진 수문에 갑문을 달아 배를 운행하는 것은 어렵지 않습니다. 그 증거가 여기 있습니다. 이명박 대통령 측근들이 만든 《왜 한반도 대운하인가?》라는 책에서 "서울의 한강은 잠실대교 및 수중보와 신곡수중보를 활용한 사실상의 운하이다. 잠실대교에는 이미 갑문을 만들기 위한 터가 준비되어 있다"라고 밝히고 있습니다. 신곡수중보와 잠실수중보에 물을 가득 채워놓은 한강이 언제든 갑문만 달면 되는 운하이듯이, 4대강 역시 16개의 대형댐에 가득 채워놓은 물은 언제든 운하로 변경이 가능한 것입니다. 이렇게 4대강 사업은 이명박 대통령의 운하 신념을 이루기 위해 치수를 내세워 국민을 속인 것에 불과합니다.

‖ 팔당댐입니다. 팔당댐 수문 아래쪽은 암반으로 가득합니다. 낙동강에 세워지는 수문들은 팔당댐 수문의 1.8배
입니다. 그런데 이명박 대통령의 한반도 대운하 조감도는 팔당댐에 수문을 달아 배가 오고가는 그림을 제시하
고 있습니다.

‖ 팔당댐에 수문을 달아 배가 통과하는 조감도입니다. 암반 가득한 팔당댐에 수문을 달아 운하로 만들 수 있다
면, 이미 수문을 달아놓은 4대강이 운하로 변신하는 것은 식은 죽 먹기입니다.

4대강 사업이 홍수 예방도 아니요, 물 부족 대비도 아닌 운하라는 또 다른 증거가 있습니다. 4대강 사업 중에 낙동강 공사 구간을 살펴보면 낙동강운하가 명백해집니다. 4대강 마스터플랜에 따르면 낙동강은 다음 표와 같이 총 10개 구간으로 나눠져 있습니다.

낙동강 공사 구간은 분명히 하굿둑에서 안동댐까지 334.2킬로미터입니다. 그런데 낙동강 공사 구간 중 하굿둑에서 영강까지는 평균 수심이 8.27미터인데, 똑같은 낙동강 사업 구간인 영강에서 안동댐 구간만 겨우 1.3미터의 수심입니다. 또 배가 다닐 수 있는 저수로 폭의 경우 하굿둑에서 영강까지는 평균 464.4미터인데 반해 영강에서 안동댐 구간은 원래 하폭을 유지하는 160미터에 불과합니다.

구간	구간 길이(km)	수심(m)	저수로 폭(m)
하구둑~함안보	75.7	10.4	560
함안보~합천보	42.9	8.6	460
합천보~달성보	29.0	8.9	340
달성보~강정보	20.4	8.9	470
강정보~칠곡보	25.2	9.3	560
칠곡보~구미보	27.3	7.9	500
구미보~낙단보	18.1	7.5	500
낙단보~상주보	14.9	7.7	360
상주보~영강	13.0	7.4	430
영강~안동댐	67.7	1.3	160
계	334.2		

4대강 사업 중에 똑같은 낙동강 공사 구간인데 왜 '하굿둑에서 영강'까지와 '영강에서 안동댐' 구간의 수심과 저수로 폭의 차이가 심각한 것일까요? 바로 이것이 4대강 사업은 치수 사업이 아니라 운하라는 명백한 증거가 됩니다.

이명박 대통령의 주장처럼 4대강 사업이 정말 물 부족과 홍수 대비를 위한 것이라면, 낙동강의 '영강에서 안동댐' 구간 역시 다른 구간처럼 깊이 준설하고 보를 세웠어야 합니다. '영강에서 안동댐 구간'은 무려 67.7킬로미터로 '상주보~영강' 13킬로미터, '낙단보~상주보' 14.9킬로미터, '구미보~낙단보' 18.1킬로미터, '달성보~강정보' 20.4킬로미터를 다 더

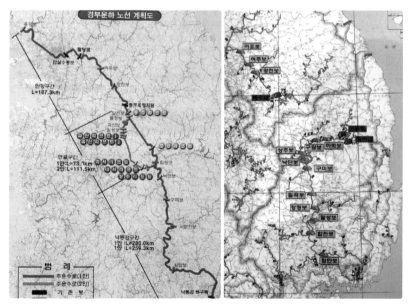

‖한반도 대운하 노선 계획도와 4대강 사업 계획도. 연결 구간만 빠져 있을 뿐, 운하와 노선이 똑같습니다. 상주보를 영강에서부터 안동댐까지 깊이 준설하지 않는 것은 4대강 사업이 운하임을 증명합니다. 한강과 낙동강의 연결점이 상주보 위의 영강이기 때문입니다.

한 66.4킬로미터보다 더 긴 구간입니다. '영강~안동댐' 구간을 낙동강의 다른 구간처럼 깊이 파고 보를 몇 개 세우면 얼마나 더 많은 물을 확보할 수 있고, 더 큰 홍수도 대비할 수 있겠지요. 그런데 똑같은 낙동강 공사 구간임에도 왜 이곳은 그렇게 하지 않았을까요?

이명박 대통령의 대운하 신념을 이루는 데 '영강~안동댐' 구간은 필요 없기 때문입니다. 이명박 대통령이 꿈꾼 한반도 대운하 설계도를 보면 4대 강 사업이 운하라는 정답이 나옵니다. 대통령이 대운하의 핵심이 한강과 낙동강을 연결하는 것이라고 이야기한 것과 같이, 한강이 낙동강에 연결되는 지점이 바로 '영강'입니다. 영강부터는 대운하 구간이 아니기 때문에 더 이상 그곳을 깊이 파고 준설할 필요가 없는 것입니다. 이명박 대통령의 4대강 마스터플랜 스스로 4대강 사업이 운하임을 증명합니다.

수심 6미터의 비밀

〈PD수첩〉이 지난 2010년 8월 17일 '4대강 수심 6미터의 비밀'을 통해 4대강 사업이 대운하임을 밝힐 예정이었습니다. 이에 다급해진 국토해양부가 서울남부지법에 방송 금지 가처분 신청을 했습니다. 그러나 법원은 "국토부는 '4대강 수심 6미터의 비밀' 편에 허위 사실이 포함돼 있다고 주장하며 방송 금지를 요구하나, 기록만으로는 위 프로그램의 내용이 공공의 이익을 위한 것이 아니라거나 명백히 진실이 아니라는 데 대한 소명이 부족하다"며 신청을 기각했습니다. 그런데 MBC 김재철 사장이 방송 보류 결정을 내려 결국 〈PD수첩〉은 불방되었습니다. 법원의 기각 결정에도 불구하고 이 사건은 1990년 〈PD수첩〉이 우루과이라운 드에 관한 방송이 불방된 이래로 다시 한 번 명백하게 언론 자유를 침해한 사건으로 남아 있습니다.

결국 국민들의 지탄을 받고 우여곡절 끝에 '4대강 수심 6미터의 비밀'이 일주일 뒤인 8월 24일 방송되었습니다. 〈PD수첩〉의 방송 내용은 "2008년 12월 15일, 국가균형발전위원회 회의에서 발표한 4대강 살리기 프로젝트는 소규모의 자연형 보 4개를 설치하고, 강변 저류지를 21곳 설치하며, 4대강의 퇴적 구간에서 홍수를 소통시킬 수 있도록 2억입방미터를 준설한다는 안이었다. 그러나 4개월 뒤에 갑자기 자연형 보 4개가 대형 보 16개로 늘어나고 5.7억입방미터 준설을 통해 낙동강의 경우 최소 수심 4~6미터를 확보한다는 것으로 계획이 변경되었다. 바로 여기에 4대강 사업이 대운하를 위한 포석이 아니냐는 의혹을 받게 된 배경이다"라는 것이었습니다. 특히 방송 내용 중에 대운하 찬성론자인 위스콘신대학의 박재광 교수는 수심 6미터로 변경된 이유가 이명박 대통령의 지시 때문이었다

∥ 이명박 대통령의 속셈을 잘 보여주는 기사들입니다. 우선 4대강 변종 운하를 만들어놓고, 이제 연결만 하면 대운하가 된다고 할 것입니다. 그래서 이 대통령 주변 인물들이 사전에 이런 주장을 하는 것입니다.

고 증언했습니다.

'수심 6미터의 비밀'이란 방송에 대해 국토해양부는 8월 19일 보도자료를 통해 "4대강의 물길을 직선화하지 않고, 현재의 자연형 하천 형상을 그대로 유지하며, 4대강의 구간별 최소 수심이 일정하지 않아 화물선 운행이 불가능하다"며 운하가 아니라고 해명했습니다. 특히 "4대강 전체 구간1,362.8킬로미터 중 6미터 이상 수심을 갖는 구간은 26.5퍼센트361.2킬로미터에 불과"하기 때문에 배가 다닐 수 없다는 것입니다.

국토해양부의 궁색한 보도자료는 스스로 4대강 사업이 운하임을 증명하고 있습니다. 운하를 감추고 거짓된 사업을 추진하다보니 스스로 모순에 빠지는 것입니다. 4대강 사업 마스터플랜에 따르면, 4대강 공사 구간은 한강팔당~충주댐 114.3킬로미터, 낙동강하굿둑~안동댐 334.2킬로미터, 금강하굿둑~역조정지 130킬로미터, 영산강하굿둑~담양댐 116킬로미터로 모두 합하면 정확히 694.5킬로미터입니다. 국토해양부가 제시한 4대강 구간 '1362.8킬로미터'라는 길이는 4대강 사업이 운하로 목적하는 구간과는 다른 곳까지 다 포함한 잘못된 수치입니다.

4대강 공사 구간

	공사 구간	공사 길이
한강	팔당~충주댐	114.3km
낙동강	하굿둑~안동댐	334.2km
금강	하굿둑~역조정지	130.km
영산강	하굿둑~담양댐	116km
총 공사구간 길이		694.5km

출처 : 4대강 사업 마스터플랜

낙동강 334.2킬로미터 중 낙동강 하굿둑 주변의 최대 수심은 39미터로 준설하지 않아도 이미 배가 다닐 수 있습니다. 또 운하 구간이 아닌 '영강 ~안동댐'67.7킬로미터 구간을 제외하면 결국 334.2킬로미터의 낙동강에서 수심 6미터로 준설하는 구간은 약 230킬로미터 정도에 불과합니다. 낙동강은 이미 낙동운하인 셈입니다.

금강과 영산강 하굿둑 주변 역시 하굿둑으로 인해 수심이 매우 깊습니다. 한강 역시 팔당댐 구간은 댐에 의해 수심이 깊습니다. 어차피 영산강과 금강의 준설 깊이는 평균 수심이 6미터가 되지 않습니다. "4대강 전체 구간1,362.8킬로미터 중 6미터 이상 수심을 갖는 구간은 26.5퍼센트361.2킬로미터에 불과"하기 때문에 배가 다닐 수 없다는 이명박 정부의 변명은 구차한 핑계에 불과합니다.

한반도 대운하를 포기하셨다고요?

이명박 대통령이 독일에 가서 라인강운하와 마인-도나우운하 Main-Donau Canal를 보고 와서 한반도 대운하를 주장했습니다. 그렇다면 라인강운하와 MD운하의 수심과 저수로 폭은 어느 정도일까요? 이명박 대통령 측근들이 만든 《왜 한반도 대운하인가?》에 "MD운하의 평균 수심은 4미터이며 폭은 55미터에 불과하다"고 밝히고 있습니다.

4대강 마스터플랜에 따르면 낙동강은 전 구간이 최소 수심 4미터에서 최대 수심이 38미터입니다. 특히 낙동강의 저수로 폭이 464.4미터로 MD운하 저수로 폭 55미터의 무려 8.5배에 이릅니다. 수심 4미터, 저수로 폭 55미터에 불과한 MD운하와 비교하면 낙동강은 이미 대형 운하인 셈입

라인강운하의 구간별 수로 폭

구간	Basel~Iffezheim	Iffezheim~Mannheim	Mannheim~Koblenz	Koblenz하류
항해 수로 폭	약 100m	88~92m	120m	150m

출처 : 《왜 한반도 대운하인가?》, 71쪽

니다.

또 《왜 한반도 대운하인가?》에는 라인강운하는 항해 수로폭이 88~150 미터에 불과하다며 구간별로 자세히 서술하고 있습니다. 그리고 "직선을 지양하고 자연적인 진로를 선택한다"는 MD운하의 건설 지침을 자세히 소개하고 있습니다. 이명박 정부는 "4대강의 물길을 직선화하지 않고, 현재의 자연형 하천 형상을 그대로 유지하기 때문에 운하가 될 수 없다"고 주장했습니다. 50미터의 자연형 진로에서 운하로 이용되는 MD운하인데, 강폭을 평균 500미터 정도 파내면서 자연형 하천 형상을 유지하기 때문에 운하가 아니라고 운운하는 이명박 정부의 부도덕성은 너무도 심각합니다.

이명박 대통령이 강행하고 있는 경인운하의 폭은 100미터입니다. 500미터에 이르는 4대강 저수로 폭의 5분의 1에 불과한 경인운하에 5,000톤급의 크루즈선을 띄우고 여의도를 국제무역항으로 만든다는 것은 어떻게 가능한 것인지 이 대통령의 설명이 필요한 부분입니다. 4대강 사업이 운하가 아니라는 것은 손바닥으로 하늘을 가리는 파렴치한 거짓말에 불과합니다.

최근 영산강 하굿둑에 배가 다닐 통선문 설치가 본격적으로 추진되고 있습니다. 영산강운하의 계획이 본색을 드러내는 것입니다. 이 대통령님, 한반도 대운하를 포기하셨다고요? 지금 4대강 사업이 독일의 운하보다

‖이명박 대통령이 건설 중인 경인운하 공사 현장입니다. 이 작은 수로도 운하가 가능한데 경인운하보다 5배 더
큰 4대강이 운하가 아니라고요?

더 큰데, 운하를 포기했다는 이 대통령의 발언을 누가 믿겠습니까? 표를
얻기 위해서 국민을 기만하는 공약空約을 남발하셨던 것처럼, 평생의 신
념인 대운하를 이루기 위해 4대강 살리기라는 미명하에 국민을 속인 것
이지요.

한반도가 원하는 것은
운하가 아닌 생명의 강

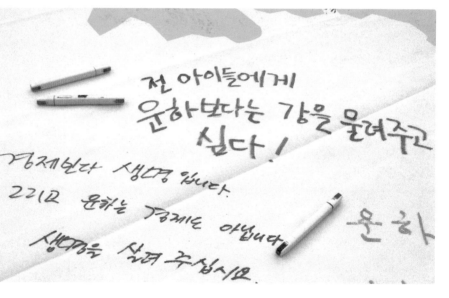

MB정부의
화려한 거짓말 잔치

이명박 대통령이 만든 4대강 사업 홍보물은
물론이요, 국토해양부에서 제작한 4대강 살리기 홍보 책 역시 거짓투성
이입니다. 숨겨진 진실은 운하인데, 강 살리기라고 우기려니 거짓말이 또
거짓말을 낳게 될 수밖에 없겠지요. 그 많은 거짓말 중 특히 대국민 사기
극의 진수가 여기 있습니다.

《생명이 깨어나는 강, 새로운 대한민국, 4대강 살리기》라는 홍보물이
있습니다. 고속도로 휴게소를 비롯하여 전국 곳곳에 마구 뿌려져 국민의
눈과 귀를 혼탁케 하는 4대강 사업 홍보 책자입니다. 이 책의 내용은 '미
래의 행복 4강'이란 주제 아래 4대강 사업으로 거듭날 한강, 낙동강, 금
강, 영산강의 환상적인 모습을 제시하고 있습니다.

특히 행복한 생태의 강으로 변한다는 '영산강' 편에는 버드나무 사이로

영산강의 동섬입니다. 이명박 정부가 홍보 책을 통해 살리기의 모델로 제시한 곳입니다. 그러나 영산강은 이 명박 대통령이 여지하지않아도 이렇게 아름다운 강이었습니다.

‖ 처참히 파괴된 동섬입니다. 그 아름답던 동섬은 어디로 간 것일까요? 이명박 대통령이 말하는 '살리기'의 진실을 보여주고 있습니다. 4대강 사업은 강 살리기가 아니라 국토 파괴의 죄악입니다. 분명히 그 죄과를 치르게 해야 합니다. (아래 사진 : 광주환경운동연합)

붉은 아침 해가 떠오르고 노란 유채꽃밭 사이로 많은 사람들이 거니는 장면이 나옵니다. 4대강 사업으로 죽어가던 영산강이 노란 유채꽃으로 가득해지고, 버드나무 그늘 드리워진 멋진 강으로 변한다는 것입니다.

4대강 홍보물에 제시된 영산강의 미래 모습은 어디일까요? 바로 여기에 이명박 정권의 심각한 부도덕성이 증명됩니다. 4대강 홍보책에 실린 버드나무 군락과 아침 일출이 아름다운 이곳은 나주 영산포에 있는 영산강 '동섬'입니다. 이른 새벽이면 영산강 동섬의 환상적인 일출을 촬영하기 위해 수많은 사진작가들의 발걸음이 끊이지 않는 명소입니다. 특히 유채꽃이 피는 4월이면 영산강 동섬은 사람들로 인산인해를 이룹니다. 이미 영산강은 이렇게 아름다운 모습을 간직하고 있는데, 22조 원을 처바르는 4대강 사업 후에 유채꽃 피는 강으로 변한다고 대국민 사기극을 벌인 것입니다.

더 놀라운 것은 영산강을 아름답게 살린다며 자신들이 4대강 사업의 모델로 제시한 동섬을 파괴했습니다. 눈이 시리게 아름답던 영산강 동섬이 4대강을 살린다는 포클레인 삽날에 처참히 난도질당했습니다. 국민에게 사랑받던 영산강 동섬의 파괴는 4대강 사업이 결코 강 살리기가 아니라, 운하에 미친 자들이 벌인 광란의 삽질에 불과하다는 걸 증명합니다. 자신들의 주장과는 정반대인 청개구리 정권의 실상을 여실히 보여주었습니다.

하늘도 놀랄 MB표 대나무 숲 살리기 현장

이명박 정부의 가증스런 거짓말은 여기서 끝나지 않았습니다.

4대강 사업 홍보물 영산강편에는 "137킬로미터의 영산강. 전남 담양에서 서해 다도해까지. 대나무 숲, 벽진나루, 섬진강 생태습지를 거쳐 맛과 멋의 고장 남도의 생명 물길이 되살아납니다"라고 밝히고 있습니다. 4대강 사업으로 되살아나는 대나무 숲이라! 이명박 대통령이 영산강에 대나무 숲을 되살린다니 기대해도 될까요?

이명박표 대나무 숲 살리기 현장이 여기 있습니다. 하늘을 향해 곧게 서 있어야 할 대나무들이 하나같이 밑동이 잘린 채 땅바닥에 누워 있습니다. 대나무 숲이 처참히 파괴된 이곳은 4대강 공사가 한창인 담양습지입니다. 보존 가치가 뛰어나 국내에서 처음으로 하천 습지로 지정된 담양습지는 4계절 내내 푸름을 자랑하는 대나무가 가득할 뿐만 아니라, 삵과 수달, 맹꽁이 등의 멸종 위기 야생동물의 중요한 서식처입니다. 그러나 이명박 정부의 굴삭기 삽질 아래 소중한 생태보고가 무참히 파괴되었습니다.

담양습지 입구엔 '담양하천 습지 보호구역'이란 안내판이 크게 자리하고 있습니다. 그러나 변종 운하에 눈먼 이명박 대통령에겐 '습지 보호구역'이라는 글씨가 보이지도 않는 모양입니다.

이뿐만이 아닙니다. 영산강을 살린다는 4대강 사업으로 영산강변에 있는 국내 최대의 미나리 밭이 사라지고 있습니다. 요즘 영산강 주변은 영산강 준설로 지하수위가 낮아져 미나리 밭의 물이 마르는 피해가 속출하고 있습니다. 그러나 영산강 살리기가 완공되어 영산강에 물을 가두기 시작하면, 이젠 정반대로 지하수위가 상승되어 주변 지역이 모두 습지로 전락합니다. 더 이상 농사를 지을 수 없는 땅이 되는 것입니다. 낙동강의 함안보와 합천보, 그리고 영산강 승천보 주위는 4대강 사업으로 인한 지하수위 상승으로 농사를 지을 수 없는 재앙의 땅이 될 것입니다. 국가 재앙

‖ 영산강에 대나무 숲을 조성하겠다는 이명박 대통령의 영산강 살리기 덕에 처참히 망가져버린 대나무 숲입니다. 이명박 대통령의 4대강 사업은 분명히 국토 파괴입니다. (사진 : 녹색연합)

‖4대강 사업으로 인해 국내 최대의 미나리 밭이 사라지고 있습니다.

을 일으키는 4대강 사업은 99퍼센트 완공되었다 할지라도 당장 멈추는 것이 가장 현명한 방법입니다.

MB표 대국민 사기극의 하이라이트

생명의 강을 배가 다닐 수 있는 변종 운하로 만들기 위해선 강의 모래를 준설하고, 물을 채우는 댐 건설이 필수입니다. 배를 띄울 만큼 많은 모래를 퍼내기 위해서는 국민을 설득할 마땅한 근거가 필요했습니다. 4대강 준설의 근거로 이 대통령이 선택한 최고의 사진 한 장이 있습니다. 1930년대의 영산강 영산포입니다.

1930년대 영산포 사진은 목포 앞바다에서 물고기를 잡은 어선들이 영산강을 거슬러 영산포까지 올라왔음을 보여줍니다. 어선들로 가득한 영산포 사진은 4대강 사업을 홍보하는 대표 사진으로 지하철이나 잡지 광고에서도 종종 등장합니다. 심지어 청와대에서 만든 4대강 홍보책에도 4대강 준설의 근거로 등장합니다.

청와대는 이 사진 한 장을 통해 1930년대 영산강의 나주 영산포에는 물이 많아 배가 다녔다며 '준설'이란 '원래의 강으로 되살리는 것'이라고 주장하고 있습니다. 지금 4대강에서 모래를 퍼내는 것이 '파괴'가 아니라 '살리기'라고 변명하기엔 아주 적격인 사진입니다. 진실을 모르는 국민들은 '정말 옛날엔 물이 많아 배가 다녔네'라며 강에 모래가 많이 퇴적되었다고 속아넘어갈 것입니다.

나주 영산포에 많은 어선들로 북적이던 사실을 증명하듯, 사진 속 옛날 등대가 지금도 바로 그곳에 자리하고 있습니다. 등대 바로 곁에는 뱃길 복원을 요구하는 현수막이 펄럭이고 있습니다.

이명박 대통령의 주장처럼 요즘은 강에 모래가 너무 많이 쌓여 배가 다니지 못하는 것일까요? 그래서 그토록 처절한 준설이 필요했던 것일까요? 이명박 대통령의 주장은 100퍼센트 거짓입니다. 4대강 사업이 대국민 사기극임을 증명하는 놀라운 자료가 바로 여기 있습니다.

《물길 따라 뱃길 따라 영산강 삼백오십리》라는 책에 영산강 뱃길의 진실이 정확히 밝혀 있습니다. 이 책에는 '밀물 때에만 열리는 나주행 뱃길'이라는 제목 아래 100년 전 우리 고장의 풍물 기록을 광복 50주년 특집으로 다룬 《광주일보》 기사가 실려 있습니다.

왜 '4대강살리기'인가?

강에 퇴적토가 쌓이지 않았던 1930년대만 해도
나주, 여주 등 내륙 깊숙이 배가 왕래할 정도로 수량이 풍부했습니다
4대강 준설은 원래의 모습을 되찾는 것입니다

‖청와대가 만든 4대강 사업 홍보책에 나오는 영산강 모습입니다. 나주 영산포에 배가 다니던 옛 사진을 통해 4
대강 준설을 역설하고 있습니다.

‖바로 이곳이 청와대가 옛 사진을 통해 준설의 근거로 제시한 영산포입니다. 옛날에 있던 등대도 그대로 있습
니다.

100년 전 구한말 조선에 들어왔던 벨이라는 선교사의 영산강 기행 기록으로서, 벨 선교사가 목포항에서 나주 영산포로 올라간 이야기입니다. 벨 선교사는 고향에 있는 누이에게 보내는 편지에서 영산강 뱃길의 진실을 아래와 같이 상세히 전하고 있습니다.

"누이는 배가 강물을 타고 올라가려면 밀물 때가 아니면 불가능하다는 사실을 상상하기 힘들 거야. 밀물로 강물이 불어나는 시간은 여섯 시간 쯤이고, 그러고는 한 시간쯤 강물이 움직이지 않다가 이내 반대 방향으로 빠져나간다. 그래서 우리는 여섯 시간 동안 강물을 거슬러 올라가다가 조류가 밀물로 변해 되돌아올 때까지 강 위에서 일곱 시간을 기다려야 한다."

'이명박 장로님은 뻥쟁이'라는 벨 선교사의 외침이 들리지 않으신가요? 서해는 조수간만의 차가 커서 밀물 때가 아니면 배가 뜰 수 없습니다. 인천 앞바다를 비롯하여 서해안은 썰물로 바닷물이 빠져나가면 갯벌 위에 올라앉은 배들을 쉽게 볼 수 있습니다. 최근 순천만을 다녀왔습니다.

∥ 영산강 영산포에 배가 다닐 수 있었던 것은 밀물 때문에 가능했다는 것을 보여주는 《광주일보》 기사입니다. 청와대의 주장처럼 지금은 모래가 퇴적되어 배가 다니지 못하는 것이 아닙니다. 강 하구에 하굿둑을 세워 바다와 강이 만나지 못하기 때문입니다.

‖여기가 그 유명한 순천만입니다. 밀물 때에만 유람선이 운행합니다. 썰물로 물이 빠져나가면 배는 갯벌 위에 앉아 쉬게 됩니다. 이처럼 영산강은 밀물 때만 배가 다닐 수 있습니다. 모래가 쌓여 준설해야 한다는 것은 명백한 대국민 사기극입니다.

순천만 관광선 역시 최신식 배임에도 불구하고 밀물 때에만 운행이 가능합니다. 썰물로 물이 빠져나가면 배는 갯벌 위에 올라서 꼼짝할 수 없습니다.

이명박 대통령의 주장처럼 영산강에 모래가 많이 퇴적되었기 때문에 배가 다니지 못한 것이 아닙니다. 영산강에 배가 다닐 수 있었던 진실은 바닷물이 밀려오는 밀물 때문이었습니다. 바로 여기에 진짜 4대강 살리기가 있습니다. 진짜 강 살리기는 낙동강, 금강, 영산강의 물길을 막고 있는 하굿둑을 여는 것입니다. 하굿둑을 열어 강을 흐르게 함으로써 바다와 강이 만나 생명 가득한 기수역이 다시 만들어지면 되는 것입니다.

엄마야 누나야 강변 살자

영산강 영산포 등대 바로 곁에 영산강의 아름다움을 소개하는

∥ 진짜로 강을 살리는 길이 여기 있습니다. 강과 바다를 가로막고 있는 하굿둑을 여는 것입니다. 강과 바다가 다시 만나면 강은 생명 가득한 곳으로 살아날 것입니다.

안내판이 세워져 있었습니다. 그 중 한 곳에 우리가 잘 아는 가곡인 〈엄마야 누나야 강변 살자〉의 유래가 소상히 적혀 있었습니다.

"엄마야! 누나야! 강변 살자. 뜰에는 반짝이는 금모래 빛,
뒷문 밖에는 갈잎의 노래, 엄마야! 누나야! 강변 살자
엄마야! 누나야! 강변 살자."

이 노래는 우리나라 최고의 서정시인 김소월의 시에 나주 출신 천재적인 작곡가 안성현이 곡을 붙인 우리나라의 대표적인 가곡입니다.
비단고을 우리 나주에는 굽이굽이 세월을 따라 흐르고 있는 영산강이 있습니다. 영산강에는 이름 모를 고기들이 헤엄치며 노래를 하고, 게가 옆으로 기어 다니며 춤을 추었습니다.
엄마와 누나는 재첩을 건져 시원한 재첩국을 끓여 저녁 밥상에 올려놓았습니다. 어린아이들은 금모래 빛이 반짝이는 영산강변 뜰을 마음껏 달리며 꿈을 키웠습니다.
이런 영산강이 있었기에 "엄마야! 누나야! 강변 살자. 뜰에는 반짝이는 금모래 빛"이라는 아름다운 노래가 탄생할 수 있었던 것입니다. 작곡가 안성현이 나주 영산강변의 아름다운 풍경을 보고 자라지 않았다면, 정이 넘쳐흐르는 아름다운 곡조의 우리 가곡을 영원히 들을 수 없었을지 모릅니다.

이 안내문이 설명하듯, 남녀노소 가릴 것 없이 전 국민에게 사랑받는 이 노래가 나올 수 있었던 것은 영산강변에 가득한 금빛 모래와 하굿둑으로 막히지 않고 바다로 흐르는 강물이 있었기 때문입니다.

그러나 이명박 대통령은 강을 살린다며 강변에 반짝이던 금빛 모래를 깡그리 걷어냈습니다. 강변엔 아이들이 뛰놀며 꿈을 꿀 금빛 모래밭이 더 이상 존재하지 않습니다. 여의도 앞 한강처럼 아이들의 생명을 위협하는 변종 운하만이 있을 뿐입니다. 재첩은 얕은 물과 모래가 있기 때문에 강에서 살아갈 수 있습니다. 재첩이 살기에 우리가 맑은 강물을 만날 수 있습니다. 그들이 강물을 정화시켜주기 때문입니다. 이제 엄마와 누나가 재첩을 건져 시원한 재첩국을 끓여 저녁 밥상에 올려놓는 일도 더 이상 바랄 수 없습니다.

"작곡가 안성현이 아름다운 영산강을 보고 자라지 않았다면 아름다운 노래가 탄생할 수 없었고, 영원히 들을 수 없었을 것"이라는 영산포의 안내문은 4대강 사업이 초래한 재앙을 분명히 보여줍니다. 유람선이나 떠다니는 변종 운하에서는 우리의 심금을 울리는 시와 음악과 영화 등 그 어떤 것도 나올 수 없기 때문입니다. 이명박 전 현대건설 사장님이 만든 썩은 물 가득한 한강처럼 〈괴물〉 같은 공포 영화나 나오겠지요.

아름답던 강을 파괴한 4대강 사업은 우리 아이들이 꿈도 꿀 수 없고, 시와 음악도 나올 수 없는 재앙이요, 국가적 손실임에 분명합니다. 강은 다시 흘러야 합니다. 흐르는 강에서만이 우리 아이들이 꿈을 꾸며 희망을 만들어가기 때문입니다.

땅 속에서도 통탄하실 도산 안창호 선생님

지난 2010년 12월 27일 국토해양부로부터 4대강 사업 업무보고를 받는 자리에서 이명박 대통령은 "4대강 사업이 되면 도산 안창호 선생의 강산 개조의 꿈이 이뤄지는 것이고, 그러한 꿈에 도전하는 긍지를 가지고 해야 한다"고 말했습니다. 언제 도산 안창호 선생이 멀쩡한 4대강을 운하로 만들고 시멘트를 바르라고 한 적이 있나요? 이 대통령의 발언은 안창호 선생의 고귀한 뜻을 폄훼한 곡학아세曲學阿世요, 혹세무민惑世誣民이 아니고 무엇일까요? '국토 파괴'를 '국토 개조'라고 주장하는 후안무치厚顔無恥가 하늘을 찌를 뿐입니다.

이 대통령이 4대강 사업을 아무리 '행복 4강', '강 살리기'라는 등의 화려한 수식어로 포장할지라도 국토 파괴의 재앙은 결코 국토 개조가 될 수 없습니다. 4대강 사업은 '국토 개조'가 아니라 대한민국 역사 이래 최대의 '환경 재앙'이기 때문입니다. 이 대통령님, 당신이 그토록 존경하신다는 안창호 선생님이 "죽더라도 거짓이 없으라. 농담으로라도 거짓말을 하지 말라"고 평생 강조하신 걸 왜 모르시나요?

4대강 사업은 탐욕스런 토목업자들의 주머니나 채워주며 국토를 처참히 망가뜨리는 재앙에 불과합니다. 거짓으로 국토 파괴를 강행한 이 대통령은 권좌에서 내려오는 그날, 국민을 살생한 5공화국의 전철을 밟아야 할 것입니다. 청문회에 서야 할 사람들은 이 대통령과 관계자들뿐만이 아닙니다. 4대강 파괴 재앙이라는 진실에 눈감고 주먹을 휘두르며 날치기 예산 통과로 국토 파괴에 동참한 한나라당 의원들 역시 마땅한 책임을 져야 할 것입니다.

영주댐 건설은
국가 권력의 횡포

물과 모래가 건너뛰기라도 하듯 서로 번갈아가며 기하학적인 무늬를 만들어내고 있었습니다. 10여 년 동안 강에 기대어 살며 누구보다 강을 잘 안다고 생각했건만, 이런 멋이 있는 또 다른 하천은 처음입니다. 수평을 이룬 너른 모래밭이 물과 만나 한 폭의 그림을 그려가는 독특한 모습은 이곳 내성천에서만 볼 수 있는 멋입니다. 아마도 대한민국에서 유일하게 볼 수 있는 풍경일 것입니다. 내성천은 물길이 잔잔함에도 불구하고 물과 함께 흘러가는 모래를 볼 수 있습니다. 모래 크기가 굵어 한 곳에 쌓이기보다는, 흐르는 물길을 따라 잘 굴러가는 것입니다. 그래서 전문가들은 낙동강 모래의 절반은 내성천이 공급한다고 이야기합니다.

모래와 얕은 물이 만나 독특한 아름다움을 자랑하는 내성천은 다른 하

물과 모래가 건너뛰기라도 하듯 기하학적 무늬를 그리고 있는 내성천. 대한민국에서 볼 수 있는 유일한 하천 형태입니다. 이 아름다움을 쓸모없는 댐으로 잃어서는 안 됩니다.

∥맑은 물과 춤을 추는 물고기, 그리고 그곳에 어울린 수달, 고라니, 너구리와 수많은 철새들. 이들의 삶터를 지키는 것이 곧 우리의 생명을 지키는 것입니다.

॥ 한 폭의 그림처럼 아름다운 내성천입니다. 쓸모없는 영주댐 건설로 인해 내성천은 물론이요, 버드나무 군락과 비옥한 농경지도 모두 물에 잠겨 사리질 예정입니다.

천에서는 볼 수 없는 독특한 생태계를 이루고 있습니다. 한 걸음 내디딜 때마다 흰목물떼새와 꼬마물떼새를 비롯해 꺅도요, 깝짝도요, 흰꼬리좀도요, 댕기물떼새 등이 반겨주고 있었습니다. 작은 하천에서 이토록 다양한 생태계를 만난다는 것은 쉽지 않은 일입니다. 내성천은 얕은 수심과 모래가 어울린 곳이기에 다리가 짧은 물새들이 이곳을 좋아하는 것입니다.

맑은 물속에서 여유롭게 노니는 물고기들과 금빛 모래가 어울린 내성천은 한 폭의 그림입니다. 모래밭에 가득 새겨진 수달, 고라니, 너구리, 족제비, 오소리의 발자국들은 내성천이 얼마나 소중한 생명의 보금자리인가를 보여줍니다.

그러나 조만간 우리는 전국에서 유일한 멋을 지닌 내성천을 더 이상 볼 수 없게 될 것입니다. 이명박 대통령이 이곳에 영주댐을 건설하여 이 모든 아름다움을 수장시키고 있기 때문입니다. 댐이 초래하는 지형적인 변화는 두 가지입니다. 댐의 상류는 내성천의 아름다움을 물속에 수장시키고, 댐 하류에 위치한 비경들은 쥐가 파먹듯 조금씩 파괴되어갑니다.

왜 회룡포의 선경을 파괴하는가?

내성천 영주댐으로 인해 우리가 잃게 되는 최고의 비경은 회룡포입니다. 회룡포는 내성천의 물길이 빙 돌아가는 물돌이동으로 많은 사람들의 발걸음이 끊이지 않는 곳입니다.

그러나 회룡포의 아름다운 물길을 볼 수 있는 날도 얼마 남지 않았습니다. 4대강 사업 덕분이지요. 내성천이 회룡포를 지나 5킬로미터 아래로 내

‖국민 예능이라는 〈1박 2일〉 촬영을 회룡포에서 했습니다. 그만큼 이곳이 아름답다는 증거이겠지요.

‖ 영주댐 공사와 4대강 사업으로 인해 국내 최고의 비경인 회룡포의 아름다움을 볼 수 있는 날도 며칠 남지 않
았습니다.

‖댐을 세우기 위해 산을 파괴하고 물길을 만드는 공사가 한창입니다. 영주댐은 반드시 철회되어야 합니다.

려가면 4대강 공사가 한창인 낙동강과 만납니다. 물 부족과 홍수를 핑계 삼아 낙동강의 모래를 깊이 준설했습니다. 준설로 속이 텅 빈 낙동강은 비가 오면 상류 내성천 회룡포의 모래를 급속하게 빨아들이게 됩니다.

낙동강이 회룡포의 모래를 삼킨다 할지라도 상류로부터 계속 모래가 공급된다면 문제가 그리 크진 않습니다. 그러나 회룡포 상류에 세워진 영주댐으로 더 이상 회룡포에 모래 공급이 어렵습니다. 특히 이명박 정부는 내성천이 모래가 많은 하천이기 때문에 영주댐에 모래가 퇴적되는 것을 방지하기 위해 영주댐 상류에 모래 방지댐을 추가로 건설합니다. 이제 회룡포에 내성천 모래 공급이 영영 끊기게 된 것입니다.

모래가 사라진 회룡포를 생각해보신 적이 있나요? 금빛 모래가 사라진 회룡포가 여전히 아름다울까요? 회룡포는 하늘이 우리에게 선물한 국내 최고의 선경 仙境입니다. 선조들이 우리에게 물려주었듯이, 우리도 후손들에게 이 아름다움을 물려줄 의무와 책임이 있습니다. 그러나 망국적인 4대강 사업 덕에 회룡포의 선경은 더 이상 우리 곁에 존재하지 않게 될 것입니다.

하늘에 뜬 콘크리트 무지개다리를 보셨나요?

　영주댐으로 잃게 될 또 하나의 아름다움은 선비마을로 잘 알려진 무섬마을입니다. 무섬마을 역시 내성천이 휘감고 돌아가는 물돌이동으로 역사와 자연이 어울린 아름다운 마을입니다. 무섬마을 앞 내성천에는 매년 외나무다리 축제가 열립니다. 우리는 흔히 옛날 선조들이 강을 건너던 섶다리를 기억합니다. 그런데 통나무로 만들어진 무섬마을의 외다리는 참으로 독특합니다. 무섬마을의 통나무 다리는 전국에서 유일한 곳이지요. 이 외나무다리를 만나기 위해 전국에서 많은 사람들이 찾아옵니다.

　그런데 이 외나무다리의 운명도 그리 얼마 남지 않았습니다. 무섬마을 바로 위에 영주댐이 세워지기 때문입니다. 댐에 의해 모래 공급이 끊긴 무섬마을 외나무다리는 회룡포처럼 집중호우에 모래가 쓸려가면 이제 그 설 자리를 잃게 되는 것입니다.

　모래가 쓸려 나가면 어떤 처참한 일이 벌어질지 보여주는 예가 있습니다. 무섬마을 외나무다리 바로 아래에 있는 다리의 교각들이 모두 허공에

무섬마을에 있는 대한민국 유일의 외나무다리입니다. 그러나 이 외나무다리도 모래가 쓸려가고 나면 더 이상 볼 수 없게 될 것입니다.

떠 있습니다. 무지개도 아닌데, 하늘 위에 떠 있는 다리를 보신 적이 있나요? 문화가 깃든 전통 마을이라 견우와 직녀가 만나기 위해 하늘 다리를 만든 것은 아니겠지요. 이것은 모래가 급류에 쓸려 나갔기 때문입니다. 허공에 뜬 위험한 다리를 감추기 위해 교각 아래쪽에 콘크리트를 새롭게 부었는데, 그것마저 하늘로 달려 오르고 있습니다. 지속된 모래 유실로 지반이 낮아지기 때문입니다.

무섬마을의 하늘 무지개다리는 4대강 사업으로 강을 깊게 준설한 후 강을 지나는 다리들의 안전에 어떤 위험이 생길지 보여주는 사례입니다. 4대강 준설 공사 구간을 지나는 다리는 300개가 넘습니다. 이명박 대통령은 다리 붕괴를 막기 위해 3,000여억 원을 들여 다리 보강공사를 벌였

∥하늘로 솟아오른 내성천의 무지개다리입니다. 사실은 다리가 하늘로 솟아오른 것이 아니라, 모래가 쓸려갔기 때문입니다. 앞으로 4대강 사업이 완공되면 하늘로 치솟는 무지개다리들이 속속 등장할 것이고, 곳곳에 다리들이 무너지는 소식이 들려올 것입니다.

습니다. 그러나 자연의 힘은 그 누구도 예상하지 못합니다. 4대강 준설로 언제 어디서 어느 다리가 무너지는 일이 발생할지 아무도 장담하지 못하는 것이지요. 교각 안전공사 비용 3,000여억 원은 4대강 사업비 22조 원에 포함되어 있지 않은 숨은 예산 중 하나에 불과합니다. 멀쩡한 강을 판후 다리 안전을 위한다며 혈세를 퍼붓고, 국민의 안전마저 위협하는 망국적 사업이 바로 4대강 사업입니다.

이 많은 문화재는 어떻게 하실 건가요?

영주댐이 우리 곁에서 앗아가는 것은 아름다운 비경과 생태계만이 아닙니다. 오래전부터 선비마을로 잘 알려진 이곳은 역사와 문화가 담긴 고택들이 많습니다. 그러나 영주댐 건설로 인해 국가지정문화재인 괴헌고택을 비롯하여, 장씨고택과 장석우가옥, 이산면 덕산고택 등 경상북도 지정문화재 12점도 수몰될 처지에 놓여 있습니다.

이명박 정부는 고택들을 이전하기 때문에 아무 문제없다고 주장하지만, 선조들의 삶이 배인 옛 집들은 원래 지어진 바로 그 장소에서 주변 환경과 어울릴 때만이 가치가 있습니다. 역사와 전혀 상관없는 곳에 모양만 그럴싸하게 옮겨놓는 것은 문화재 보존이 아니라 파괴입니다. 사람들의 접근성이 좋아졌다고 그것이 더 가치가 있는 것일까요? 영주댐은 환경 파괴일 뿐만 아니라, 분명히 역사와 문화를 파괴하는 재앙에 불과합니다.

문화재보호법 제34조에 따르면 국가지정문화재의 현상을 변경하거나 국가지정문화재 보존에 영향을 미치는 행위를 할 때는 건설공사 인허가 전에 문화재청장의 허가를 얻도록 명시되어 있습니다. 그러나 영주댐은 공사를 착공한 지 수개월이 지나도록 문화재청에 국가문화재인 괴헌고택의 현상변경 신청은 물론이요, 지방문화재 12건에 대해서도 경북도에 현상변경을 신청하지 않았습니다. 4대강 사업이 온통 불법 천지인 것처럼, 영주댐 역시 편법과 불법으로 밀어붙이는 것입니다.

영주댐 공사의 경박한 문화재 보존 인식은 4대강 공사에 비하면 새발의 피라 할 수 있습니다. 구석기부터 조선시대에 이르기까지 우리 선조들의 삶은 강변을 따라 이뤄져왔습니다. 강변은 우리 역사의 뿌리로서 지금도 끝없이 문화재들이 발굴되고 있습니다. 그러나 4대강 사업은 문화재를 파괴하고 있습니다. 오죽했으면 참다못한 고고학계 교수들이 지난 2010년 11월 1일 '4대강의 철저한 문화재 조사를 촉구하기 위한 4대강 문화재 살

∥영주댐 건설로 주요 문화재인 괴헌고택 등을 이전해야 합니다. 만고의 쓸모없는 댐 건설로 소중한 문화재들이 파괴되고 있습니다.

리기 고고학 교수 모임 기자회견'을 했을까요. 이명박 대통령 한 개인의 망상을 위해 역사와 문화, 아름다운 경관과 생태를 다 잃어버려야 하는 것인지 안타까울 뿐입니다.

영주댐을 건설하면 홍수가 예방된다고요?

대한민국 최고의 비경 회룡포와 아름다운 내성천과 수많은 역사 문화재를 수장시키는 영주댐은 얼마나 타당성이 있을까요?

영주댐 환경평가서를 보니 주민설명회에서 "댐이 상수원으로 되었을 때, 상수원보호구역특별법 및 수변지구개발제한법의 규정의 제한을 받아 자유로운 영농이 불가능하지 않느냐"는 주민의 질의에 대해 공사 관계자는 "영주댐은 댐 내 취수 계획 및 상수원 보호구역 지정 계획이 없다"고 답했습니다.

흔히 '댐'이라 하면 먹는 물을 확보하기 위함이라 생각하여 댐이 초래하는 심각한 환경 파괴에도 불구하고 댐 건설을 용인하는 것입니다. 그러나 영주댐을 세우는 목적은 참으로 가관입니다. 댐에 가둔 물의 92퍼센트는 하천유지용수요, 용수 공급은 단 8퍼센트에 불과합니다. 댐을 짓는 목적이 '먹는 물 확보'가 아니라, '하천유지용수'라는 것이 도대체 무슨 말일까요?

영주댐 환경평가서에는 하천유지용수에 대해 "낙동강 수계는 갈수기 하천유하량 부족으로 하천오염이 증가되어, 수질 개선을 위한 하천 유하량을 확보할 수 있는 신규 수자원이 절대적으로 요구된다"며 낙동강 중하류의 수질 개선을 댐 건설 목적으로 주장하고 있습니다. 아름다운 내성천을 파괴하면서 하천의 보호를 위한 하천유지용수라니요. 참으로 해괴망측한 괴담보다도 더한 억지입니다. 더 기가 막힌 것은 8개의 대형 보를 세우는 4대강 사업으로 낙동강엔 이미 10억 톤의 엄청난 물을 확보했습니다. 낙동강의 수질 개선을 위한 하천유지용수가 더 이상 필요 없다는 사실입니다.

영주댐은 높이 50미터, 길이 380미터, 총저수량 1억 8,100만 톤 규모안동댐의 약 7분의 1로 총 공사비 8,380억 원이 들어갑니다. 특히 511가구가 영주댐으로 인해 수몰되어 강제 이주될 예정입니다. 그런데 보고서에 따르면 영주댐 하류 지역에 100년에 한 번 정도 오는 큰 홍수가 날 경우 홍수 피해액이 83억 원이라고 밝히고 있습니다. '홍부가 기가 막힐 일'이지요. 8,380억 원을 들인 공사로 100년에 한 번 발생할 83억 원의 홍수 피해를 막겠다는 것입니다.

영주댐 환경평가서는 "2002년 태풍 루사와 2003년 태풍 매미로 인하여 낙동강 유역의 연례 홍수 피해가 극심하여 홍수 재해를 대비하기 위함"이라고 댐의 필요성을 밝히고 있습니다. 영주댐을 건설하면 낙동강 유역의 모든 홍수가 예방되는 것일까요?

한국건설기술연구원에서 2002년 12월 발간한 '2002년 태풍 루사에 의한 강원도 지역 대홍수'라는 보고서는 태풍 루사의 피해에 대해 다음과 같이 밝히고 있습니다.

> "이번 홍수루사로 경북 김천시 지역, 충북 영동군 지역 및 부산시 지역에서도 큰 피해가 발생했다. 그러나 특히 강원도 강릉시, 양양군, 삼척시, 고성군, 정선군 지역의 피해가 가장 컸다. 강원도 피해액은 전국 집계의 46퍼센트, 인명 피해는 58퍼센트, 이재민은 82퍼센트를 차지하고 있다."

한국건설기술연구원은 4대강 사업을 위한 4대강 마스터플랜을 직접 만든 곳입니다. 그러나 2002년 태풍 피해 보고서에 내성천 지역은 없습니

∥태풍 매미로 수해를 입은 강원도입니다. 홍수가 발생한 지역은 4대강과는 아무 상관없는 곳입니다. 홍수 대비도 아니요, 물 부족 대비와도 무관한 영주댐을 건설해야 할 이유는 단 하나도 없습니다.

다. 태풍 루사와 태풍 매미로 당시 큰 홍수 피해를 입은 낙동강 유역이 있긴 합니다. 그런데 그곳은 내성천 주변이 아니라, 내성천과는 아무 상관없는 지리산 아래쪽인 진주 남강댐 지역이었습니다.

이명박 대통령은 '유역'이라는 말로 국민을 기만합니다. '낙동강'과 '낙동강 유역'은 전혀 다른 말입니다. '낙동강 유역'이란 낙동강에 실핏줄처럼 연결된 모든 지천을 다 포함하는 말입니다. 낙동강은 남한에서 두 번째로 큰 유역으로서 직할하천 10개소 연장 829.5킬로미터, 지방하천 10개소 연장 190.5킬로미터, 준용하천 805개소 6,440.2킬로미터로서, 그 유역 면적은 남한의 약 4분의 1에 해당하는 2만 3,326.3제곱킬로미터에, 유역의 동서 길이는 약 180킬로미터, 남북 길이는 약 120킬로미터로 방대한 지역입니다.

바로 여기에서 홍수를 대비한다는 영주댐과 4대강 사업이 대국민 사기극임이 또 한 번 증명됩니다. 낙동강으로 유입되는 그 많은 지천과 샛강에서 발생하는 홍수 피해를 '낙동강 유역'의 피해라고 이야기합니다. 그러면 사람들은 '낙동강 유역'의 홍수 피해를 '낙동강'의 홍수 피해로 오해하는 것이지요. 그동안 홍수 피해는 '낙동강 유역의 지천과 샛강'에서 발생한 것이지, '낙동강'에서 발생한 것이 아닙니다. 그러기에 4대강 사업을 완성한다 할지라도 낙동강 유역의 지천과 샛강에서는 계속 홍수가 발생할 것입니다.

우리나라는 한강, 낙동강, 금강, 영산강 등 국가하천이 주를 이루고, 전국의 모든 지천과 소하천이 4대강으로 연결됩니다. 지천과 소하천을 다 합한 대한민국의 전체 하천의 길이는 6만 4,901킬로미터이고 이 중 4대강 사업이 이뤄지는 곳은 전체 하천 길이의 1퍼센트도 되지 않는 694킬로미터입니다. 4대강의 홍수 피해가 전국 피해 중 겨우 1퍼센트 남짓인 이유가 바로 이 때문입니다.

국민들이 '강'과 '강 유역'의 차이를 잘 모른다는 이유로 이명박 정부가 국민을 상대로 사기극을 벌이고 있는 것입니다.

영주댐 건설의 진짜 속셈은 무엇일까?

먹는 물을 확보하기 위한 것도 아니요, 내성천 유역의 홍수를 막는 것도 아니라면, 왜 아름다운 내성천을 파괴하면서까지 영주댐을 건설하는 것일까요? 바로 그 답은 92퍼센트가 하천유지용수라는 영주댐 건설 목적에 있습니다. '하천유지용수'란 하천에 지속적으로 물을 흘려보내는 것을 말합니다. 이것은 영주댐의 물을 낙동강에 흘려보내기 위한 것입니다. 4대강 사업으로 낙동강에 세운 8개 대형 보에 물이 흐르지 않으면 낙동강은 바로 썩게 됩니다. 낙동강 보에 고인 물이 넘쳐흐르면 그마나 썩는 것을 줄일 수 있기 때문에 영주댐을 건설하는 것입니다.

2조 3,000억 원을 들여 96개 저수지의 둑을 높이는 사업 역시 영주댐 건설 목적과 동일합니다. 대한민국엔 무려 1만 7,400여 개의 저수지가 있습니다. 이 중 4대강 사업으로 둑을 높이는 저수지는 96개로 전체 저수지 중에 약 0.5퍼센트에 불과합니다. 문제는 우리나라 전체 저수지 중 절반가량은 축조된 지 30~40년이 넘은 낡은 저수지로서 둑이 새고 흙이 퇴적되어 저수량이 미미합니다. 심지어 농업용수로 쓸 수 없을 만큼 오염된 저수지도 많습니다. 전체 저수지 중 0.5%에 불과한 96개 저수지에 투자하는 2조 3,000억 원이면 전체 1만 7,400여 개 저수지를 개량하고 수질개선도 가능한 엄청난 예산입니다. 이명박 대통령의 4대강 변종 운하를 위해 국민 혈세가 엉뚱한 곳에서 줄줄이 새고 있습니다.

2010년 11월 13일 MBC 〈뉴스데스크〉는 "지난해 6월 처음 계획이 고시된 뒤, 7월 환경영향평가 조사, 8월 주민설명회, 10월 공청회, 11월 시공사 선정을 거쳐 12월에 착공했습니다. 심지어 영주댐이 꼭 필요한지 미리 따져보는 보고서는, 착공부터 하고 아홉 달이 지나서야 완성됐습니다"라며 속전속결로 진행되는 영주댐 건설의 문제점을 보도했습니다.

영주댐은 댐 건설의 타당성 조사 결과가 나오기도 전에 공사를 벌인 것입니다. 낙동강 보에 썩는 물 방지를 위해 불법으로 공사를 시작했으니 뒤늦게 나올 타당성 조사가 올바르지 않다는 건 누구나 다 아는 이야기 아닐까요? 영주댐은 이미 지난 정부에서 수년간 추진하다 타당성이 없어 취소되었던 사업입니다. 이전 조사에서 타당성이 없다고 판결이 난 사업이 하루아침에 타당성이 있다고 밝혀지다니 이명박 정부의 광기가 도를 넘고 있습니다.

피어스는 《강의 죽음》에서 "댐이 쓸모가 있는지 없는지와 상관없이 건설 사업을 이어가고자 하는 것은 건설사의 탐욕스러운 욕망이 그대로 드러난다"며 "수요도 없는 물을 공급하겠다며 댐을 건설하면 아름다운 강과 연어 어장이 파괴되고 홍수의 위험성이 증가될 것"이라고 강조했습니다. 아무 타당성 없는 영주댐을 강행하는 이명박 대통령이 반드시 새겨들어야 할 명언입니다.

거짓 명분으로 강행되는 영주댐은 환경과 문화를 파괴할 뿐만 아니라 수백 년 이곳에 터전을 잡고 살아온 사람들의 삶마저 파괴하고 있습니다. 영주댐으로 인해 쫓겨나는 수몰민은 511가구에 이릅니다. 평생 농사를 짓던 사람들이 쥐꼬리만 한 보상금을 받고 어디 가서 살 수 있을까요? 특히 자기 땅이 아닌 임대 농민들은 제대로 보상도 받지 못해 살길이 막막

할 뿐입니다. 영주댐 건설로 인한 주민들의 피맺힌 절규는 환경평가서 '주민의견 제출서'에 잘 나타나 있습니다.

"이곳은 아름다운 산과 들, 그리고 300년~400년을 살아오던 청정지역입니다. 내 자식도 늙은이들 살러 오는 것을 거절하는 세상에 어디로 간단 말입니까? 정말로 눈앞이 캄캄합니다."

"이곳에서 태어나 지금까지 자라며 농사일과 밭일 그리고 송이를 채취하며 살아왔습니다. 그러나 댐 건설로 인하여 삶의 터전을 옮기려니 답답합니다. 평생을 농사지으며 살다가 다른 일은 할 수가 없습니다. 어디를 어떻게 가서 시작할지 모르겠고, 송이는 특정 지역에서만 가능하므로 이주하게 되면 할 수 없습니다. 이런 이유로 댐 건설에 반대합니다."

"나이 팔십 넘어서 어떻게 합니까? 조상 산소는 어떻게 합니까? 절대반대."

"지금 아흔이 된 부모님 모시고 고향을 떠난다는 것은 말도 안 됩니다."

"300~400년 살아온 터전을 버리고 나가면 다 굶어죽는다. 보상받을 것은 오막살이 하나뿐, 남의 땅을 부쳐가며 살아왔는데……. 생각하면 눈앞이 캄캄하다."

"결사반대한다. 나는 내 땅 한 골 없고, 남의 땅 임대하여 사는 형편인데 댐이 되면 살아갈 대책도 없다. 일흔이 다 된 사람이 고향 떠나면 어떻게 살 것인가?"

국가 권력의 횡포, 반대합니다

댐 건설로 고향에서 쫓겨난 실향민들의 아픔은 얼마나 클까요?

6·25 전쟁으로 인한 실향민들의 아픔은 방송을 통해 잘 알고 있습니다. 그러나 댐 수몰로 고향에서 쫓겨난 이주민들의 아픔에 대해선 잘 인식하지 못합니다.

영주댐 주민설명회에서 댐 건설을 반대하는 한 주민은 "댐 건설로 가장 피해를 보는 수몰민들에게는 정작 일언반구 의사타진 없이 일방적으로 밀어붙이기식의 댐 건설은 있을 수 없는 일입니다. 이것은 '국가 권력의 횡포'입니다. 반대합니다"라고 절규했습니다.

1993년 대안 노벨상Alternative Novel Prize 을 수상한 환경주의 사상가 반다나 시바Vandana Shiva 는 《물 전쟁Water Wars》이라는 저서에서 "테러리스트는 아프카니스탄의 동굴에만 숨어 있는 것이 아니라, 댐 건설로 인해 삶의 터전이 물에 잠긴 수몰민 역시 파괴적인 개발이라는 테러의 희생자"라고 지적했습니다.

영주댐만이 아니라 이명박 정권의 4대강 사업 모두가 거짓입니다. 아무 타당성 없이 강행된 영주댐과 4대강 사업은 강의 생명과 환경과 문화를 파괴하고 국민의 삶터를 짓밟은 국가 권력의 테러입니다.

다시는 볼 수 없는 경천대 풍경

낙동강 1,300리 중 제1비경이라는 경천대입니다. 드넓게 펼쳐진 은빛 모래와 반달처럼 굽이도는 맑은 물결이 파란 하늘과 어울려 한 폭의 그림을 그리는 멋진 곳입니다. 그러나 이곳 역시 4대강 살리기라는 이름 아래 무참히 파괴되었습니다.

경천대는 경상북도의 관광 홍보책에 빠지지 않고 등장합니다. 낙동강 최고의 비경으로서 많은 사람들이 꼭 찾아가봐야 할 만큼 아름답기 때문입니다. 경천대는 그 절경으로 이미 대한민국 최고 관광지였습니다. 경천대 전망대에 올라서서 낙동강을 바라보면 절로 감탄사가 흘러나옵니다. 태초 이래 강 물결이 낙동강을 보듬고 흐르며 저토록 아름다운 강을 빚어놓은 것이겠지요. 경북 관광 홍보지에는 "절벽과 송림과 은빛 모래밭이 펼쳐져 있다"고 설명하고 있습니다. 그러나 이곳은 이명박 대통령의 4대강 죽이기로 더는 볼 수가 없습니다.

낙동강 1,300리 중 제1비경인 경천대를 처참히 파괴한 것은 4대강 사업이 아무 명분도 없는 국토 파괴임을 증명합니다.

하늘과 시간이 빚은 그토록 아름다운 강을 얼마나 어떻게 더 살리겠다는 것일까요? 낙동강의 제1비경 경천대를 파괴할 만큼 타당한 명분은 결코 없습니다. 설사 홍수 예방과 수량 확보 등의 주장이 100퍼센트 진실이라 할지라도, 이렇게 아름다운 경천대를 파괴해서는 안 되기 때문입니다.

이 대통령의 4대강 사업 덕에 경천대의 금빛 모래밭에서 뛰놀던 고라니도, 경천대 절벽 아래 맑은 물길을 헤집고 쌍쌍이 노닐던 누치도 이제 더는 볼 수 없게 되었습니다. 이곳 경천대는 상수원보호구역으로서 물이 깨

‖낙동강 1,300리 중 제1비경인 경천대를 파괴한 4대강 사업 현장입니다. 4대강 사업은 그 누가 뭐라 해도 국토 파괴 재앙에 불과합니다. (왼쪽 사진 : 경천대 홍보지)

∥이명박 장로님은 하늘이 빚은 경천대를 어떻게 얼마나 더 살리시겠다는 것일까요? 변종 운하에 눈이 머니 하늘의 선물도 알아보지 못하나 봅니다.

‖4대강 사업 덕분에 이토록 아름답던 금강을 잃어버렸습니다.

‖아름답던 금강이 4대강 사업으로 변해가는 모습입니다. 누가 이것을 강 살리기라고 할 수 있을까요?

끗하고, 물이 부족하지도 않고 홍수도 발생하지 않는 곳입니다.

우리가 잃어버린 아름다움들

낙동강 경천대의 은빛 모래밭과 휘감아 도는 물길이 너무 아름다워 MBC 대하드라마 〈상도〉를 이곳에서 촬영했습니다. 오래전 많은 문인들이 한강을 노래하고 화폭에 담았듯이, 이렇게 아름다운 비경은 시와 영화와 음악의 배경이 되곤 했습니다. 잘 보존된 아름다운 자연유산이 곧 소중한 문화유산이 되는 시대이니까요.

경천대를 살리겠다고 열심히 파헤친 이명박 대통령님께 한마디 묻고 싶습니다. 이명박 대통령님, 그 아름답던 경천대를 보고 왜 죽었다고 하시나요? 죽은 것이 있어야 살릴 것 아니겠습니까? 구체적인 설명을 해주셔야 4대강 사업이 생명의 강을 죽이는 재앙이 아니라 강 살리기라는 것을 국민들이 납득하지 않을까요?

이곳 경천대만 사라지는 것이 아닙니다. 싱그러움으로 가득했던 금강의 비경들도 온데간데없이 사라져버렸습니다. 백제의 역사가 숨 쉬던 곰나루터 금빛 모래밭도 여지없이 포클레인으로 파헤쳐졌습니다. 백제의 마지막 길을 죽음으로 배웅한 삼천궁녀의 혼이 깃든 금강 낙화암 주변 모래밭도, 한강 바위늪구비의 눈부시던 여울도 이명박 대통령의 변종 운하 앞에 모두 사라졌습니다. 4대강 사업은 강변의 아름답던 경관만이 아니라 강변에 깃든 우리의 역사와 문화까지 깡그리 망가뜨리는 대재앙이요, 미래를 도둑질하는 잘못입니다.

경천대 비경을 갈가리 파헤치는 현장을 물끄러미 바라보는 초등학생들을 만났습니다. 생명의 강을 지켜주지 못한 어른으로서 참으로 부끄러웠습니다. 우리 아이들에게 어떤 강을 물려주어야 할까요?

‖ 경천대 파괴 현장을 지켜보는 초등학생들입니다. 과연 이들에게 어떤 강을 물려주어야 할까요?

일자리 창출?
노동자들이 죽어간다

작업 중이던 굴삭기 기사가 거센 파도처럼 밀려오는 얼음덩이 속에 빠져 죽었습니다. 아직 마르지 않은 콘크리트 거푸집이 무너지며 깔려 죽고, 강물 속에 임시도로로 만든 모래더미가 무너지며 차가운 강물 속에 빠져 죽기도 했으며, 준설선에서 떨어져 어두운 밤 강물 속에 빠져 죽었습니다. 밤낮없이 강행한 공사로 심장이 갑작스레 멈추며 숨을 거두었습니다. 어두운 밤 후진하던 덤프트럭 바퀴에 깔려 사망하기도 했습니다. 공사를 시작한 지 단 2년도 되지 않아 20명이 넘는 노동자들이 줄줄이 죽어갔습니다. 생명을 살린다는 '4대강 사업'이 강의 생명들뿐만 아니라 많은 노동자들의 생명까지 무참히 죽음으로 몰고 간 '사대死大강 사업'이 되었습니다.

4대강 공사 현장엔 오직 단 하나의 목표만이 있을 뿐입니다. '이명박

‖4대강 살리기 공사 현장에서 얼음덩이가 밀려들며 포클레인 기사가 얼음물에 빠져 죽었습니다. (사진 : 김정수)

대통령의 임기 안 완공'이라는 원대한 목표를 이루기 위해 비가 오나 눈이 오나, 더우나 추우나 밤낮없이 강을 파고 또 파내고 있습니다. 694킬로미터가 넘는 하천 공사를 단 2년 만에 마친 나라는 지금껏 세계 역사 속에 없었습니다. 이렇게 큰 공사라면 사업의 타당성과 환경 조사만도 몇

‖한강 강천댐 공사 현장에 크레인이 전복되었습니다. 크레인도 쉬고 싶은 마음인가 봅니다. 이명박 대통령 임기 안 완공이라는 목표 달성을 위해 안전을 고려하지 않는 무리한 공사로 수많은 노동자들이 죽어가고 있습니다.

년이 걸리는 것이 당연합니다. 그러나 이명박 대통령 임기 내 완공을 위해 '불법'과 '편법' 그리고 노동자들의 생명을 지키는 '안전'은 전혀 중요하지 않았습니다.

20명이 넘는 노동자들이 왜 소중한 생명을 잃어야 했을까요? 그들의 목숨을 희생할 만큼 4대강 사업이 그토록 가치 있는 일이었을까요? 4대강 사업이 국가의 안위나 미래를 위한 소중한 사업이었다면, 4대강에 가장을 빼앗긴 유족들이 그나마 작은 위로를 찾을 수 있겠지요.

그러나 홍수 예방과 물 부족 개선, 일자리 창출 등을 외친 이명박 정부의 구호는 국민을 기만한 거짓말에 불과했습니다. 그저 건설업자들의 주머니를 채워주고, 생명의 강을 놀이터로 전락시킨 이명박 대통령을 위한 무모한 공사에 불과했습니다.

한나라당 유승민 의원이 2011년 7·4 전당대회에 당 대표 경선에 나서며 "4대강에 22조 원을 쏟아 부으면서 결식아동, 비정규직, 쪽방 할머니 등에게 쓸 예산이 없다고 뻔뻔스러운 거짓말을 내뱉고 있다"고 발언한 것처럼, 아무 타당성도 없이 서민들의 피눈물을 헛된 4대강 죽이기에 퍼부은 것이 바로 망국적 4대강 사업입니다.

너무도 위태로운 4대강 공사 현장

4대강 건설 현장에서 많은 노동자들이 죽어간 것은 예견된 결과였습니다. 그 어디에도 안전은 없고 오직 속도전만 있었기 때문입니다. 4대강 공사 현장은 사람의 생명을 위협하는 위태로운 공사판입니다. 물살이 빠르게 흐르는 강물 속에 좁은 모래 길을 만들고 그 위를 대형 덤프

▮안전 불감증에 걸린 4대강 공사 현장입니다. 국민에게 약속했던 준설선은 보이지 않고 굴삭기만 덩그러니 있습니다.

트럭들이 오갑니다. 흡입식 준설선으로 수질 오염 없이 모래를 준설하겠다던 약속은 어디 가고, 강물 속을 포클레인들이 휘젓고 있습니다. 언제 또 물에 빠져 죽는 사고가 발생할지 바라보기에도 위태롭습니다. 참으로 불법이 판치는 무모한 공사 현장이 4대강 사업입니다.

일자리 창출은 전혀 없었다

이명박 정부는 4대강 사업으로 34만 명의 일자리를 창출한다며 4대강 사업의 효과를 광고했습니다. 2010년 3월, 4대강 공사가 한창인 낙동강 낙단보 공사 현장을 찾았습니다. 낙단보 역시 채 마르지 않은 콘크리트 거푸집이 무너지며 2명의 노동자가 사망한 현장입니다. 현장 소장 사무실에 노동자 일일 현황표가 붙어 있었습니다. 낙단보 공사 현장은 굴삭기와 덤프 등의 모든 기사를 다 포함해서 노동자 수가 97명에 불과했습니다. 일자리를 창출한다는 4대강 사업이 얼마나 심각한 대국민 사기극인지를 보여주는 명백한 증거입니다.

낙단보만이 아닙니다. 구미보 역시 일일 현황판에 모든 노동자 수를 다 합해도 102명 여에 불과했습니다. 4대강 공사 현장은 그 어느 곳을 가나 중장비만 가득할 뿐, 노동자들을 만날 수 없습니다. 기계화된 요즘 공사판엔 사람들이 맨 손으로 할 일이 거의 없기 때문입니다.

100여 명의 노동자밖에 없는 보 공사 현장에 16개 모든 보를 계산해도 총 1,600여 명에 불과합니다. 현장소장에게 공사가 가장 피크일 때 인원을 물어보았습니다. 돌아온 대답은 500명 미만이었습니다. 모두 합한다 하더라도 8,000여 명에 불과합니다.

‖낙동강 낙단보 공사 현장. 노동자들의 수가 고작 97명에 불과했습니다. 구미보 공사 현장 역시 102명 여에 불과합니다. 이명박 대통령은 이것을 일자리 창출이라고 합니다.

4대강 준설5조 1,864억 원과 보1조 5,200억 원 공사는 6조 7,064억 원으로 4대강 총 사업비 22조 3,000억 원 중 약 30퍼센트에 해당됩니다. 그렇다면 4대강 보와 준설 공사 현장엔 일자리 창출 목표인 34만 명의 30퍼센트인 10만 2,000명이 있어야 합니다. 10만 2,000명의 노동자들로 북적여야 할 공사 현장에 최대로 잡아도 8,000명도 없다는 이야기입니다. 4대강 현장은 보와 준설 공사만이 아니라 소수력발전 건설과 조경 공사 등도 함께 이뤄지고 있습니다. 그렇다면 얼마나 더 많은 노동자들이 있어야 할까요? 국민을 속이는 뻔뻔스러운 이명박 정부의 거짓말이 하늘을 찌르고 있습니다.

지난 2011년 6월 19일자 《한겨레》는 '4대강 공정률 70~80퍼센트, 일자리는 목표치 1퍼센트대'라는 제목의 기사를 통해 4대강 사업의 실체를 폭로했습니다.

"국토해양부는 2009년 4대강 살리기 마스터플랜에서 4대강 사업으로 34만 개(1명이 1년간 일하는 경우 1개)의 일자리를 만들겠다고 했다. 그러나 최근 민주당 최영희 의원의 조사 결과를 보면, 지난 한 해 고용보험이 적용된 일자리는 상용직 기준으로 1,492개, 일용직을 포함해 4,164개에 불과한 것으로 드러났다. 최 의원은 '정부 계산대로라면 6조 4,000억 원이 투자된 지난해 11만 720개의 일자리가 만들어져야 하는데, 국토부의 일자리 개념과 부합하는 상용직 기준으로 1.3퍼센트에 불과하다'고 주장했다."

특히 4대강 현장에 일하는 일용직 노동자들을 제외하곤 대부분 건설회사에서 근무하던 사람들입니다. 일자리 창출이 아니라 일터만 옮겨온 것에 불과한 것이지요. 4대강 사업은 좋은 일자리 창출이 아니라 일용직이 대부분입니다. 더욱 큰 문제는 4대강 공사가 끝나면 이 일용직 노동자들이 일할 자리가 없다는 사실입니다. 지금은 4대강 공사로 연명하고 있지만, 대출 받아 마련한 중장비들은 결국 이들의 목숨 줄을 죄는 고통으로 다가올 것입니다.

오히려 일자리를 빼앗았다

　4대강 사업은 일자리 창출은 없고, 밤낮없는 공사로 노동자들의 목숨만 빼앗아가고 있습니다. 특히 4대강 수질 개선이란 미명 아래 강변에서 농사짓던 2만 5,000명의 농민들이 하루아침에 길거리로 쫓겨났습니다.

　2만 5,000여 명의 농민들을 몰아낸다고 4대강의 수질이 결코 맑아지지

∥중장비로만 가득한 4대강 공사 현장. 이들에게 4대강 공사가 지속가능한 일자리가 될까요?

∥이명박 대통령이 낙동강을 살린다고 밤낮없이 애쓰는 현장입니다. 낙동강은 굴삭기와 덤프트럭으로 가득합니다.

않습니다. 제방 밖의 농경지에서 지천을 타고 4대강으로 유입되는 농약과 비료는 막을 수 없기 때문입니다. 더욱이 4대강 사업 자체가 수질을 악화시키는 재앙입니다. 흘러야 할 강을 거대한 16개 댐에 가둬 썩게 만들기 때문입니다. 또 '친수구역특별법'이라는 악법으로 4대강변을 개발함으로써 강의 수질이 더 악화될 것은 너무나 분명한 사실입니다. '수질 개선'이란 강변에서 농사짓던 농민을 몰아내기 위한 그럴듯한 구호에 불과합니다.

4대강 사업으로 쫓겨난 농민이 고통스러운 삶을 견디다 못해 자살한 사건도 발생했습니다. 지난 2010년 12월 22일 방송된 KBS 〈추적 60분〉 인터뷰에서 낙동강에서 쫓겨난 한 농민은 "애 엄마는 애들 용돈이나 번다고 공장에 나가고 있는데, 아침에 웃으며 나가는 것만 봐도 마음이 아파요. 제발 남는 땅이라도 먹고살게 남겨줬으면 좋겠어요"라며 눈물을 흘렸습니다. 4대강 사업은 아무 힘없는 가난한 농민들을 처절한 고통의 나락으로 몰아넣었습니다.

'사대死大강 사업'으로 삶터에서 쫓겨난 사람들은 2만 5,000여 명의 농민이 전부가 아닙니다. 평생 낙동강에서 모래를 퍼내고 살던 700여 명의 준설 노동자들도 길거리로 쫓겨났습니다. 강의 모래를 퍼내는 4대강 사업을 하면서 준설 노동자들을 길거리로 내쫓다니 4대강 사업엔 이해할 수 없는 일이 한둘이 아닙니다.

이명박 대통령은 4대강 사업으로 지역 경제를 활성화한다고 주장했습니다. 그러나 진실은 서울에 본거지를 둔 대형 건설업자들의 주머니만 배불리는 공사였음이 판명 났습니다. 낙동강에서 준설하던 지역 업체들이 4대강 공사 때문에 문을 닫고 700여 명의 노동자들이 길거리로 쫓겨났습니다. 4대강 공사를 맡은 대형 건설업체들이 그들과 한통속인 하청업체

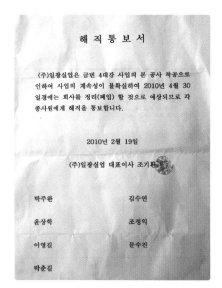

‖ 4대강 사업으로 평생 낙동강에서 모래를 퍼내던 준설 노동자들이 해고되었습니다. 강에서 엄청난 모래를 퍼내는 공사를 하면서 그 강에서 모래를 준설하던 노동자들을 해고하다니요. 세상에 이런 기막힌 일도 다 있습니다.

‖ 낙동강에서 쫓겨난 준설 노동자들이 4대강 죽이기 중단을 눈물겹게 외치고 있습니다. (사진 : 골재원 노동조합)

와만 일을 했기 때문입니다. 지역경제 활성화와 일자리 창출은 그저 국민을 속이기 위한 구호에 불과했던 것입니다.

망국적 4대강 사업 덕에 많은 노동자들이 목숨을 잃었습니다. 수많은 사람들이 자신의 삶터에서 쫓겨나 길거리로 내몰렸습니다. 아름답던 국토를 파괴하고 국민들을 길거리로 내모는 4대강 죽이기 재앙은 당장 멈춰야 합니다.

‖부실 설계로 제방이 연속 무너지고 있는 상주댐 건설 현장입니다. 눈이 왔는데도 공사를 하고 있습니다. 이렇게 추운 겨울 하천 공사는 부실로 이어지기 때문에 한겨울 공사를 피하는 게 정상입니다. 그러나 이명박 대통령의 임기 안에 맞추기 위해서는 추운 겨울도 가릴 수 없었겠지요. 나중에 부실로 붕괴되더라도 차후 문제일 테니까요.

‖이명박 대통령은 4대강 사업으로 일자리를 창출한다더니 강을 맑게 한다는 청강부대를 만들어 군인들을 4대강 준설 현장에 투입했습니다. 나라를 지키라고 보낸 우리 아들들을 4대강 죽이기에 투입했군요.

‖ 이명박 대통령 임기 안 완공을 위해 밤낮없이 공사 중입니다. 덕분에 노동자들이 줄줄이 죽어갔습니다. (사진 : 이항진)

‖ 34만 명의 일자리를 창출한다던 4대강 사업은 거짓말입니다. 중장비 전시장에 불과했습니다. (사진 : 이희섭)

물 부족?
수질 개선?

물 부족에 대비한다며 낙동강의 모래를 파내는 4대강 공사 현장 곁에 '투쟁'이라는 붉은 현수막들이 바람에 펄럭입니다. 도대체 누가 낙동강을 살리는 현장에 '투쟁'이라는 섬뜩한 현수막들을 줄줄이 걸어놓은 것일까요? 낙동강을 따라 줄지어 걸린 현수막은 단순히 '투쟁'만이 아닙니다. '광역 취수원 구미 확정되는 날, 구미 망하는 날', '투쟁 광역 상수도 취수원 도개 이전 결사반대' 등의 무시무시한 현수막들이 낙동강변을 가득 채우고 있습니다.

지난 2010년 4월 22일 이명박 대통령은 제4차 세계경제계환경회의 개막식에서 기조연설을 통해 물의 중요성을 강조했습니다. 특히 이 대통령은 '물이 안보'라며 대한민국은 4대강 사업을 통해 13억 톤의 물을 확보해 물 부족을 완전히 해소할 예정이라고 세계 경제인들 앞에서 자랑했습니다.

∥물 부족을 해결한다는 4대강 사업이 한창인 낙동강변에는 섬뜩한 현수막들로 가득합니다. 도대체 누가, 왜, 이런 것들을 걸어놓았을까요?

'물이 안보'라는 이 대통령의 소신 아래 물을 확보하기 위한 4대강 공사를 강행해온 것입니다. 이명박 정부는 영산강에 5.36억 톤, 낙동강에는 1.24억 톤의 물이 모자랄 것으로 예상된다며, 4대강 사업으로 영산강에 1억 톤, 낙동강에 10.2억 톤의 물을 확보할 계획이라고 합니다.

유치원 아이들도 '10-1=9'라는 간단한 셈은 할 줄 압니다. 그런데 놀랍게도 이명박 대통령은 기초적인 수학 계산도 못할 만큼 참 어리석으시군요. 5.36억 톤의 물이 모자란다는 영산강에는 1억 톤만 확보하고, 겨우 1.24억 톤만 부족한 낙동강엔 무려 10.2억 톤의 물을 확보하겠다고 하기 때문입니다. 이것은 물 부족을 대비한다는 4대강 사업이 국민을 속이는 거짓임을 보여주는 명백한 증거입니다.

물 부족을 대비한다는 4대강 사업은 우리를 끝없이 놀라게 합니다. 4대강 사업 덕에 낙동강은 앞으로 부족할 것으로 예상되는 양인 1.24억 톤의 물을 다 쓰고도 약 9억 톤의 물이 남아돌게 됩니다. 그런데 4대강 사업으로 낙동강에 맑고 깨끗한 9억 톤의 많은 물을 확보해놓고, 또다시 깨끗한 수자원 확보를 위한다며 취수원을 옮기는 모순된 사업을 강행하고 있습니

‖낙동강 다리 위에 줄줄이 걸려 있는 '투쟁', '결사반대'라는 깃발들이 바람에 펄럭이며 4대강 사업이 사기극이라고 외치고 있습니다.

다. 부산경남 지역의 맑은 물 공급을 위해 2조 8,000억 원을 들여 취수원을 128킬로미터 떨어진 진주 남강댐으로, 구미시 아래 지역의 취수원은 대구광역취수장으로 통합해 구미시로 옮긴다는 것입니다.

그러자 구미시 주민들이 결사반대하고 나섰습니다. 취수원 이전을 반대하는 사람들은 구미 지역의 일부 주민만이 아닙니다. 구미시장, 구미 지역의 한나라당 소속 국회의원, 시의원, 구미상공회의소 소장 등 지역의 모든 유지들까지 총 망라하여 취수원 이전을 반대하고 있습니다. 대구광역취수원이 구미시로 이전하게 되면 구미시의 지역 개발이 제한되기 때문에 구미시의 모든 주민들이 반대하는 것입니다.

이명박 정부가 낙동강에 물이 남아돌고 있음에도 취수원을 구미로 옮기려는 숨은 이유가 있습니다. 앞으로 4대강 사업으로 낙동강이 변종 운하로 거듭나면 물이 더 썩을 것을 그 누구보다 잘 알기 때문입니다. 그래서 취수 대란이 일어나기 전에 취수원을 미리 옮겨놓으려 하는 것이겠지요. 그 이유가 아니고서야 9억 톤의 물이 남아도는데 취수원을 옮길 하등의 이유가 없는 것입니다.

만약 부산, 경남과 대구 지역의 취수원을 모두 옮길 예정이라면 수자원 확보를 빌미로 왜 4대강 사업을 강행했을까요? 대구광역시 취수원을 구미보로 옮긴다면, 구미보 아래 건설한 칠곡보, 강정보, 달성보, 합천보, 함안보 등의 5개 거대한 댐은 건설할 필요가 전혀 없는 것입니다. 자신들이 내세우는 주장조차 앞뒤가 맞지 않는 일을 국책사업이라고 강행하고, 이런 사기성 사업에 언론이 침묵하고 있으니 이 나라의 미래가 참으로 암담할 뿐입니다.

이명박 대통령은 지난 2011년 3월 5일 경기도 과천 중앙공무원교육원에서 열린 중앙부처 주무과장 250여 명을 대상으로 한 특강에서 "꼼수는 그 순간은 이기는 것처럼 보이지만, 궁극적으로는 정수로 가야 승리한다"고 말했습니다. '꼼수'가 아니라 '정수'로 국민의 소리에 귀를 기울이라는 말을 들어야 할 사람은 공무원들이 아니라 이 대통령 자신입니다. 자신이 들어야 할 말을 늘 남에게만 쏟아내는 대통령이 참으로 안쓰럽기만 합니다. 지금 이 대통령에게 꼭 필요한 말은 소크라테스의 교훈인 '너 자신을 알라'가 아닐까요? 4대강 사업은 그 모든 내용이 국민을 속이기 위한 꼼수입니다. 국민의 소리에 귀를 기울이라고 훈수하던 대통령이 4대강을 반대하는 국민의 소리에는 귀를 막고 4대강을 죽이고 물을 썩게 만들고 있는 것입니다. "어찌하여 형제의 눈 속에 있는 티는 보고 네 눈 속에 있는 들보는 깨닫지 못하느냐_{마태복음 7장 4절}"던 예수님의 말씀이 지금 이명박 장로님께 꼭 필요한 것 같습니다.

구미에 취수대란이 일어난 까닭은?

　　취수원 이전을 염려하는 구미시에 지난 2011년 5월 8일 엄청난 취수대란이 발생했습니다. 4대강 사업으로 인한 무분별한 낙동강 준설로 구미 시민들에게 식수를 공급하던 구미 해평 취수장 가물막이가 붕괴해 수돗물이 단수되었던 것입니다. 무려 5일 동안이나 지속된 단수로 50만 명이 넘는 시민들이 먹고 씻을 물이 없어 상상할 수 없는 고통을 겪었습니다. 5일 동안 물 부족 대란을 겪은 구미 시민들의 힘겹던 이야기들이 인터넷에 속속 올라왔습니다.

　"지금 구미는 지옥이나 다름없다. 도저히 살 수 없다."

　"화장실도 못 가고 마실 물도 없다."

‖5일간의 단수로 고통받는 시민들. 물을 받기 위해 줄을 서 있는 모습입니다. 물을 확보한다는 4대강 사업 덕에 먹고 씻을 물조차 없다니 더 기가 막힙니다. (사진 : 오마이뉴스)

‖5일간의 단수로 씻는 것은 생각지도 못하고 음식 그릇과 빨래가 가득 쌓여 있는 모습입니다. (사진 : 오마이뉴스)

"며칠 동안 씻지도 못하고 주방에는 설거지가 잔뜩 쌓여 있다."

"슈퍼마켓에도 이미 생수가 떨어져 식수도 없다."

"배달음식점은 물론이요, 식당 대부분 영업을 중단한 상태라 끼니도 걱정이다."

구미 시민들의 고통은 이뿐만이 아닙니다. "지금 구미 거리에는 시민들의 대변이 여기저기에 방치된 상태다. 오죽했으면 거리에 나와 대변을 봤을까"라는 글은 5일 동안 지속된 단수로 인한 구미 시민들의 고통이 극에 달했음을 보여줍니다.

구미 해평 취수장의 단수는 이미 예견된 사고였습니다. 무분별한 준설로 취수장에 사고가 발생하리라고 전문가들이 계속 지적해왔기 때문입니다. 2009년 9월 국토해양부가 발표한 '4대강 사업에 따른 취수 문제 해소 방안 연구보고서'조차 낙동강 준설로 발생할 수 있는 구미 해평 취수장의 취수 사고 방지를 위한 구체적 대책을 제시한 바 있습니다. 그러나 수자원공사는 보고서가 제시한 대책을 제대로 마련하지 않았습니다.

구미 시민들의 고통을 초래한 해평 취수장 붕괴는 고작 봄비에 발생했습니다. 구미시의 단수 사태는 '천재天災'가 아니라 '이명박 대통령 임기 안 완공'이라는 목표를 이루기 위해 안전을 무시한 '인재人災'였습니다.

구미풀뿌리희망연대는 단수 사태로 피해를 입은 구미·칠곡·김천 주민 1만 7,649명의 위임장을 받아 지난 6월 23일 한국수자원공사에 손해배상 청구 소송을 제기하며 다음과 같이 밝혔습니다.

> "이번 단수 사고가 천재지변처럼 불가항력적인 것이 아니라 취수원의 안전한 관리 소홀과 부실한 사고 수습으로 발생한 인재이기에 응분의 책임을 묻지 않을 수 없다. 따라서 1만 7,649명의 시민들은 구미시와 한국수자원공사를 상대로 손해배상 소송을 진행하고자 한다.
>
> 이번 소송은 개개인의 피해에 대한 손해배상만을 위한 것이 아니라, 공공기관의 과실과 무책임한 대응으로 인해 발생한 집단적 피해에 대하여 주민 스스로 문제를 제기하고 권리를 찾기 위함이며, 책임을 물어 사회적 경종을 울리고 재발을 방지하기 위한 공공의 이익을 위함이다.
>
> 또한 법률적 책임관계의 증명 관계로 소송 대상에서 배제하기는 했으나

사고의 위험에도 무리하게 4대강 사업을 벌여온 국토해양부 등 정부가 이번 단수 사태에 매우 큰 책임이 있음을 밝혀둔다."

특히 구미풀뿌리희망연대는 이번 단수 사태에서 보듯, 구미시로의 취수원 광역화 사업은 만에 하나 사고가 발생할 경우 상상할 수 없는 대혼란이 발생한다며 "대구 취수원 이전을 통한 광역상수도 확장 저지 운동도 더 적극적으로 전개할 것"이라고 앞으로의 활동 계획도 밝혔습니다. 낙동강에 10억 톤의 물을 가득 채워놓고 취수원을 이전하는 4대강 사업의 모순을 강하게 경고하는 것입니다.

'썩은 물' 취수대란은 어찌할꼬?

구미 단수 사태로 시민들이 많은 고통을 받았습니다. 그러나 4대강 사업이 초래하는 문제는 그것으로 끝이 아닙니다. 앞으로 4대강 사업으로 물이 썩게 되면, 지금과는 비교할 수 없는 심각한 취수대란이 발생할 수 있기 때문입니다.

많은 물을 확보하여 수질을 개선한다며 모래를 파고 16개의 거대한 댐을 만들었습니다. 이명박 대통령은 4대강 댐을 세우는 근거로 '큰 물그릇론'과 '희석론'을 내세웠습니다. 우리나라 강이 너무 작으니 준설하고 댐을 건설하여 강을 큰 물그릇으로 만들고, 비가 와서 물이 희석되면 수질이 개선된다는 것입니다. 과연 이 대통령의 주장처럼 큰 물그릇론과 희석론으로 4대강 물이 맑아질까요?

우리는 큰 물그릇인 여의도 앞 한강이 대장균이 득실거리는 똥물이라

취수장이 단 하나도 없다는 걸 잘 알고 있습니다. 이명박 대통령님, 4대강 사업이 정말 수질 개선을 위한 사업이라고요? 그렇다면 이명박 전 현대건설 사장님의 작품인 여의도 앞 똥물 먼저 맑게 해보시지요.

한강의 똥물 외에도 4대강의 어두운 미래를 보여주는 증거는 많습니다. 이명박 대통령이 늘 강조하는 '녹색' 가득한 대청댐입니다. 그러나 녹색은 녹색이되 '생명의 녹색'이 아니라 '죽음의 녹색'입니다. 대청댐에 녹조가 가득하여 수질 오염을 막기 위해 황토를 뿌리는 현장입니다.

한 폭의 그림처럼 멋진 이 녹색은 70년 만에 폭우가 내린 2009년 8월 1일의 대청댐 사진입니다. 대청댐은 4대강보다 더 큰 물그릇입니다. 여기에 70년 만에 기록적인 폭우가 왔습니다. 이 대통령의 큰 물그릇론에 따르면 70년 만에 내린 폭우가 그친 대청댐은 청옥처럼 맑아야 합니다. 그러나 대청댐은 청옥이 아니라 국민의 생명을 위협하는 녹조로 뒤덮여 식수 비상이 걸렸습니다. 이 대통령은 환경 파괴에 앞장서면서 입으로는 늘 '녹색'을 이야기합니다. 아하, 이 대통령이 말씀하시는 '녹색'이란 환경 파괴로 발생하는 '죽음의 썩은 녹색'을 의미하는 것 아닐까요? 42년간의 독재로 국민을 괴롭히다 최근 쫓겨난 리비아의 카다피도 녹색을 좋아해서 늘 '녹색 광장'에서 연설을 했고, 국기도 녹색이었습니다. '지구의 친구' 말레이시아 회장인 S. M. 모드 아이드리스는 "녹색이 유행이 된 지금, 우리는 '녹색'을 내건 제품이나 기술, 사회단체에 유혹되지 않아야 한다. 사실 그러한 것들은 위장술에 불과하다. 우린 '녹색'이라는 미사여구가 힘을 가진 자의 손에 의해 사용되어 사람들을 혼란시키고 기만하는 것을 우려한다"고 경고한 바 있습니다.

많은 사람들은 비가 온 뒤에 물이 맑아진다고 생각합니다. 그러나 사실은 오히려 정반대입니다. 비가 온 뒤에 강의 수질은 몇 십 배 더 나빠진다

∥70년 만에 내린 폭우가 그친 뒤의 대청댐의 모습입니다. 식수 비상으로 황토를 뿌리고 있습니다. 대한민국의 댐들은 비가 온 뒤에 이렇게 녹조가 발생하여 황토를 뿌리는 일을 반복하고 있습니다. 비가 오면 물이 맑아지는 것이 아니라, 더 악화됩니다. 그러나 흐르면 아무 문제없지요. 흐르지 못하고 갇혀 있기 때문에 발생하는 문제입니다. 앞으로 4대강 댐에서 벌어질 내일의 모습입니다. (사진 : 이민희)

고 많은 보고서들이 증명하고 있습니다. 비가 오면 도로와 도시와 농경지의 오염원들이 모두 강으로 쓸려 들어오기 때문입니다. 강에 댐이 없으면 강으로 유입된 오염원들이 그냥 흘러 지나가지만, 댐을 세우면 그 안에 갇혀 물이 썩기 때문입니다. 대한민국 하천 오염의 70퍼센트는 도로와 도시와 농경지에서 발생하는 비점오염원이라고 환경부 조사 자료도 밝히고 있습니다.

많은 사람들은 "4대강에 물이 많은데 설마 물이 썩겠어?"라고 의아해합니다. 그러면 대청댐의 그 많은 물이 폭우가 그친 며칠 만에 왜 썩기 시작했을까요? 왜 전국의 댐과 저수지마다 비가 온 뒤에 녹조 비상이 걸려 황토를 뿌리는 것일까요?

전국 하천을 조사한 국내 수질 전문가인 강원대 김범철 교수는 〈한강 상류 고령지 농업지대에서의 강우 시 비점오염 유출 특성〉이란 논문에서 집중호우 뒤의 수질 악화 원인을 다음과 같이 지적하고 있습니다.

> "우리나라는 몬순 기후의 영향으로 여름철에 강우가 집중하고 있으며…… 이 시기에 유출된 비점오염원은 하천 및 호수의 생태계 교란, 부영양화 등에 영향을 준다. 특히 강우의 집중화로 인해 청정 하천으로 여겨지던 한강 상류 유역은 탁수 발생으로 수질이 악화되고 있으며, 하천과 호수로 유입되어 생태계에 심각한 영향을 주고 있다."

집중호우 뒤에 강의 수질이 더 오염된다는 것은 이론이 아니라 대한민국의 현실입니다. 4대강 사업이 내세우는 큰 물그릇론과 희석론은 무지의 소산입니다.

'언제, 썩느냐!'는 시간문제일 뿐

　　강의 수질은 '물의 양'보다 '흐르는 속도' 유속가 더 중요합니다. 4대강 사업으로 16개의 댐을 세워 물이 정체되면 4대강이 여의도 앞 한 강처럼 대장균 가득한 똥물이 되는 것은 시간문제입니다. 댐 건설로 강의 흐름이 지체되면 녹조류가 번성하게 됩니다. 녹조류 중에 특히 남조류는 단 한 개의 세포가 일주일 후에 1,000여 개, 2주일 후에는 무려 120만여 개로 불어나는 엄청난 번식 능력을 가지고 있습니다. 물속에 번식하는 남조류는 수돗물을 만들 때 염소와 반응하여 발암물질을 만들어낼 뿐만 아니라, 물맛과 냄새를 나쁘게 만들기도 합니다. 특히 남조류는 사람에게 간독소로 작용하여 간질환과 간암을 유발시킵니다.

　　인체에 유해한 남조류균이 발생하지 않기 위해서는 강물이 흘러야 합니다. 4대강 사업은 수질 개선이 아니라, 결국 강물을 오염시켜 국민의 생명을 위협하는 재앙에 불과합니다.

　　4대강 사업 후에 "수질이 개선될 것인가?" 아니면 "수질이 더 악화될 것인가?"라고 묻는 것은 선택의 문제가 아닙니다. 물이 썩는 것은 너무도

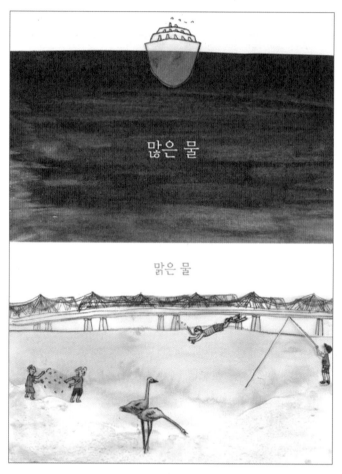

많은 물

맑은 물

우리에게 필요한 것은 유람선이나 떠다니는 썩은 '많은 물'이 아니라 철새들이 날아오고, 우리 아이들이 손과 발을 담글 수 있는 '맑은 물'입니다. 4대강 사업은 금빛 모래 가득했던 '맑은 물'을 썩은 많은 물로 만드는 재앙입니다. (그림 : 여성주의저널 일다)

당연한 귀결입니다. 단지 언제 썩게 될지는 '시간문제'일 뿐입니다.

수질 개선을 주장하는 4대강 사업이 진실임을 규명하려면 이 대통령은 한강물에 왜 대장균이 득실대는지, 잠실대교 위의 구의·자양 취수장이 잠실보의 그 많은 물을 놔두고 1,800억 원을 들여 왜 상류로 이전하고 있는지 그 이유를 설명해야 할 것입니다.

여의도 앞 한강엔 많은 물이 있음에도 불구하고 물이 더러워 단 하나의 취수장도 없습니다. 잠실보의 물이 항상 넘치고 있음에도 구의취수장과 자양취수장을 상류로 이전하는 것은 조만간 4대강에 벌어질 썩은 똥물의 재앙을 미리 보여주는 것입니다. 16개의 대형댐을 건설하는 4대강 사업 덕에 4대강의 물은 썩고 취수원을 새로 옮겨야 하는 재앙이 우리를 기다리고 있을 뿐입니다. 물이 부족해서가 아니라, 물은 많으나 그 물이 썩어 국민의 생명을 위협하기 때문입니다. 우리에겐 유람선이나 떠다니는 썩은 '많은 물'이 아니라 아이들이 손과 발을 담글 수 있는 '맑은 물'이 필요할 뿐입니다.

'많은 물'이 아니라
'맑은 물'이 필요하다

'많은 물'을 강조하는 4대강 사업의 미래는 한강에서 쉽게 찾을 수 있습니다. 호수처럼 드넓은 한강엔 언제나 물이 가득하고 유람선이 유유히 떠다닙니다. 한강종합개발사업으로 한강의 모래를 깊이 준설해 수로를 만들고, 김포에 신곡수중보와 잠실대교 아래 잠실수중보를 세운 덕입니다.

이명박 대통령이 4대강 사업의 모델로 제시한 한강! 이토록 물이 많은 한강은 얼마나 깨끗해졌을까요? 한마디로 한강은 똥물입니다. 지금 잠실수중보에서 여의도를 지나 김포 신곡수중보에 이르는 그 많은 한강 물에 취수장이 단 하나도 없습니다. 이것은 한강물이 얼마나 더러운지 그 심각성을 증명하는 것이지요.

한강의 심각한 수질 상태는 지난 2010년 2월 10일자 《조선일보》가 '종이 컵 반 잔 정도에 대장균이 최대 10만 마리가 넘게 득실득실 된다'며 한강의 똥물 상태를 장문의 특집 기사를 통해 자세히 보도했습니다.

"2,300만 수도권 주민의 젖줄인 한강의 수질이 10~15년 만에 최악의 상황에 빠졌다. 단일 상수원으로는 세계 최대 규모로 꼽히는 팔당호부터 하구 가까이의 행주대교까지 60여km 되는 한강 본류 전체가 종이컵 반 잔 정도 물에 대장균이 많게는 10만 마리가 넘게 득실대는 '수질 비상'에 걸린 것이다.

9일 환경부의 '2009년 하천 수질측정 자료'에 따르면, 작년 팔당호의 연평균 수질은 COD 화학적산소요구량 기준 4.0ppm 피피엠, 100만분의 1을 나타내는 단

∥4대강 사업의 모델인 한강. 물은 많아 유람선이 떠다닙니다. 그러나 이곳에는 취수장이 단 하나도 없습니다. 물이 썩어 먹을 수 없기 때문입니다.

위으로, 환경부가 통계를 작성한 1994년 2.9ppm 이후 가장 나빴던 것으로 나타났다.

서울·경기도 주민들의 수돗물 원수原水로 공급되는 광진교 인근 한강물은 BOD·COD가 각각 2.5ppm과 5ppm으로 1994년 이래 최악이었고, 암사동 인근 한강물은 COD 4ppm으로 1998년 이래 가장 나빴다. 상수원으로 쓰이지 않는 나머지 한강물도 하류로 내려갈수록 나빠져 가양·행주대교 근처에선 COD가 7ppm을 넘겼다. 이 역시 1998년 이후 최악의 수치다. 수질 관련 법령에 따르면 COD 7ppm을 초과한 4등급 물은 생활용수로는 못 쓰고 농업용수나 '고도高度로 정수 처리해야 공업용수로 사용'할 수 있는 수준에 해당한다.

물속에 든 각종 병원균이 더 심각한 문제라는 지적도 많다. 강원대 김동욱 교수환경공학는 '현재 한강 수질의 가장 큰 문제점은 대장균으로 인한 오염'이라며 '이런 상태를 방치할 경우 수돗물에 대한 불신이 깊어지는 것은 물론 수영·뱃놀이 같은 친수親水 활동도 위험할 수 있다'고 말했다."

더는 생명이 살 수 없게 된 한강

이명박 대통령이 4대강 사업의 모델로 제시한 한강이 얼마나 심각한 똥물 상태인지 잘 보여주는 끔찍한 현장을 발견했습니다. 동작대교 바로 아래입니다. 수면에는 어두운 색의 시퍼런 녹조가 가득하고, 코를 들 수 없을 만큼 악취가 진동했습니다. 녹조 사이사이엔 새빨간 실지렁이들의 가느다란 몸이 흐물대고 있었습니다.

혹시나 실지렁이가 아니라, 뱀장어 새끼일지도 모른다는 생각에 정확한 사실 확인이 필요했습니다. 뱀장어는 바다에 나가 알을 낳고 실 가락 같은 새끼가 다시 강으로 거슬러 올라오는 승강성 어류임을 알고 있었지만, 김포수중보와 잠실수중보에 길이 막혀 바다로 나갈 수 없는 뱀장어들이 혹시 이곳에 알을 낳았는지도 모르겠다는 생각이 들었습니다.

현장 사진을 찍어 민물고기 전문가인 박종영 교수님께 자문을 구했습니다. 실지렁이임을 확인해준 박 교수님의 이어진 설명은 더욱 충격적이었습니다. "실지렁이란 물이 최악으로 썩어 더 이상 다른 생명이 살 수 없을 때 나타나는 최악의 생물 지표종입니다. 이런 최악의 수질 상태는 지금까지 수십 년 연구 생활 중에 돼지 축사 밑에서 딱 한 번 본 적이 있습니다."

30~40여 년 전의 한강이 아니라, 2010년 8월 수도 서울의 한강에서 이런 최악의 수질 상태를 만나다니 그야말로 충격이었습니다. 더욱이 이명박 대통령이 그토록 자랑하며 4대강 사업의 모델로 제시하고 있는 한강인데 말입니다. 변종 운하 댐에 갇혀 썩어갈 4대강의 끔찍한 내일을 보는 것 같이 서글퍼졌습니다.

실지렁이가 가득한 썩은 물 바로 곁 한강에는 허옇게 썩어가는 뱀장어와 파리 떼로 뒤덮인 잉어 사체가 둥둥 떠다니고 있었습니다. 한강은 멀리서 보면 물이 많으니 멋있어 보입니다. 그러나 가까이 다가가보면 물고기 사체들이 줄줄이 널려 있습니다. 청소부들이 수시로 죽은 물고기들을 건져내고 있음에도 한강엔 죽은 물고기 사체로 가득합니다. 그런데 이명박 대통령은 한강처럼 4대강을 만든다니 4대강의 미래가 걱정스러울 뿐입니다. 물고기 사체로 가득한 한강을 아름답다며 4대강의 모델로 제시하는 이 대통령의 안목이 놀랍고, 그 놀라운 이 대통령의 안목을 따라 4대강 죽이기가 강행되어도 침묵하는 21세기의 대한민국 언론의 현실이 더욱 놀랍기만 합니다.

‖뱀장어는 썩어 악취가 진동하고, 잉어 사체엔 파리가 득실거립니다.

‖ 동작대교 바로 곁의 한강입니다. 사람은 강에 들어갈 수 없도록 단절되었고, 물은 썩고, 뱀장어와 잉어 등 물
고기 사체들이 둥둥 떠다닙니다. 이게 바로 이명박 대통령이 아름답다며 4대강 사업의 모델로 제시한 한강의
진실입니다.

'많은 물'이 아니라, '다양한 환경'

이명박 정부는 4대강을 변종 운하로 만들기 위해 물이 많아야

건강한 강이라고 국민을 호도하고 있습니다. 그러나 건강한 강이란 '많은 물'이 아니라, 하천의 '다양한 환경'에서 나옵니다. 복잡하고 다양한 환경이 있어야 여러 종류의 생명들이 강에 깃들고, 서로 다른 습성을 지닌 생명들이 상호 작용하며 수질을 맑게 하는 것입니다.

여기 진짜 '강 살리기' 방법이 있습니다. 2001년 환경부와 건설기술연구원이 주최한 '하천 복원에 관한 심포지엄'이 열린 적이 있습니다. 이 자리에서 미국 오래곤주립대학교 토목환경공학과 피터 클링먼Peter C. Klingeman 교수는 건강한 하천 복원의 진짜 비결을 다음과 같이 제시했습니다.

> "사행지역과 하천 사행을 다시 만들어 하천의 복잡성과 다양성을 향상시켜라. 사주, 여울과 소 등과 같은 복잡한 하천 지형을 다시 설치하라. 생태계의 다양성과 수질관리를 위해 습지를 재조성하라."

강을 다시 살리기 위해서 모래톱과 여울과 소가 반복되는 복잡한 하천 지형과 습지를 재조성하라는 피터 클링먼 교수의 지적에 따르면, 4대강 사업은 명백히 강 죽이기입니다. 4대강 사업은 미국의 강 살리기와 정반대로 습지와 여울과 모래톱을 파괴하여 단순한 수로로 만들었기 때문입니다.

국내 민물고기 최고의 권위자인 김익수 교수님은 "사람들은 많은 물이 많은 물고기를 부양한다고 오해합니다. 그러나 진실은 다양한 물고기들이 맑은 물을 만듭니다"라고 강조했습니다. 다양한 물고기들의 다양한 먹이 습성들이 환경을 깨끗하게 만든다는 것입니다.

바로 여기 '맑은 물'의 정답이 있습니다. '맑은 물'은 '많은 물'과 '많

‖현대건설이 만든 천수만 간월호입니다. 페인트를 칠한 듯 썩은 녹색입니다. 그러나 이 썩은 물에 많은 잉어와 붕어가 살고 있습니다.

은 물고기'가 아니라 '다양한' 물고기들이 만드는 것입니다. 강에 '다양한 물고기'가 살 수 있으려면 다양한 환경이 있어야 합니다. 강을 수로화하여 환경을 단순화시키는 4대강 사업이 얼마나 큰 잘못인지 보여주는 것입니다.

'많은 물고기'와 '다양한 물고기'의 차이를 정확히 알아야 합니다. 많은 분들이 썩은 물엔 물고기가 없다고 오해합니다. 그러나 붕어나 잉어 같은 물고기들은 수심이 깊고 썩은 물에 잘 살아갑니다. 썩은 물엔 먹을 것이 많기 때문입니다.

썩은 물에도 물고기가 많다는 사실은 천수만이 증명합니다. 이명박 전 현대건설 사장님이 농지와 물을 확보한다며 서해안의 생태보고였던 천수만 바다를 막아 간월호와 부남호가 만들어졌습니다. 그런데 간월호와 부남호의 물은 농업용수는 물론이요, 공업용수조차 쓸 수 없는 최악의 수질입니다. 천수만의 썩은 물은 이명박 정부가 주장하는 '많은 물'이 거짓 구호라는 걸 보여줍니다. 특히 이 썩은 물에서 잉어와 붕어 등의 물고기들이 엄청나게 잡히는데, 등과 꼬리가 휘고 머리가 툭 튀어나온 기형 물고기도 쉽게 만날 수 있습니다.

4대강의 수질이 썩을 수밖에 없는 이유

이명박 정부는 하수종말처리장에서 총인 제거 시설을 통해 4대강의 수질을 개선한다고 주장합니다. 총인 시설이 없는 것보다는 있는 게 더 낫겠지요. 그러나 그것이 4대강의 수질 악화를 막을 수는 없습니다. 우리나라 하천 오염의 70퍼센트는 하수종말처리장과 관계없는 비점오염원이기 때문입니다.

낙동강 유역의 경우 내성천, 병성천, 영강, 위천, 감천, 금호강, 회천, 남

∥4대강 사업 후에 수질이 악화될 것을 예언한 언론보도들입니다.

‖낙동강 함안보 바로 곁의 마을을 흐르는 지천이 썩어 있습니다. 이 썩은 물이 낙동강을 오염시키고 있습니다.

강 등 총연장 829.5킬로미터에 이르는 직할하천을 비롯해 총 6,440.2킬로미터에 이르는 805개의 소하천이 실핏줄처럼 연결되어 있습니다. 4대 강의 수질이 썩을 수밖에 없는 이유는 강으로 직접 유입되는 작은 소하천들의 오염을 막을 방법이 없기 때문입니다.

썩은 하천의 원인을 찾는 것은 어렵지 않습니다. 주변 농경지마다 산더미처럼 퇴비와 비료들이 쌓여 있습니다. 낙동강으로 직접 유입되는 크고 작은 하천들마다 악취가 진동합니다. 이렇게 썩은 소하천이 334킬로미터에 이르는 낙동강에 셀 수 없을 만큼 많습니다. 비가 오면 이 썩은 물들이 낙동강으로 그대로 유입되어 낙동강의 수질을 악화시킵니다.

이명박 정부는 4대강의 수질을 개선한다며 4대강변 제방 안에서 농사 짓던 2만 5,000여 명의 농민들을 쫓아냈습니다. 2만 5,000여 명의 농민들을 쫓아냈으니 이제 4대강이 맑아질까요? 아닙니다. 제방 밖의 더 많은 농경지에서 뿌리는 퇴비와 비료와 농약은 막을 방법이 없습니다. 제방 밖 오염원들이 작은 소하천을 타고 강으로 유입될 수밖에 없고, 이들이 바로 강의 수질을 악화시킵니다. 그런데 이명박 정부는 제방 안의 농민들이 하천 오염의 주범인 것처럼 삶터를 빼앗은 것입니다. 무책임한 국가 권력의 횡포이지요.

'자연산' 가득한 안양천으로 놀러오세요

찬바람이 매섭게 부는 안양천에 잉어와 붕어 떼가 시민들의 눈길을 사로잡습니다. 물고기들과 더불어 놀고 있는 철새들도 보는 이들의 즐거움을 더해주고 있습니다. 와우, 저게 다 자연산이라니? 악취 진동하던 옛날 안양천에서는 상상할 수도 없던 진풍경입니다. '자연산'을 특별히 좋아하는 한나라당 의원님들께 꼭 보여주고 싶은 마음입니다.

안양천이 이처럼 생명이 꿈틀거리는 하천으로 다시 거듭난 것은 하수 종말처리장에서 오염된 생활하수를 정화하여 안양천으로 유입시키기 때문입니다. 추운 겨울 한강은 물이 많은데도 꽁꽁 업니다. 보에 갇혀 흐름

‖안양천에 가득한 물고기 떼들. 이 대통령님, 이게 다 자연산이랍니다.

을 잃어버렸기 때문입니다. 4대강 사업으로 강이 호수로 전락하면 흐르지 않는 4대강은 꽁꽁 얼게 될 것이고, 먹을 것을 찾을 수 없는 철새들은 더 이상 4대강에 찾아올 수 없게 됩니다. 4대강 사업은 준설로 수심을 깊게 하는 것과, 보를 세워 물의 흐름을 정지시켜 얼게 함으로써 철새들을 내쫓을 것입니다.

다시 살아난 안양천에서 보듯, 한강물이 예전보다 맑아진 것은 한강으로 유입되는 지천들이 다시 살아났기 때문입니다. 그런데 이명박 대통령은 하수종말처리장 시설을 통한 지천의 수질 개선은 쏙 감춰두고 잠실과 김포에 보를 세워 물이 많아지니 한강물이 맑아졌다며 국민을 기만하고 있습니다.

많은 물을 확보하여 수질을 개선한다는 4대강 사업이 잘못인 이유가 바로 여기에 있습니다. 썩은 물은 아무리 많이 모은들 더 썩을 뿐입니다. 취수장 하나 없는 여의도 앞 한강처럼 악취 진동할 4대강의 미래가 안타깝습니다. 우리에게 필요한 것은 유람선이나 떠다니는 '많은 물'이 아니라 금빛 모래 가득한 '맑은 물'입니다.

‖4대강 공사로 준설이 한창인 낙동강 해평습지입니다. 지천의 썩은 물이 그대로 낙동강으로 유입되는 현장입니다. 지천 오염은 개선할 생각 없이 무조건 강만 파고 있습니다. 조만간 4대강의 썩은 물 재앙이 현실로 닥칠 것입니다.

악법 중의 악법, 친수구역특별법은 무엇인가?

지난 2010년 말 대통령의 거수기로 전락한 한나라당 의원들이 날치기로 통과시킨 것은 형님 예산과 삭감된 복지 예산만이 아닙니다. 국회 상임위에도 상정되지 않은 서울대 법인화법, 아랍에미리트 파병법 그리고 4대강 막개발 악법인 '친수구역특별법'이 있습니다.

'친수구역특별법'이란 4대강변 2킬로미터를 따라 쭈~욱 개발할 권리를 수자원공사에게 부여하는 법을 말합니다. '물장사'하는 기업인 수공에게 4대강변에 땅장사, 집장사를 할 수 있는 특별한 지위를 부여하는 아주 특별한 법이지요. 한나라당 의원들이 주먹을 휘두르며 날치기한 가장 중요한 이유는 이명박 대통령의 어명을 따라 '4대강 예산'과 4대강 사업 완성을 위한 '친수구역특별법'을 사수하기 위해서였습니다.

물장사 수공에게 땅장사 특혜법이 필요한 이유

물장사인 수공에게 땅장사를 위한 특별법이 왜 필요한 것일까요? 4대강의 막개발과 수질 악화를 불러올 망국적인 친수구역특별법이 등장한 배경은 바로 이렇습니다. 지금 대한민국의 나라살림은 400조 원에 이르는 심각한 국가재정 적자로 빚더미에 앉은 위험한 형편입니다. 어려운 나라살림에도 불구하고 자신의 임기 안에 완공하려는 이명박 대통령의 변함없는 운하 소신에 따라 변종 운하인 4대강 사업이 강행되었습니다. 빚더미 나라살림에서 4대강 사업비 22조 2,000억 원을 빼내는 것은 결코 쉬운 일이 아닙니다. 그래서 복지와 교육을 비롯해 지방의 개발 사업 예산들이 줄줄이 삭감되었습니다.

4대강 사업으로 인해 지방의 숙원 사업들이 줄줄이 사라지자 '4대강에 올 인all in 지방경제 올 킬all kill'(2009년 7월 31일, 부산일보)이라며 지방언론들이 4대강 사업의 부당성을 성토하는 보도들을 연일 쏟아냈습니다. 이명박 정부가 위기를 모면하기 위해 생각해낸 꼼수가 바로 수자원공사입니다. 4대강 사업비 22조 원 중 8조 원을 수공에게 떠넘김으로써 지방 사업비 삭감에 대한 원성도 줄이고, 보와 준설공사 8조 원에 대하여 국회심의도 받지 않는 편법을 쓸 수 있었던 것입니다.

문제는 8조 원을 떠안은 수공입니다. 수공은 감사원이 타당성 없는 사업이라고 지적했던 2조 원이 넘는 경인운하까지 떠안아 이미 빚더미 상태입니다. 만약 4대강에 퍼부은 8조 원을 메우지 못하면 수공의 부도는 당연지사입니다. 문제는 수공은 연 매출 2조 원에 순이익 816억 원에 불과한 보잘것없는 기업입니다. 이런 수공에게 8조 원이란 돈은 무려 100년이 지나도 갚지 못할 천문학적인 액수입니다. 더 놀라운 일은

8조 원에 대한 연간 이자만 2,500~4,000억 원에 달합니다. 이명박 대통령이 얼마나 무모한 꼼수를 쓰고 있는지 잘 보여주는 증거입니다.

갚을 능력조차 없는 기업에게 8조 원을 빌리기 위한 또 하나의 꼼수가 등장합니다. 수공이 떠안은 빚 8조 원에서 몇 년간 발생할 이자 1조 5,000억 원을 정부가 대신 납부해주기로 한 것입니다. 참 치졸하고 못된 정부입니다. 8조 원의 총 이자 1조 5,000억 원은 누구 주머니에서 나오는 것일까요? 매년 청계천 유지관리비로 국민 혈세 100억 원이 투입되는 것과 같은 이치입니다.

2010년 말 한나라당의 날치기 예산 중에는 수공이 물어야 할 2011년도 이자 2,500억 원도 포함되어 있었습니다. 이명박 대통령께 충성하는 수공의 이자를 갚아주느라 배고픈 결식아동 밥값과 영유아 예방 접종비가 줄줄이 삭감되었습니다.

더 놀라운 것은 정부가 수공 대신 갚아주는 이자 1조 5,000억 원은 4대강 사업비 22조 2,000억 원에 포함되어 있지 않다는 사실입니다. 4대강 사업은 22조 원이 전부가 아닙니다. 4대강 사업에는 숨어 있는 예산이 끝도 없습니다. 결국 4대강 사업은 22조 원이 아니라, 얼마로 불어날지 아무도 모릅니다. 4대강 사업은 생명의 강도 파괴하고 국가 재정도 거덜내는 망국의 사업입니다.

역시 4대강 사업은 대국민 사기극이었어!

이명박 대통령은 '물류'를 위해 한반도 대운하를 추진했습니다. 그러나 대운하에 운반할 물동량이 없다는 사실이 들통 나자 '관광'

여론 부딪힌 MB '대운하 명분쌓기' 포석

이명박 대통령이 대선 과정에서 야심차게 내놨던 대운하 공약은 이제 '치수' 쪽으로 성격이 바뀌었다.

여론의 풍향에 따라 대운하의 성격이 물류에 방점을 두었으나, 경제성 논란이 붙으면서 관광 성격이 가미됐다. 그러다가 이젠 수질 개선을 핵심으로 하는 치수 쪽으로 변하고 있는 것이다.

한반도 대운하 공약이 공식 발표된 것은 2006년 10월이었다. 이 대통령은 유럽을 방문한 자리에서 운하 프로젝트를 공개한 후 "기술적 검토가 끝났으며 시작 후 4년 이내에 완공할 수 있다"고 자신했다. 그 다음 달엔 "대운하가 국운융성의 계기가 될 것"이라며 물류적 측면의 경제성을 집중 부각시켰다.

하지만 다음해 대선 경선과 본선 과정에서 이 대통령은 반대 측으로부터 '뭇매'를 맞았다. 작년 5월 한나라당 경선 후보 정책토론회에서 '독극물' 발언으로 논란의 불은 붙었다. 이어 물류비와 관련한 경제성

∥4대강 사업은 국민을 속이기 위한 말 바꾸기의 귀재입니다. 대운하가 치수로 포장하여 4대강 살리기로 둔갑했습니다. 포장만 바꾼 운하, 4대강 사업의 진실입니다.

으로 그 명목을 바꿨습니다. 그러나 관광도 허구로 증명되자, 이젠 '치수'로 이름만 바꿔 4대강 사업을 강행했습니다.

그러나 이명박 정부의 초대 기획재정부 장관을 역임한 강만수 씨는 지난 2011년 2월 16일 한국경영자총협회 특별 강연에서 "4대강 사업의 목적은 치수가 아니라 호텔과 레저를 위한 사업"이라고 4대강 사업의 진실을 밝혔습니다. 홍수와 물 부족을 대비하기 위함이라던 이명박 대통령의 주장이 대국민 사기극이었음을 만천하에 고백한 것입니다.

4대강 사업이란 '한강처럼' 만드는 것이라는 이명박 대통령의 발언에 모든 진실이 담겨 있습니다. '한강처럼'이란 강 살리기가 아니라 운하를 만드는 강 죽이기요, 강변에 아파트로 가득 채우는 땅 투기요, 막개발이라는 사실입니다. 바로 이런 투기와 개발을 위해 치수라는 이름으로 국민을 속여 4대강 사업을 벌인 것입니다.

│ 이명박 정부가 추진하는 4대강 조감도입니다. 강변 아파트로 가득할 4대강의 암울한 미래가 보입니다.

친수구역특별'악'법으로 만들어갈 4대강의 미래

　　4대강 사업 후에 우리의 강이 어떻게 될지 많은 분들이 궁금해 합니다. 그래도 정부가 하는 일인데 강을 죽이기야 하겠어? 막연한 기대와 희망을 가져보기도 합니다. 여기 이명박 대통령이 꿈꾸는 4대강의 미래가 있습니다.

　　2010년 4월 2일 한나라당이 4대강 개발을 위한 친수구역특별법 세미나를 개최했습니다. '수변 공간의 환경친화적 조성 방안'이라며 발표된 자료에 4대강 개발의 모델로 캐나다의 밴쿠버, 독일의 함부르크, 스웨덴의 함마르비, UAE의 사디야트 아일랜드, 일본의 고베 등을 제시하고 있습니다. 놀라운 것은 이명박 정부가 4대강의 모델로 제시한 모든 외국 도시들은 하나같이 수변에 아파트로 가득합니다. 숨 막힐 듯 아파트로 둘러싸인 지금의 한강과 다를 바가 없습니다.

특히 4대강 개발의 모델 중 하나인 독일 함부르크는 엘베강 하류에 있는데 강폭이 무려 8~13킬로미터에 이를 정도로 드넓은 운하 도시입니다. 정부가 모델로 제시한 함부르크의 사진과 똑같은 지점을 찾아보니 퀸 마리QUEEN MARI 2호라는 거대한 유람선과 화물선들이 떠 있습니다. 심지어 잠수함도 있었습니다. 이곳은 친환경 도시가 아니라 운하 도시임을 쉽게 알 수 있었습니다. 이명박 대통령이 간절히 꿈꾸는 4대강의 미래, 그것은 화물선이 둥둥 떠다니는 운하입니다. 강변을 아파트로 가득 채워 강의 숨통을 끊어놓고 건설업자들의 주머니를 가득 채워주는 것이 바로 4대강의 미래요, 이명박 대통령의 평생 신념이었던 것입니다.

강물은 썩고, 멀쩡한 공기업은 부도나고

4대강 사업에 8조 원을 투입한 수공이 부도를 면하려면 4대강변에 얼마짜리 공사판을 벌여야 할까요? 전문가들은 수공이 8조 원의 순이익을 남기려면 최소 100조 원에서 200조 원에 달하는 공사를 해야 한다고 지적합니다.

앞으로 200조 원짜리 땅장사와 집장사가 4대강변에서 벌어진다면, 과연 4대강변엔 남아 있을 아름다운 자연이 있을까요? 수공의 막개발로 인해 아름답던 자연 풍광과 강변에 묻혀 있던 우리 역사와 문화재는 영구히 사라져버리고, 흉물스런 아파트와 고급 별장들과 놀이공원들이 차지할 것입니다. 과거 건설업의 돈이 정치권으로 많이 흘러 들어갔지요. 4대강 막개발에서 정치권으로 떨어지는 부스러기들은 얼마나 될까요? 밥상에서 떨어질 떡고물을 기대하며 대한민국 역사 이래 최대 국토 파괴 악법을 날치기로 통과시킨 것은 아닌지 참으로 궁금해집니다.

이명박 대통령은 업무 중복이 기업의 방만한 경영과 경영 부실화를 초래하는 요인이라며 '공기업 선진화' 구호 아래 토지공사와 주택공사를 토지주택공사LH로 합병했습니다. 그런데 친수구역특별법으로 이제 수공은 강변에서 주택건설은 물론이요, 관광레저, 산업·유통시설의 설치 및 운영 등 모든 개발 사업을 할 수 있습니다. 이는 수공의 업무영역이 아니라, 토지주택공사의 영역을 침해하는 것으로서 이명박 대통령의 공기업 선진화 정책을 스스로 역행하는 것입니다.

4대강 파괴에 앞장선 수공의 앞날은 어떻게 될까요? 4대강변에 200조 원짜리 공사판을 벌이면 8조 원의 빚을 다 갚을 수 있을까요? 불가능합니다. 최근 건설 경기 불황으로 정부가 온갖 특혜를 남발한 끝에 미분양 아파트가 14만 채에서 겨우 10만 채로 줄었습니다. 요즘 미분양 아파트가 남아돌고 건설사가 줄줄이 부도나고 있습니다. 만약 수공의 집장사가 미분양이라도 된다면 수공의 빚은 더 늘어날 뿐만 아니라, 수공의 앞날은 파산밖에 없습니다. 문제는 수공이 공기업이니 수공의 부실을 국민 혈세로 메워주는 악순환이 또다시 반복된다는 사실입니다.

친수구역특별법으로 초래될 수공의 부실 염려는 조금만 생각 있는 사람이라면 쉽게 예견할 수 있는 일입니다. 친정부 성향의 기사를 많이 쓴 《조선일보》조차 수공의 미래를 걱정하고 있습니다. 《조선일보》는 2010년 9월 10일 '4대강 부채 떠안은 수공 운명'이란 칼럼에서 수익이 발생하지 않는

4대강 사업에서 수공이 8조 원을 메울 방법이 요원하다며, 정부 말만 듣다가 하루 이자만 100억 원이라는 엄청난 빚더미에 앉은 토지주택공사처럼 수자원공사 또한 앞날이 참으로 불투명하다고 우려했습니다.

친환경 개발? 환경 파괴 재앙입니다

이렇게 미래가 불투명한 기업이 벌일 4대강의 미래는 어찌될지 생각만 해도 끔찍합니다. 부도를 면하기 위해 온갖 막개발로 4대강이 난장판이 될 것이 너무도 분명하기 때문입니다. 아파트를 짓기 위해 아름다운 경관을 자랑하던 강변은 포클레인의 삽질 아래 갈기갈기 찢겨나갈 것입니다.

이명박 정부는 4대강 사업 후 강변 난개발을 방지하기 위해 수공을 통해 친환경 개발을 하겠다고 주장합니다. 과연 수자원공사가 환경을 배려하는 친환경 기업일까요? 우리는 이미 수공이 처참하게 파괴한 4대강 공사 현장을 잘 알고 있습니다.

하나를 보면 열을 알 수 있다는 말이 있습니다. 수공의 막개발로 무참히 파괴된 대부도의 현실이 4대강의 미래가 될 것입니다. 죽음의 호수였던 시화호가 바닷물 유통을 통해 물이 맑아지자, 시화호는 세계적인 멸종 위기종인 노랑부리저어새를 비롯하여 수많은 철새가 찾아오는 철새의 낙원이 되었습니다. 그런데 시화호 중에서도 철새들이 가장 많이 찾아오는 북쪽 갯벌을 수공이 2008년부터 멀티테크노단지라는 신도시 조성 공사를 하고 있습니다.

수공이 신도시 조성을 위해 시화호에 매립하는 갯벌과 호수 면적은 길

‖수공이 철새 낙원이던 시화호 갯벌을 매립해 신도시를 조성하는 공사 현장입니다.

이 8킬로미터, 폭2~3킬로미터입니다. 이 넓은 면적을 매립하기 위해 인근에 있는 대부도에서 산을 헐어 흙을 퍼왔습니다. 포도 생산지로 유명했던 대부도는 수공이 산을 송두리째 파괴한 덕에 황폐해졌습니다. 수공의 만행에 참다못한 대부도 주민들이 분노하기 시작했습니다. 공사 현장 근

‖수공의 막개발로 몸살을 앓고 있는 대부도 주민들의 처절한 절규입니다. 이 절규는 대부도에서 그치는 것이 아니라 4대강변에서 똑같이 재현될 것입니다.

처에는 수공의 환경 파괴 만행을 규탄한다는 대부도 주민들의 절규로 가득했습니다.

　수공의 환경 파괴 재앙은 이것으로 끝나지 않았습니다. 수공이 매립하고 있는 시화호에서 지난 2008년 11월, 1,000마리에 이르는 철새들이 떼죽음을 당했습니다. 친환경 기업이라는 수공의 공사 현장에는 처참하게 죽은 철새들의 시체들이 널려 있었습니다. 아직 살아남았지만 코에서 붉은 피를 흘리며 고통스럽게 신음하는 청둥오리도 있었습니다. 참으로 눈 뜨고 보기 힘든 참혹한 광경이었습니다.

시화호에서 철새들이 왜 떼죽음을 당했는지 그 원인을 쉽게 찾을 수 있었습니다. 수공이 갯벌을 매립하는 과정에 순환골재라 부르는 건축폐기물을 15톤 트럭 8,000대 분량이나 이곳에 성토재로 매립했고, 폐시멘트에서 유독성 침출수가 발생하여 갯벌로 흘러 들어간 것입니다. 수공은 시화호의 수질을 오염시키는 폐시멘트를 걷어내라는 시민단체의 요구를 무시한 채, 더 이상의 폐시멘트 반입을 중단한다는 임시방편으로 사태를 마무리 지었습니다. 앞으로 지반이 안정화되는 몇 년간은 폐시멘트 침출수로 시화호의 지하수 오염은 계속될 것입니다. 이런 친환경 기업 수공이 앞으로 4대강변에 가져올 막개발과 환경 파괴는 너무도 뻔한 일 아닐까요?

강변의 사유재산화를 막아야 합니다

멀쩡한 공기업을 대통령의 쌈짓돈처럼 쓰며 부실기업을 만드는 나라! 권력의 거수기가 되어 국토를 파괴하는 악법에 온몸 던져 헌신하는 국회의원들이 집권여당인 나라! 참 서글픈 대한민국의 현실입니다.

지금까지의 4대강 사업은 제방 안의 강을 파괴하는 사업이었다면, 친수구역특별법으로 벌어지는 사업은 제방 밖의 아름다운 강변을 파괴하는 재앙이 될 것입니다. 제방 안의 파괴된 강은 수문을 열어 물길이 다시 흐르기 시작하면 생명의 강으로 회복될 수 있습니다. 그러나 수공이 친수구역특별법으로 강변을 개발하기 시작하면 제방 밖의 강변은 복원하기 힘들어진다는 사실입니다. 강변이 개발로 사유재산이 돼버리면 더 이상 돌이키기 힘들기 때문입니다. 4대강에 거대한 괴물 보가 완공되었다 할지

∥ 수공이 신도시 조성을 위해 시화호를 매립하고 있습니다. 이 때문에 철새의 낙원이었던 이곳이 순식간에 황폐해졌습니다. 코에서 시뻘건 피를 흘리며 고통스럽게 신음하는 청둥오리가 4대강의 재앙을 미리 보여주는 듯합니다.

라도, 4대강을 지키기 위한 우리의 노력을 다시 시작해야 하는 이유입니다. 생명의 강을 영원히 파괴하는 친수구역특별법이라는 악법 폐지를 위해 지금부터 다시 힘과 지혜를 모아가야 할 때입니다.

보를 없애면
물고기가 돌아온다

산란을 위해 바다에서 돌아온 연어들로 가득한 울산 태화강은 생명으로 출렁입니다. 발목 정도로 수심이 낮은 태화강에 연어들이 무리를 지어 헤치고 다니는 모습은 가히 장관입니다. 보통 큰 물고기를 '어른 팔뚝만 하다'고 비유하지만, 태화강의 연어들은 이 표현으로는 한참 부족합니다. 팔뚝이 아니라 어른 다리만 하다고 해야 할 만큼 크고 힘도 셉니다.

오염의 대명사였던 태화강이 '태화강 살리기'로 연어가 돌아오는 생명의 강으로 거듭났습니다. 태화강 살리기로 돌아온 것은 연어만이 아닙니다. 다시 살아난 강을 찾아 날아온 철새들로 북적입니다.

오염되었던 강이 '태화강 살리기'로 이렇게 살아났기 때문일까요? 이명박 대통령은 제18차 라디오 연설에서 "완전히 죽었던 태화강을 준설해서

▎산란을 위해 바다에서 태화강으로 돌아온 연어입니다. 태화강은 보를 허물자 연어가 돌아오기 시작했습니다.
그러나 4대강 사업은 태화강 살리기와는 정반대로 16개의 거대한 보를 쌓아 올리고 있습니다.

▎태화강에 깃들어 살아가는 철새들입니다.

물을 풍부하게 하고 환경 친화적으로 강을 정비하고 나니까 이제는 울산의 아주 보물이 되었습니다. 누가 저보고, 태화강에서 요즘 수영을 못한다고 하기에, 왜 못하냐고 했습니다. 그랬더니 물고기가 너무 많아서 헤엄치기 어렵다고 이야기하기에 우리 모두 함께 웃었습니다. 4대강 살리기도 바로 그런 목적입니다"라며 다시 살아난 태화강을 통해 4대강 사업의 타당성을 강조했습니다.

1미터짜리 태화강 보 철거와 10미터짜리 낙동강 보 건설

바다에 살던 연어가 태화강에 돌아올 수 있었던 것은 태화강의 물길을 막고 있던 '보'를 철거했기 때문입니다. 태화강 살리기의 핵심 사업은 지천 오염원 차단과 더불어 '보' 철거입니다. 물고기 길을 막고 있던 보를 철거하니 연어가 마음껏 태화강으로 돌아올 수 있었던 것입니다.

그런데 이명박 대통령은 '태화강 살리기'처럼 4대강을 살린다면서 보를 철거한 태화강 살리기와는 정반대로 무려 16개의 보를 건설했습니다. 태화강을 살리기 위해 철거된 보는 높이 1미터에 불과한 작은 규모였습니다. 울산시가 보를 철거한 후 태화강의 생태와 수질 변화를 조사한 '태화강 방사보 철거 이후 생태, 수질환경 영향조사 및 평가'라는 보고서를 발표했습니다. 이 보고서에 따르면 1미터에 불과한 보로 인해 태화강에 홍수가 더 발생하고, 수질이 악화되어 철거하게 되었다고 밝히고 있습니다.

16개의 대형 보를 건설하는 4대강 사업은 보를 철거한 태화강 살리기와는 정반대입니다. 그래서 4대강 사업을 '4대강 죽이기'라고 이야기하는 것이지요. 심지어 4대강 중 낙동강에 건설되는 보의 규모는 합천보만을 제외하곤 전부 10미터가 넘는 대형댐 규모입니다. 낙동강에 건설되는 보가 이렇게 크니 낙동강의 평균 수심도 약 8.3미터로 덩달아 깊어졌습니다.

이름	함안보	합천보	달성보	강정보	칠곡보	구미보	낙단보	상주보
높이(m)	13.2	9.0	10.5	11.5	12.0	11.0	11.5	11.0
수심(m)	8.6	8.9	8.9	9.3	7.9	7.5	7.7	7.4

태화강이 1미터에 불과한 보로 인해 수질이 썩고 홍수가 더 유발되었다면, 10미터가 넘는 보를 세우는 낙동강에서는 어떤 일이 벌어질까요? 생각만 해도 끔찍할 뿐입니다.

태화강에 돌아온 연어가 산란을 하는 곳은 수심이 발목 정도에 불과한 자갈이 깔린 얕은 곳입니다. "준설해서 물을 풍부하게 했더니 물고기가 많아졌다"는 이명박 대통령의 대국민 연설이 얼마나 무지한 거짓말인지 보여주는 증거입니다. 4대강 사업으로 낙동강의 수심은 8미터로 깊어졌습니다. 지금 태화강에 돌아온 연어들이 '4대강 사업은 대국민 사기극'이라고 큰 소리로 외치고 있습니다. 4대강 사업처럼 보를 세우면 결코 연어가 돌아올 수도 없고, 설사 몇 마리가 찾아온다 할지라도 수심이 깊은 곳에선 알도 낳을 수 없기 때문입니다.

연어가 돌아와 산란하는 태화강엔 녹색 물결이 바람결 따라 춤을 춥니다. 버드나무와 갈대습지가 잘 보존되었기 때문입니다. 어디가 강이고 어디가 습지인지 분간이 되지 않을 정도로 강에 버드나무 군락이 우거져 있

∥강 습지가 잘 보존된 태화강. 위쪽 사진의 녹색 그물은 매년 돌아온 연어 숫자를 확인하기 위해 설치되었습니다.

습니다. 태화강이 생명의 강으로 거듭난 비결이 바로 여기에 있습니다. 자갈이 깔린 얕은 물길과 습지가 있기에 연어가 다시 돌아와 산란을 하고, 많은 철새들이 살아가는 것입니다. 그런데 태화강처럼 강을 살린다던 이 대통령은 4대강의 습지들을 깡그리 파괴했습니다.

나라를 책임진 대통령이 국민 앞에 서슴없이 거짓말을 내뱉고 있습니다. 자신의 목적을 이루기 위해 거짓말을 반복하는 대통령을 보며, '목적을 위루기 위해선 거짓말을 해도 된다'고 우리 아이들이 보고 배울까 심히 걱정됩니다. 아이들의 정신을 좀먹는 일은 4대강 파괴보다 더 큰 잘못이기 때문입니다.

태화강에 연어가, 한강엔 황복이

이명박 대통령의 거짓말 퍼레이드는 여기서 그치지 않습니다. 이명박 대통령은 2009년 11월 27일 '특별생방송 대통령과의 대화'에서 4대강에 보를 세우면 오히려 수질이 좋아진다며, 그 증거로 "한강의 잠실과 김포에 두 개의 보를 세웠더니 한강에 황복이 돌아왔다"고 했습니다. 도대체 황복이란 어떤 물고기이기에 이 대통령이 되살아난 한강의 상징으로 언급한 것일까요?

이 대통령의 발언에는 참으로 어처구니없는 모순이 숨어 있습니다. '한강에 두 개의 보를 세웠더니 황복이 돌아왔다'는 말은 '나는 거짓말쟁이입니다'라는 말과 같습니다. 왜냐고요? 황복이란 물고기는 태화강의 연어처럼 강과 바다를 오가는 물고기입니다. 바다에 살던 황복은 한강에 올라와 알을 낳습니다. 알에서 깨어난 황복 치어는 흐르는 강물을 타고 바

‖ 이게 바로 한강에 방류 중인 황복 치어입니다. (사진 : 고양환경운동연합)

다에 내려가서 2~3년을 생활하며 성어가 되면 알을 낳기 위해 다시 한강으로 올라옵니다. 이명박 전 현대건설 사장님은 1983년 김포와 잠실에 두 개의 보를 건설했습니다. 한마디로 황복이 오가는 한강에 높은 담을 세워 황복의 길을 막은 것이지요. 그런데 보를 세워 길을 막았더니 황복이 돌아왔다고 텔레비전에서 전 국민 앞에 자랑스럽게 말씀하셨습니다. 이거야말로 '바보' 아니면 '사기꾼'이나 할 수 있는 망언이 아닐까요?

한강에 황복이 돌아온 진짜 이유는

보를 막았는데도 어떻게 황복이 한강에 돌아올 수 있었던 것일까요? 여기엔 더 놀라운 진실이 숨어 있습니다. 한강에 황복이 돌아온 이유는 보를 세워 수량이 많아지고, 그 덕에 수질이 맑아져서가 아닙니다.

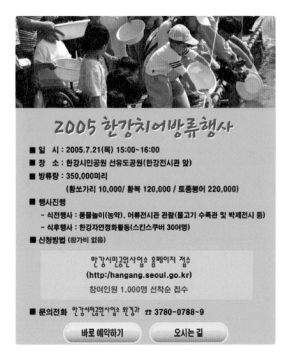

█ 일   시 : 2005.7.21(목) 15:00~16:00
█ 장   소 : 한강시민공원 선유도공원(한강전시관 앞)
█ 방류량 : 350,000마리
         (황쏘가리 10,000/ 황복 120,000 / 토종붕어 220,000)
█ 행사진행
     - 식전행사 : 풍물놀이(농악), 어류전시관 관람(물고기 수족관 및 박제전시 등)
     - 식후행사 : 한강자연정화활동(스킨스쿠버 30여명)
█ 신청방법 (참가비 없음)

         한강시민공원사업소 홈페이지 접수
         (http:/hangang.seoul.go.kr)
         참여인원 1,000명 선착순 접수

█ 문의전화 한강시민공원사업소 환경과 ☎ 3780-0788~9

     바로 예약하기   오시는 길

‖이명박 대통령이 서울시장으로 재직하던 2005년 서울시가 홍보한 한강 황복 방류 행사 안내문입니다.

한강에 황복이 돌아온 진짜 이유는 인터넷에서 '한강 황복'이란 단어를 검색하면 초등학생도 쉽게 정답을 알 수 있습니다. 서울시는 2005년 7월 21일, 점차 그 수가 줄거나 멸종이 우려되는 어종을 보호하고 한강의 생태계 복원을 위해 서울시 보호종으로 지정된 황복 12만 마리를 비롯해 천연기념물 190호인 황쏘가리 1만 마리, 토종붕어 22만 마리 등 물고기 35만 마리를 여의도 앞 한강 선유도 공원에서 방류했습니다.

한강의 황복 방류 행사는 2005년이 처음이 아닙니다. 2004년 7월 21일에도 한강 선유도 공원에서 황복 10만 마리를 비롯하여 황쏘가리 1만 마

3부 대통령은 거짓말쟁이 ● ●●295

리, 토종붕어 22만 마리, 참게 1만 마리 등 총 34만 마리의 물고기를 방류했습니다. 특히 이날 행사에는 이명박 전 서울시장이 직접 참여했다고 언론들이 보도하고 있습니다.

이명박 대통령은 한강에 황복이 돌아온 이유를 그 누구보다 잘 아는 분입니다. 서울시장 시절 자신이 직접 한강에서 황복 치어 10만 마리를 방류했기 때문입니다.

한강에 돌아온 황복에 관한 진실은 더 있습니다. 지난 2009년 8월 18일자 《경향신문》은 경기도 김포시가 지역 어민들의 소득 증대를 돕기 위해 5센티미터 크기의 황복 치어를 한강 하류에 33만 마리 방류했다고 보도했습니다. 또 2010년 8월 24일자 김포 시정 뉴스는 황복 치어 53만 4,000마리를 한강 하류에 방류했다고 보도했습니다. 이뿐만이 아닙니다.

연합뉴스는 2009년 8월 25일자 뉴스에 경기도 2청이 황복 치어를 200만 마리 한강 50만. 임진강 150만 를 방류했다고 보도했습니다. 특히 경기도 2청은 지난 7년 동안 한강과 임진강에 황복 복원을 위해 무려 1,400만 마리를 방류했습니다.

황복을 헤아릴 수 없을 만큼 많이 방류했는데, 보를 세웠더니 황복이 돌아왔다고 거짓말을 하다니요?

여섯 마리 황복이 한강이 살아난 증거?

한강의 황복 사건은 놀라운 일의 연속입니다. 2010년 7월 8일 서울시가 한 달 6월 2일~23일 동안 한강의 생태계를 조사한 결과 이전에는 잠실수중보 근처에서만 2~3마리씩 드물게 발견됐지만 2009년부터 6

마리씩 확인되는 등 서식지가 확대되고 있는 것으로 나타났다며, 한강의 생태계가 살아났다고 대대적으로 홍보했습니다. 그리고 모든 신문과 방송이 이를 그대로 보도했습니다.

참언론이라면 지난 몇 해 동안 한강에 수백만 마리의 황복을 방류했는데도 불구하고 겨우 6마리밖에 돌아올 수 없는 죽음의 수로 한강에 대해 지적하는 것이 정상 아닐까요? 수백만 마리 중에 겨우 6마리가 돌아온 슬픈 한강의 현실을 오히려 '황복이 돌아와 다시 살아난 한강'이라고 보도했습니다. 언론이 권력의 하수인으로 전락하여 국민의 눈과 귀를 가리는 도구에 불과하다는 걸 스스로 증명하는 것입니다. 대한민국에서 기자 노릇하기란 참 쉽습니다. 정부의 보도자료를 그대로 받아쓰기 할 만큼 한글만 깨우치면 되기 때문입니다. 기초적인 사실관계조차 따져보지 않는, 기자 정신을 상실한 대한민국 언론의 현실이 참으로 개탄스러울 뿐입니다.

한강의 황복 사건은 앞으로 4대강에서 벌어질 일을 그대로 보여주고 있

습니다. 한강의 황복뿐만 아니라, 청계천 복원 후 깨끗한 청계천의 물길을 따라 물고기가 돌아왔다는 황망한 거짓 역시 이미 잘 알려져 있습니다. 이명박 대통령은 4대강에 16개의 거대한 댐을 세웠습니다. 조만간 많은 돈을 들여 4대강에 온갖 물고기들을 방류하겠지요. 그러고는 청계천의 섬진강 갈겨니처럼, 조사 결과 4대강 사업으로 많은 물고기들이 돌아와 강이 다시 살아났다며 홍보에 열을 올리겠지요. 언론정신을 상실한 언론사들은 이를 보도하며 국민의 귀를 더럽히겠지요. 참, 생각만 해도 답답해지는군요.

대통령님, 수만 마리 황복 떼가 보고 싶지 않으세요?

이명박 대통령님, 태화강 살리기처럼 4대강을 살린다고요? 맞습니다. 태화강 살리기처럼만 하면 4대강은 더 아름다운 강이 될 것입니다. 태화강처럼 보를 허물고, 습지를 보존하고, 지천의 오염원을 차단하면 됩니다.

이 대통령님, 지금도 늦지 않았습니다. 어차피 당신이 권좌에서 내려오는 날, 공들여 쌓은 재앙의 16개 댐은 폭파될 것입니다. 결자해지結者解之란 말이 있듯, 재앙의 16개 댐을 이 대통령 스스로 허물어내시면 4대강은 더 빨리 살아날 것입니다.

이명박 대통령님, 지금 당신이 정말 꼭 해야 할 일이 있습니다. 당신이 말씀하시던 태화강 살리기처럼 꼭 살려야 할 강이 있습니다. 현대건설 사장 시절인 1983년 김포와 잠실에 보를 세운 한강입니다. 태화강 살리기처럼 수질을 썩게 하는 한강의 보를 허물어내십시오. 그러면 황복이 겨우 6마리가 아니라, 수백만 마리가 떼로 몰려올 것입니다. 이 대통령님, 수백만 마리의 황복이 떼를 지어 오고가는 한강의 황홀한 장관이 보고 싶지 않으십니까?

강물이
피눈물을
흘리고 있다

이명박 대통령의 4대강 사업의 핵심은 준설입니다. 모래를 퍼내야 강에 물을 채워 이명박 대통령의 평생 소신인 변종 운하를 만들 수 있기 때문입니다. 그러나 대다수 대한민국 국민들은 강물을 식수로 사용하고 있습니다. 곧 강물이 오염되면 국민의 생명이 위험하다는 것을 뜻합니다.

준설로 인해 수질 오염이 발생하지 않겠느냐고 지적하자, 이명박 정부는 그럴 위험이 절대 없다고 주장했습니다. 포클레인이 아니라 흡입 준설선으로 모래를 퍼내고, 오탁방지막을 통해 흙탕물을 말끔히 해결한다고 주장했습니다.

과연 흙탕물이 말끔히 해결되어 수질 오염이 전혀 없을까요? 처절한 핏물이 흐르는 4대강 현장으로 함께 가보겠습니다.

∥흡입식 준설공업과 오탁방지막으로 공사 시 발생하는 흙탕물을 말끔히 해결할 것이라고 온갖 수단을 동원해
 홍보했습니다. 정말 그렇게 했을까요?

∥국민을 기만한 광란의 삽질 현장입니다. 흡입 준설선은 보이지 않고 포클레인들만 가득합니다. 누가 이를 강
 살리기라고 할 수 있을까요? (사진 : 부산 낙동강지키기운동본부)

‖이명박 대통령은 포클레인을 흡입식 준설선으로 알고 계신가 봅니다. 평생 삽질만 하신 분이 이것 하나 구분
 을 못하는가 봅니다.

‖ 흡입 준설선은 어디에도 보이지 않습니다. 강바닥을 파내는 포클레인만 가득할 뿐입니다. 이명박 대통령은 낙동강이 피눈물을 흘리고 있는 게 보이지 않는 것일까요? (사진 : 부산 낙동강지키기운동본부)

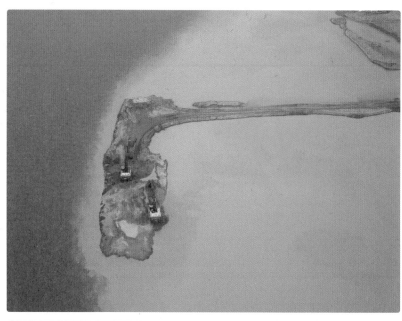

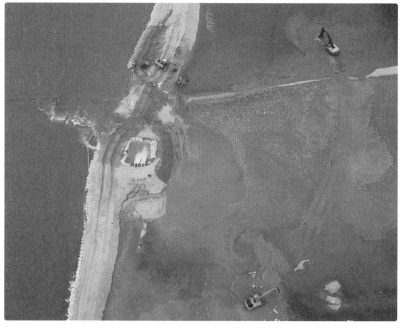

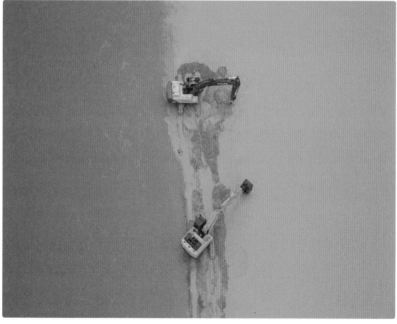

‖4대강 사업은 강 살리기가 아니라 변종 운하입니다. 이 넓은 수로는 이제 배들이 오고갈 수 있는 멋진 운하가 되었습니다. 오늘도 운하를 만들기 위해 열심히 강바닥을 파고 있는 4대강 죽이기 현장입니다.

‖4대강 현장에 서면 오직 한 가지 노랫말만 떠오릅니다. 손담비의 〈미쳤어〉라는 노래입니다.

흙탕물을 말끔히 처리한다는 약속은
잘 지켜졌을까요?

⊪이게 바로 이명박 대통령이 4대강의 흙탕물을 말끔히 처리하겠다고 장담한 오탁방지막입니다. 하얀 천 아래
에 쇠사슬이 달려 있습니다. 흰 천이 강물 속에 잠기는 것이지요. 이것으로 흙탕물을 제거할 수 있을까요? 미
친 듯 파헤치는 4대강 준설 현장에서 이 보잘것없는 오탁방지막이 과연 효과가 있을까요?

⊪물속에 잠겨 있어야 할 오탁방지막 천을 리본 묶듯 묶어놓았습니다. 유속이 빨라 오탁방지막이 전혀 소용없
기 때문입니다.

⊪강물 속에 잠겨 있어야 할 오탁방지막 천이 거꾸로 둘둘 말려 있고, 심지어 보잘것없는 천도 떨어져 나갔습
니다.

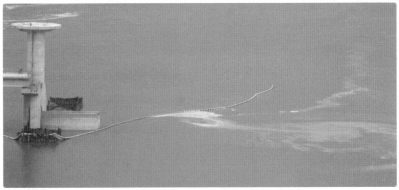

‖수평으로 있어야 할 오탁방지막이 강물을 따라 흐르고 있습니다. 정말 기가 막힌 흙탕물 처리 현장입니다.
　오탁방지막이 '나는 뻥이요' 라고 노래하고 있습니다.

∥수질 오염을 막는 오탁방지막이 아니라 오히려 강물을 오염시키는 쓰레기가 되었습니다. 이것 한두 줄 쳐놓고 수질 오염이 절대 없다고 거짓말을 하다니요? 이명박 대통령의 뻥 실력은 보통 솜씨가 아닙니다.

∥오탁방지막은 끊어졌고, 흙탕물은 그대로 강으로 흘러 들어가고 있습니다. (사진 : 부산 낙동강지키기운동본부)

‖ 보잘것없는 오탁방지막도 없이 포클레인으로 주구장창 도륙하고 있습니다.

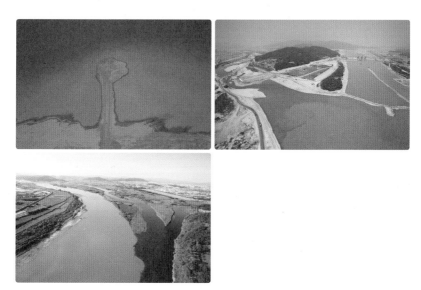

‖ 흙탕물을 말끔히 처리한 놀라운 현장입니다. 이명박 대통령 눈에는 이게 흙탕물이 아니고, 설탕물로 보이는 것일까요? (사진 : 부산 낙동강지키기운동본부)

‖준설을 위해 잠시 가둔 곳은 이명박 대통령이 좋아하는 녹색 물이 되었습니다. 4대강 16개 댐에 갇힌 물이 죽음의 녹색이 될 것임을 보여주는 것이지요. 핏물 흐르는 낙동강이 4대강 사업의 진실을 증언하고 있습니다.

(사진 : 부산 낙동강지키기운동본부)

4대강의 미래, 한강

4부

청계천의
슬픈 진실

이명박 대통령은 청계천을 살린 것처럼 4대
강을 살리겠다고 호언장담했습니다. 이명박 전 서울시장을 대통령으로
당선시킨 일등공신이 청계천이었으니 그런 말을 할 만도 합니다. 심지어

‖ 금강변에 현수막이 걸렸습니다. 국민을 속인 것은 청계천으로 족하다며 4대강 파괴 중단을 촉구하고 있습니다.

한나라당 의원들은 야당의 4대강 사업 반대를 청계천의 성공 신화가 두려워 4대강 사업을 반대하는 것이라고 비하하기도 했습니다.

청계천 복원이 무엇이기에 4대강도 청계천처럼 살리겠다는 것이며, 한나라당이 칭송한 청계천의 신화는 과연 무엇일까요? 4대강의 미래를 엿보기 위해 청계천 복원에 감춰진 진실을 살펴보겠습니다.

하늘에서 왔나? 청계천에 사는 섬진강 '갈겨니'

청계천이 복원되자 서울시는 매년 보도자료를 통해 물고기가 청계천에 돌아왔다며 청계천 복원의 성과를 자랑하고 있습니다. 복원 전인 2003년 4종에 불과하던 물고기가 복원 첫해인 2006년에 23종, 2008년 25종, 2009년엔 27종으로 늘어났다는 것입니다.

청계천으로 다시 돌아왔다고 서울시가 밝힌 물고기들의 이름을 살펴보니 하늘도 놀랄 일이 벌어지고 있었습니다. 자연 생태계에서는 청계천에 절대로 살 수 없는 물고기들이 청계천 서식 어류로 등장하고 있었기 때문입니다.

서울시는 2008년 청계천의 깨끗한 물길을 따라 참종개가 처음 발견되었다고 주장했습니다. 참종개는 전 세계에서 오직 대한민국에만 사는 한국 토종어류로 물살이 잔잔하고 잔자갈이 많은 곳에 사는 물고기입니다. 직선 콘크리트 어항으로 만들어 물살이 빠르게 흐르는 청계천, 특히 하천 바닥을 콘크리트로 바른 청계천에선 도저히 살 수 없는 물고기입니다.

청계천의 깨끗한 물길을 따라 돌아왔다던 참종개의 진실은 서울시가 민물고기보존협회와 함께 5,000마리를 청계천에 방류한 것이었습니다.

‖참종개는 물살이 잔잔하고 잔자갈이 있는 곳에 숨어사는 물고기입니다. 청계천엔 절대 살 수 없는 물고기이죠. 그런데 5,000마리를 풀어놓고 물길 따라 돌아왔다고 거짓말을 하고 있습니다.

　무려 참종개 5,000마리를 인위적으로 방류하고서는 청계천의 깨끗한 물길을 따라 올라왔다고 국민을 속인 것입니다. 그렇다면 청계천에 풀어 넣은 5,000마리의 참종개는 3년이 지난 지금 몇 마리로 불어나 있을까요? 놀랍게도 단 한 마리도 보이지 않습니다. 참종개는 청계천에 도저히 살 수 없는 물고기이기 때문입니다. 청계천 성과를 과장하기 위해 생태적으로 살 수 없는 물고기를 방류해 죽이는 생명 학살 행위가 청계천에서 벌어지고 있습니다. 물고기들에게 청계천은 시한부 사형장입니다.

　청계천의 숨겨진 진실은 참종개에 그치지 않습니다. 청계천이 복원된 첫해인 2006년, 서울시는 청계천에 갈겨니가 돌아왔다고 밝혔습니다. 서

∥아래쪽 눈동자가 빨간 것이 섬진강 갈겨니이고, 위쪽 까만 눈동자가 한강 계열의 참갈겨니입니다. 전혀 다른 수계의 물고기가 청계천에서 동시에 잡힙니다. 같은 종의 물고기라 할지라도 수계가 다르면 외래종에 속합니다. 서울시가 청계천 복원의 성과를 과장하기 위해 생태계 파괴에 앞장선 것입니다.

울시가 제작한 청계천 생태 지도에도 갈겨니가 당당히 등장합니다.

갈겨니는 섬진강에 사는 손가락만 한 크기의 작은 물고기로서 깨끗한 물을 좋아합니다. 그런데 섬진강에 사는 갈겨니가 서울 한복판 청계천에 산다니 하늘도 놀랄 일이지요. 섬진강 갈겨니가 청계천에 올 수 있는 방법은 두 가지입니다. 하늘을 날아오든가, 아니면 섬진강을 내려가서 서해바다를 거슬러, 한강 하구를 거쳐 김포의 신곡수중보를 뛰어넘어 여의도를 지나 다시 중랑천을 따라 올라와야만 청계천에 이를 수 있습니다. 그러나 하늘과 바닷길 모두 불가능합니다. 만약 섬진강 갈겨니가 서해바다를 거슬러 청계천에 올 수 있었다면, 조만간 청계천에서 서해바다의 돌고래와 참치도 볼 수 있지 않을까요? 인위적 방류 외에는 섬진강 갈겨니가 청계천에 살 수 있는 방법은 없습니다.

청계천 물고기의 진실

　　직선형 콘크리트 어항으로 만든 청계천은 항상 물살이 빠르게 흐르기 때문에 물고기가 살기 어려운 곳입니다. 물고기들이 알을 낳으려면 모래와 잔자갈과 수초가 있어야 합니다. 특히 알에서 깨어난 작은 치어들이 살 수 있으려면 물살이 잔잔한 곳이 반드시 있어야 합니다. 치어뿐만 아니라 어른 물고기들도 24시간 수영을 하지 못합니다. 먹이를 찾을 때 외에는 잔잔한 곳에서 쉴 수 있어야 합니다. 그러나 청계천에는 이런 곳이 없습니다. 빠른 물살에 떠내려가지 않기 위해 계속 수영을 해야 하는 청계천은 그야말로 물고기들에겐 끔찍한 고문입니다. 어른 물고기들조차 제대로 살 수 없는 빠른 물살에 어떻게 작은 치어들이 살 수 있을까요?

　청계천에 감춰진 진실을 알게 된 것은 우연한 계기였습니다. 어느 날 민물고기 전문가를 만나 콘크리트 어항인 청계천은 물고기가 알도 낳을 수 없고, 설사 알을 낳더라도 치어들이 살 수 없는 곳이 아니냐고 물었습니다. "그러니까 청계천에 물고기를 사다 풀어놓지요"라는 전혀 상상하지도 못한 답이 돌아왔습니다.

　'청계천에 물고기를 사다 넣는다'는 놀라운 대답에 반신반의하며 어떻게 증명할 수 있는지 재차 물어보았습니다. 그는 껄껄 웃으며 자신이 아는 사람이 물고기를 사다 넣는다며 이름과 전화번호까지 알려주었습니다.

　그러나 단 한 사람의 증언만으로는 청계천 물고기 방류에 대한 확신이 서지 않았습니다. 또 다른 민물고기 전문가들에게 사실 확인을 했습니다. 그들 역시 청계천에 물고기들을 인위적으로 방류했다는 걸 확인해주었습니다. 이명박 대통령의 청계천 복원 성과를 과장하기 위해 지난 수년 동안 서울시가 국민을 속여왔던 것입니다.

서울시가 청계천에 산다는 27종의 물고기들 이름을 찬찬히 살펴보면 한마디로 유치한 코미디입니다. 생태 특성상 청계천에 도저히 살 수 없는 물고기는 참종개와 갈겨니만이 아니기 때문입니다.

300만 마리의 다슬기는 어디로 갔을까?

2006년 서울시는 홈페이지를 통해 청계천에 30만 마리의 다슬기를 방류했다고 밝혔습니다. 다슬기는 하천 청소부이기에 앞으로 청계천은 더욱 맑아질 것이며, 반딧불이 애벌레가 다슬기를 먹고 살기에 청계천에서 반딧불이도 볼 수 있는 날이 올 것이라고 말했습니다. 심지어 서울시는 2009년 10월 18일에 또다시 100만 마리의 다슬기를 방류하는 등 2006년부터 2009년까지 총 300만 마리의 다슬기를 청계천에 방류했습니다.

다슬기는 하천 바닥 청소부로 생명력이 강할 뿐만 아니라 번식력 또한 왕성합니다. 그렇다면 300만 마리의 다슬기를 방류한 청계천에 지금 몇 마리의 다슬기가 살고 있을까요? 아무리 눈을 씻고 찾아봐도 단 한 마리의 다슬기도 만날 수 없습니다. 지난 4년간 방류한 '300만 마리'의 엄청난 다슬기들은 다 어디로 간 것일까요? 청계천이 생태 하천으로 안정되었다는 서울시의 주장은 저급한 사기극입니다. 청계천은 생명력 강한 300

만 마리의 다슬기도 살 수 없는 죽음의 콘크리트 어항입니다.

300만 마리의 다슬기가 청계천에서 사라진 이유를 찾기란 어렵지 않습니다. 청계천의 물속 바닥은 녹조 천국입니다. 서울시가 한 달에 한 번 꼴로 청계천 바닥을 깨끗이 청소하고 있음에도 불구하고 청계천은 마치 미역을 양식하듯 시퍼런 녹조로 가득합니다. 청계천 바닥을 이토록 두터운 악성 녹조가 뒤덮고 있으니, 아무리 생명력 강한 다슬기라 할지라도 살 수 없었던 것입니다.

‖청계천에 미역이라도 양식하는 것일까요? 매달 청소하고 있는데도 청계천 바닥은 생명이 살 수 없는 녹조로 가득합니다. 이게 바로 이명박 대통령이 자랑하는 청계천의 진실입니다.

‖청계천 바닥은 썩은 녹조로 뒤덮여 있고, 녹조류가 만드는 유해산소 방울이 마치 진주같이 깔려 있습니다.

이명박 전 서울시장이 청계 광장에 많은 예산을 들여 외국 작가의 작품인 다슬기를 닮은 형상을 세워놓았습니다. 청계천 문화와 전혀 어울리지 않는 속 빼먹은 빈껍데기 다슬기 형상이 왜 청계 광장을 차지하고 있는지 이제야 이해가 될 것 같습니다. 이명박 장로님이 앞으로 청계천에서 죽어갈 300만 마리의 다슬기를 미리 아시고, 애도의 뜻을 담아 다슬기 위령탑

‖300만 마리의 다슬기가 죽어갈 것을 미리 아셨던 것일까요? 이명박 전 서울시장이 청계광장에 세워놓은 다슬기 위령탑입니다. 다슬기 위령탑 앞에서 수경 스님과 문규현 신부님 등이 4대강 사업으로 죽어가는 생명들을 애도하며 온몸으로 슬퍼하고 있습니다.

을 세워놓은 것 아닐까요? 2010년 서울시가 청계 광장에 가득 심어놓은 꽃도 결국 다슬기 위령탑 앞에 헌화를 하기 위한 것이었겠죠.

상처에 시달리며 살아가는 청계천 물고기들

그 누구보다 생명력 강한 다슬기조차 살수 없는 청계천이라면 서울시가 청계천 복원의 성과로 자랑하는 청계천의 물고기들은 어떻게 된 것일까요? 청계천 물속을 들여다보면 시뻘건 염증과 상처를 안고 있는 물고기들을 쉽게 만날 수 있습니다. 서울시는 청계천의 생태 환경이 안정되었고, 청계천의 환경이 좋아 산천계곡을 박차고 나와 청계천으로 이사 오는 물고기들도 있다고 자랑하고 있는데, 청계천에 사는 물고기들은 왜 시뻘건 염증과 상처에 시달리는 것일까요?

물고기들은 주로 수서곤충들을 먹고삽니다. 그런데 청계천에는 수서곤충이 살 수 있는 잔자갈이 전혀 없습니다. 콘크리트 어항이기 때문입니다. 특히 청계천 바닥을 녹조가 두텁게 뒤덮고 있어 수서곤충들이 전혀 살 수 없습니다.

'섬진강 갈겨니가 청계천에 산다'는 청계천의 감춰진 진실을 환경부 기자실에서 밝혔습니다. 역시 《조선일보》, 《중앙일보》, 《동아일보》만 뺀 나머지 모든 언론이 이 사실을 크게 보도했습니다. MBC〈뉴스 후〉, KBS〈취재파일 4321〉, SBS〈물은 생명이다〉 등 방송 3사도 청계천의 진실을 보도했습니다. 방송 인터뷰를 위해 국내 민물고기 학계의 최고 권위자인 전북대 김익수 교수와 박종영 교수가 청계천 실태 조사에 함께했습니다. 이들은 청계천의 물고기들이 수서곤충 같은 먹을 것들이 부족해 영양실

조로 몸이 빠짝 말라 있고, 그 때문에 면역성 결핍으로 염증에 시달리고 있다고 밝혔습니다.

발등을 찍고 싶다던 박경리 씨의 탄식

총 70쪽에 이르는 4개강 홍보책자 《안녕하십니까 청와대입니다》에는 무려 아홉 쪽에 걸쳐 청계천이 4대강 사업의 모델로 제시되어 있습니다. 이 책자에는 "30년 전 서울에 살 때 청계천 둑을 걸어 목욕탕에 가던 일이 생각납니다. 강둑을 걸으면 묘한 정취가 있죠. 청계천이 복원되면 무수히 많은 생명이 함께 살아날 거고, 그렇게 되면 너무 아름다울 것입니다. 살아 있는 것은 언제나 아름다우니까요"라며 소설가 고 박경리님의 2003년 5월 27일 《동아일보》 인터뷰 내용을 소개하고 있습니다. 박경리 선생님의 국민적 인지도를 통해 청계천 복원의 타당성을 인정받고자 한 것이지요.

그렇습니다. 청계천 복원은 박경리 선생님이 제일 처음 제안하셨고, 《한겨레》가 이것에 화답하는 기획 기사를 쓰고 시민단체들이 동의해 복원 운동이 시작되었습니다. 마침 이명박 서울시장 후보가 청계천 복원을 공약으로 받아 서울시장에 당선된 것이었습니다.

박경리 선생님은 이명박 서울시장의 청계천 복원을 지켜보며 《동아일보》 2004년 3월 5일자에 '청계천, 복원 아닌 개발이었나'라는 특별 기고문을 통해 청계천 복원에 대해 다음과 같이 통탄스런 심정을 토로했습니다.

"청계천 사업을 주관하는 사람들은 가슴에 손을 얹고 물어보아야 할 것

이게 바로 이명박식 문화재 복원입니다. 이명박 전 서울시장님은 청계천에서 나온 조선시대 유물들을 중랑구 하수종말처리장에 처박아두었습니다. (사진 : 황평우)

이다. 맹세코 정치적 목적을 떠나 이 대역사를 진행하고 있는지. 만일 정치적 의도 때문에 업적에 연연하여 공기를 앞당긴다면, 추호라도 이해라는 굴레에 매달려 방향을 개발 쪽으로 튼다면, 역사의 죄인이 될 것이다. (……) 지금의 형편을 바라보면서 미력이나마 보태게 된 내 처지가 한탄스럽다. 발등을 찧고 싶을 만치 후회와 분노를 느낀다. 차라리 그냥 두었더

‖ 겉으로 보기에 멀쩡해 보이는 콘크리트 어항인 청계천. 그러나 곳곳에 금이 가고 지반침하가 일어나고 있습니다. 이곳을 관리하기 위해 1년에 약 100억 원에 이르는 혈세가 투입되고 있습니다.

라면 훗날 슬기로운 인물이 나타나 청계천을 명실 공히 복원할 수 있을
지도 모르는데……"

이명박 전 서울시장이 2003년 청계천복원추진본부장으로 발탁했던 양
윤재 씨는 2003년 12월 부동산 개발업체로부터 '청계천 주변의 고도제
한을 완화해달라'는 청탁과 함께 2억 원의 뇌물을 받는 등 총 4억 원을 받
은 혐의로 구속 기소돼, 2006년 대법원에서 징역 5년형이 확정되었습니
다. 이 사건은 '복원이 아니라 개발이었나'라던 박경리 선생님의 탄식이
사실로 밝혀졌다는 걸 보여주는 증거입니다.

이명박 대통령은 청계천을 살린 것처럼 4대강을 살리겠다고 호언장담
했습니다. 과연 이명박 대통령이 자랑하는 청계천 복원의 진실은 무엇일
까요? 물길 따라 올라온 물고기가 아니라 인위적으로 방류한 물고기들,
학살당한 300만 마리의 다슬기 원혼들이 떠다니는 죽음의 콘크리트 어항
이 바로 청계천의 진실입니다. 정수 처리한 한강물을 흘려보내건만 매달
청소하지 않으면 물이 썩어 악취가 진동할 수밖에 없는 곳이 청계천의 진
실입니다. 자신의 임기 안에 완공하기 위해 청계천에서 출토된 문화재를
중랑구 하수종말처리장에 처박아버린 문화재 파괴 행위 또한 청계천의
진실입니다. 5.8킬로미터에 불과한 청계천을 유지·관리하기 위해 매년
100억 원에 가까운 혈세를 퍼부어야 하는 것이 청계천의 진실입니다.

이명박 대통령이 다시 살렸다는 청계천에는 국민을 속이는 거짓만이
가득 흐를 뿐입니다. 죽음의 콘크리트 어항인 청계천처럼, 4대강 역시 죽
음의 수로로 전락할 것이 너무도 분명합니다.

아름다운 한강,
어떻게 망가졌나?

푸르름이 돋아나기 시작한 버드나무 강가에서 고라니와 마주서는 황홀한 경험을 했습니다. 불쑥 튀어나온 고라니 한 마리가 불청객인 나를 보고 놀란 듯합니다. 손만 내밀면 닿을 듯한 자리에 서서 귀를 쫑긋 세우고 나를 빤히 바라봅니다. 고라니와의 설레는 만남은 한참 지속됐습니다. 한강에서 야생의 고라니를 이렇게 가까이서 바라볼 수 있다니…… 밀려드는 행복함에 제 가슴은 콩닥거렸습니다.

야생 고라니와의 행복한 만남이 이뤄질 수 있는 바로 이 모습이 살아 있는 강이요, 우리 모두가 꿈꾸는 생명의 강입니다. 만약 서울 도심의 한강변에서 고라니의 뛰노는 모습을 볼 수 있다면 서울이 얼마나 멋진 도시가 될 수 있을까요? 우리 아이들이 금빛 모래밭에서 고라니와 함께 뛰노는 한강이 된다면 서울은 얼마나 행복한 도시가 될까요?

‖ 양화대교 아래 한강에서 고라니를 만났습니다. 만약 여의도와 잠실의 한강에서도 고라니를 만날 수 있다면 얼마나 행복한 서울이 될까요? 잠실수중보와 김포수중보를 열면 한강은 고라니가 뛰노는 생명의 강으로 다시 살아납니다.

손에 닿을 듯, 숨결을 느낄 듯 고라니를 만난 곳은 서울에서 아주 먼 어느 시골의 강이 아니었습니다. 2010년 봄, 서울 여의도에서 자동차로 10여 분이면 닿게 되는 행주대교 아래의 한강이었습니다. 고라니가 뛰노는 한강은 진짜 강이 무엇인지 보여주었습니다. 고라니가 뛰노는 한강은 한강종합개발로 여의도와 잠실 앞의 한강이 잃어버린 것이 무엇인지 보여주고 있었습니다. 고라니가 뛰노는 한강은 앞으로 수도 서울의 한강이, 그리고 4대강 사업으로 망가진 4대강을 어떻게 복원해야 하는지 그 방향을 분명하게 보여주고 있었습니다.

'하늘엔 조각구름 떠 있고, 한강엔 유람선이 떠 있고'라던 유행가는 국민가요라 할 만큼 우리 귀에 익숙합니다. 바람 따라 조각구름 흐르고 물결을 가르며 유람선이 떠가는 한강은 과연 얼마나 아름다운 강일까요?

많은 시민들이 답답한 도시를 벗어나 숨을 돌릴 겸 한강에 나가봅니다. 그러나 보이는 것은 한강변을 따라 늘어선 아파트뿐입니다. 콘크리트 제방으로 단절되고 우뚝 솟은 아파트가 강을 포위하고 있는 한강은 숨이 막힐 것만 같습니다.

푸른 산과 파란 하늘이 찰랑이는 물결과 어울린 자연 풍광은 한강 그 어디에서도 찾을 수 없습니다. 그렇다면 콘크리트 제방으로 가로막힌 삭막한 지금의 모습이 원래 한강이었을까요? 조선시대 문인 임제林悌, 1549~1587는 한강에서 뱃놀이를 한 후 〈주행 舟行〉이라는 시로 한강의 아름다움을 노래했습니다.

배를 타고 가다가 舟行

산 꽃은 날 보고 웃고 山花向我笑

모래펄의 새는 날 위해 노래하는데 沙鳥爲我歌

마름 내음 끊임없이 불어오고 蘋香吹不斷

지는 해는 푸른 물결 비추누나 落日明綠波

외로운 배로 별포를 지나자니 孤帆過別浦

강물 위 하늘은 저무는데 한 줄기 젓대 소리 一笛江天晚

그림 병풍 넘기듯 앉아서 경치 보자니 坐看畵屏轉

배가 얼마나 흘렀을까 알 수 없어라 不覺舟近遠

누암에서 한강 어귀는 樓巖至漢口

물길로다 삼백 리 水驛三百里

까마귀 황새 소리 언뜻 들리니 乍聞鴉鸛鳴

내 여행 문득 다 왔구려 我行忽已至

도리어 우스워라, 학을 타고 신선 된 翻笑鶴上人

사람 날기만 할 뿐 멈출 줄 모르는걸 飛費未能止

한강의 풍광이 얼마나 아름다웠으면 임제는 '그림 병풍 넘기듯' 했다고 노래했을까요? 멋진 그림 병풍을 감상하며 한 폭씩 넘겨가듯, 강의 한 구비 한 구비가 놀랍도록 아름다웠던 한강이었습니다. 그러나 지금의 한강은 온통 회색빛 아파트가 병풍처럼 둘러싸여 우리의 숨통을 조이는 살벌한 수로에 불과합니다.

임제 시인을 바라보고 웃던 산꽃과 고운 노래 부르던 모래밭의 새들은 다 어디로 간 것일까요? 물결 바람결 따라 임제의 코끝에 살랑이던 마른 풀 내음 역시 어디론가 사라진 지 오래입니다.

한강 개발로 아름다움이 사라진 이후의 세대들은 콘크리트로 둘러싸인 지금의 강이 원래의 한강이라고 생각합니다. 4대강도 마찬가지일 것입니다. 이후의 세대들은 4대강 수로에 가득한 썩은 물을 바라보며 그게 4대강의 전부라고 생각하게 되겠지요.

2001년 서울특별시사편찬위원회가 발행한 《한강의 어제와 오늘》에 한강이 얼마나 아름다운 곳이었는지 한강의 진실을 이렇게 서술하고 있습니다.

"한강 일대는 일찍부터 자연경관의 아름다움으로 이름났으며, 조선의 정도定都와 더불어 풍류風流와 낙도樂道의 장소로서 승경勝景으로 인식되었다. 또한 한양 도성에서 벗어나 조선 초기부터 왕족과 고관들의 별장과 정자가 많이 조성된 지역이어서 일상적 속세를 떠나 휴식과 풍류를 즐기는 장소였고, 또 중국 사신을 접대하는 장소가 되었다. 산언덕에는 정자가 올라앉아 있고, 나루가 있어 사람들의 왕래가 잦으며, 강 위에는 뱃놀이하는 배가 떠 있는 모습에서 자연과 인간의 조화로움을 즐길 만한 곳이었다. 이에 흥이 난 문사文士나 화가들이 시를 짓고 그림을 그리게 되는 것이다.

왕의 하사품으로 한강이 그려지기도 하고, 명나라 사신들의 선물용으로 그려지기도 하고, 왕실과 관료들을 위해 그려지기도 했다. 명나라 사신들에게 한강 유람이 꽤 인기가 있었던 모양이다. 돈독한 관계로 사신 왕래가 잦았고 접대를 위해 연회를 베풀고 유람을 시키면 감상화로서 한강 유람도를 청하곤 했다고 한다."

자연과 인간의 조화로움이 가득한 승경으로서 외국 사신을 접대하고 한강의 진경산수화眞景山水畵를 선물할 만큼 아름답던 한강이요, 수많은 문인들이 시와 그림으로 그 아름다움을 노래했던 한강이었습니다. 특히 겸재 정선은 빼어난 한강의 풍경을 많이 그렸는데, 〈송파진〉, 〈동작진〉, 〈목멱조돈〉, 〈미호〉, 〈안현석봉〉 등의 그림들이 남아 있습니다. 겸재 정선의 그림은 한강이 많은 사람들이 찾고 사랑할 수밖에 없었던 뛰어난 명소였음을 짐작케 합니다.

그러나 지금의 한강은 개발이라는 이름으로 그토록 아름답던 모습을 잃어버렸습니다. 만약 그 옛날의 아름답던 한강이 살아 있었다면 지금 서울은 어떤 모습일까요? 2010년 세계적인 여행 잡지인 《론리 플래닛》이 서울을 세계 최악의 도시 3위로 선정했습니다. 만약 한강의 아름다움이 조금이라도 남아 있었다면 지금 서울은 세계 최악의 도시가 아니라, 세계

‖ 겸재 정선의 〈송파진〉. 송파진은 지금의 석촌호수 동호에 있던 나루터입니다. 한강 개발로 파괴되기 전의 한강은 이렇게 아름다운 곳이었습니다.

인이 찾아오고 싶어 하는 아름다운 도시가 되었을 것입니다.

아름답던 한강을 잃어버린 것이 아주 오랜 옛날 일이 아닙니다. 30~40년 전에 벌어진 일입니다. 겨우 30~40년의 앞날도 내다보지 못하는 탐욕의 눈먼 삽질론자들이 개발의 이름으로 대한민국 수도 서울의 미래를 파괴하고 도둑질한 것입니다.

여의도 앞 한강에서 고라니가 뛰노는 모습을 보고 싶습니다. 방법은 아주 간단하고 쉽습니다. 한강을 가로막고 있는 신곡수중보와 잠실수중보를 헐기만 하면 됩니다. 보를 허물면 물속에 감춰져 있던 금빛 모래가 반짝이는 멋진 한강으로 거듭나게 될 것입니다. 금빛 모래 반짝이고 바람결 따라 춤을 추는 갈대와 버드나무 우거진 한강이 되면, 우리는 한강에서 뛰노는 고라니들의 춤사위를 보게 될 것입니다. 강물이 흐르기 시작하면 한강물은 더욱 맑아질 것입니다.

앞구정동 아파트는 어떻게 탄생되었나?

●
●
●

　　명나라 사신들이 조선을 찾아오면 한강에서 풍류를 즐기고 한강의 풍광을 담은 진경산수화를 선물로 원할 정도로 한강은 아름다운 강이었습니다. 그러나 제1차 한강종합개발로 잠실섬을 매립해 아파트단지가 되었고, 밤섬을 폭파해 여의도를 개발하는 데 사용했습니다. 제2차 한강종합개발로 한강변의 금빛 모래가 모두 사라지고 썩은 물만 가득한 사실상의 운하가 되었습니다.

'압구정鴨鷗亭'이란 한강변에 있던 정자로서 그 경관이 아주 뛰어났던 곳이었습니다. 겸재 정선이 그린 〈압구정〉이란 산수화를 보면 얼마나 아

▒ 겸재 정선의 〈압구정〉. 한강 개발로 파괴되기 전의 한강이 얼마나 아름다웠는지 잘 보여주고 있습니다. 그러나 그토록 아름답던 압구정은 현대건설의 매립과 개발로 사라지고 아파트로 가득한 괴물이 되었습니다. 한강의 아름다움을 파괴하고 현대건설은 막대한 이익을 남겼습니다. 파괴와 개발의 재앙이 지금 4대강에서 또 다시 반복되고 있습니다.

름다웠는지 잘 보여주고 있습니다. 그리고 압구정 근처 한강에는 저자도라는 섬이 있었습니다. 조선시대 이조판서와 우의정을 지낸 강석기姜碩期, 1580~1643는 〈저자도楮子島〉라는 시를 통해 저자도의 아름다움을 다음과 같이 노래했습니다.

> 잔잔한 호수에 흐르는 물 기름같이 미끄러운데
> 좋은 친구들 손에 손 잡고 낚싯배로 올라간다
> 늦은 비가 옷을 적시는데 사람들은 술에 취하고
> 갈꽃이 환하게 피어 갈매기 나는 물가를 비친다.

아름다운 한강 중에서도 가장 아름답다던 저자도. 그러나 지금은 역사 속의 이름으로만 남아 있을 뿐입니다. 현대건설이 저자도의 금빛 모래를 파서 압구정동 현대 아파트를 만들었기 때문입니다.

서울시 한강수도사업소 홈페이지에는 저자도의 유래와 현대건설의 개발을 다음과 같이 상세히 서술하고 있습니다.

"저자도. 옛날에는 닥나무가 많이 자라서 섬 이름이 유래되었다. 일명 '옥수동 섬'으로 불리운 금호동과 옥수동 남쪽 한강에 있었던 모래섬으로 1970년 초에 이 섬의 흙을 파다 압구정 아파트 건설, 개발에 사용한 관계로 지금은 물속에 잠겼으며 경치가 좋아 선경을 이루던 이 섬은 일찍부터 기우제를 지냈던 곳으로도 유명하다.

이 모래섬은 여름 장마철이면 완전히 물에 잠겼으며 주로 여름철에 금호동無쇠막에서 나룻배로 건너 다녔고 섬과 압구정 사이에 물길을 샛강이라 부르기도 했다. 배밭이 많았던 압구정과 섬 사이에는 물이 얕게 흘러 샛강이 있었고, 샛강은 물론 강변 및 섬에서 주민들이 여름철이면 수영을 즐겼으며 많은 시민이 나룻배로 옥수동 섬으로 건너가 텐트를 치며 여름을 나기도 하고 겨울에는 강물이 얼어 썰매와 스케이트 등을 즐겼다.

1968년 현대건설이 저자도 건너 압구정지구의 매립 면허 신청 면적은 175,002㎡였고 매립 목적은 '당초 건설공사용 각종 콘크리트 제품 공장 설치 대지 조성 및 강변도로 설치에 일익을 담당'하는 것으로 되어 있었으나 이후 실시계획인가 과정에서 택지 조성으로 변경되었다. 당초 면허 면적보다 24,792㎡ 정도가 제외지 쪽으로 더 많이 매립되어 문제가 제기되었으나 이후 한강하류부의 수리모형 실험 결과에 비추어 지장 없다는 결론이 나와 1971년 10월 23일 건설부는 원상회복의무 면제조치를 서울시에 지시했고 이후 1973년 3월 29일 준공인가가 나왔는데 총 매립 면적은 158,910㎡이고 그 중 제방 4,667㎡와 도로 22,005㎡는 국가에 귀속하고 잡종지 132,236㎡는 현대건설에 귀속하게 됨에 따라 오늘의 압구정동지구 아파트단지를 조성했다.

현대건설이 압구정동 공유수면 매립 과정에서 물 위에 떠 있는 듯 있어 왔던 저자도의 흙을 파서 매립용 토사로 사용함으로써 하중도河中島의 하나가 없어졌는데 이 섬이 사유지였던 관계로 이후 지주와 현대건설과의 사이에 10년에 걸친 송사訟事가 있었으며 원래 이 섬은 한강 본류와 중랑천의 물줄기가 만나는 관계로 생겨난 삼각주로서 토사가 퇴적하여 조성된 것인데 1930년경만 해도 동서의 길이 2,000m, 남북 885m나 되는 118,002㎡에 이르는 섬이었다고 전해지고 있다.″

청와대 홈페이지에 있는 이명박 대통령의 약력에 따르면, 이명박 대통령은 1965년 현대건설에 입사했고, 1977~1988년 현대건설 사장, 1988~

1992년 현대건설 회장을 역임했습니다. 이 대통령 약력에 따라 그가 지나온 길을 유추해보면 1965년 현대건설에 갓 입사하여 1968년 현대건설의 한강 저자도 매립 공사에 참여했고, 1983년 제2차 한강종합개발 때에는 현대건설 사장으로 있으면서 한강 개발을 주도했습니다.

정두언 한나라당 의원은 2010년 4월 6일 한나라당과 국토해양부 홈페이지에 'MB 현대건설 사장 때 지금의 한강 만들어'라는 칼럼을 게재했습니다. 정 의원은 이 글에서 "한강에 1980년대 초부터 대대적인 손질이 시작됐는데 이명박 대통령이 사장으로 있던 현대건설이 제안한 사업이었다. 강바닥을 준설하고, 수중보를 만들고 고수부지를 정리하고 둑을 다시 쌓고 강변도로도 건설했다. 사업비는 정부 지원 없이 거의 전액을 채취한 골재로 충당했다. 그리하여 지금의 한강으로 변모했다"며 "4대강 사업을 한마디로 요약하자면 낙동강, 영산강, 금강을 지금의 한강처럼 손질하겠다는 것"이라고 주장했습니다.

이 대통령이 현대건설에 입사하여 배운 것이 한강의 준설과 강변 아파트 건설입니다. 지금의 4대강 파괴와 친수구역특별악법으로 수변도시를 개발하는 것과 영락없이 닮은꼴입니다.

특히 현대건설이 1968년 한강의 저자도 압구정지구의 매립 과정에 "매립면허 신청 면적보다 2만 4,792m² 정도를 더 많이 매립해 문제가 제기되었으나 건설부가 원상회복의무 면제조치를 서울시에 지시했고, 이후 1973년 3월 29일 준공인가가 나왔다"는 서울시 기록이 찜찜한 것은 저만의 느낌이 아니겠지요.

"한강의 총 매립면적 15만 8,910m² 중 제방 4,667m²와 도로 2만 2,005m²는 국가에 귀속하고 잡종지 13만 2,236m²는 현대건설에 귀속하게 됨에 따라 오늘의 압구정동지구 아파트단지를 조성했다"는 기록에서

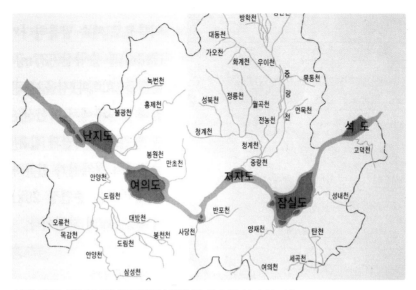

‖ 한강 개발로 사라지기 전에 한강에 있던 섬들입니다. (출처: 《한강의 어제와 오늘》)

보듯 현대건설은 한강변 매립과 개발을 통해 엄청난 부를 축적했습니다. 친수구역특별법으로 강변 도시 개발을 추진하는 이명박 대통령이 왜 그토록 4대강 사업에 집착하는지 그 이유를 엿볼 수 있는 대목입니다. 또 애초의 "한강 매립 목적은 건설공사용 각종 콘크리트제품 공장 설치대지 조성 및 강변도로 설치에 일익을 담당하는 것으로 되어 있었으나 이후 실시계획인가 과정에서 택지 조성으로 변경되었다"는 서울시 기록은 한강변 개발 건설사들이 얼마나 큰 이득을 보았는지를 잘 보여주고 있습니다. 30~40년 전 한강 개발에서 벌어진 일이 지금 또다시 4대강에서 반복되고 있는 것입니다.

건설업자들의 주머니만 채워주는 강변 공사

옛날 한강의 범람원 지도를 보면 한강이 얼마나 드넓은 강이었는지 잘 알 수 있습니다. 그러나 삽질론자들은 한강을 직선화해 강물이 흘러야 할 강변을 사유화하고, 그 땅을 온통 아파트로 채웠습니다. 그러고는 제방 안 고수부지에 강변공원이라며 잔디를 깔았습니다.

그렇다면 과연 전문가들은 이명박 사장이 30년 전에 이룬 한강 개발을 어떻게 평가하고 있을까요? 《한강의 어제와 오늘》이라는 책에는 아파트와 잔디공원으로 변한 한강 개발을 이렇게 이야기합니다.

> "자연환경을 고려하지 않은 과도한 개발로 몸살을 앓고 있는 가운데 최근 들어 서울의 인구가 한강변으로 집중되는 현상을 보이고 있다. 그 결과 한강 주변은 거의 아파트와 빌딩 숲으로 변했다. 한강은 물만이 아니라 바람이 흐르는 길이기도 하다. 따라서 아파트와 빌딩 숲은 바람이 도심을 드나드는 것을 막아 도심의 대기환경에 악영향을 미치고 있다. 시멘트로 뒤덮인 도로와 주차장은 복사열을 발산하여 도심의 열섬현상을 가중시킨다. 잔디 역시 가치가 거의 없어 시멘트 바닥과 같다."

서울시가 전문가를 동원해 2001년 발간한 《한강에서 만나는 새와 물고기》라는 책에도 이명박 대통령이 4대강 사업의 모델로 제시한 한강 개발에 대해 "강바닥에서 흙을 퍼내 강변에 쌓고 콘크리트를 바르는 개발 방식은 심각한 생태계 파괴 현상을 가져왔습니다. 물고기들은 알을 낳을 곳이 없어지고 새들도 둥지 틀 곳이 없어진 거죠. 수질도 점점 나빠지고……"라고 정확히 평가하고 있습니다.

‖63빌딩 앞 한강에 떠 있는 물고기 인공 산란장. 한강은 물은 많으나 물고기가 알도 낳을 수 없는 죽음의 수로
입니다. 4대강 사업은 4대강을 한강처럼 죽음의 수로로 만든 것에 불과합니다.

4대강 사업 후의 4대강의 미래는 이미 분명하게 나와 있습니다. 물고기가 알을 낳을 수 없고, 물은 많으나 수질은 썩어 대장균이 득실거리며, 철새들도 둥지 틀 곳이 없는 생태계가 파괴된 재앙의 현장, 이것이 바로 4대강의 내일입니다.

한강 개발로 강변에 드넓은 습지와 은빛 모래밭이 반짝이던 한강이 좁은 제방 안에 갇힌 수로가 되었습니다. 그러나 강이란 단지 좁은 수로에 갇혀 물만 흐르는 곳을 말하지 않습니다. 강이란 미루나무 그늘이 드리워진 강둑과 그 아래 드넓게 펼쳐진 버드나무와 갈대가 나풀거리는 습지와 집중호우에 언제고 물이 넘쳐흐르는 범람원과 금빛 모래, 그리고 그 안에 깃들어 살아가는 고라니와 철새들과 물고기…… 이 모든 것의 총합입니다. 흐르는 물은 강의 한 부분에 불과합니다. 한강은 콘크리트 제방을 따라 썩은 많은 물만 고여 있을 뿐, 강다움을 잃어버린 운하에 불과합니다. 이명박 대통령이 한강처럼 만드는 4대강 사업 역시 강의 강다움을 파괴하여 썩은 물만 가득 채운 변종 운하를 만드는 재앙에 불과합니다.

∥강이란 물만 가득한 곳이 아닙니다. 버드나무와 갈대와 금빛 모래 등 생태환경의 총합입니다. 그래야만 물이 맑아지고 많은 생명들이 깃들 수 있기 때문입니다.

투신자살의 명당,
한강

여의도 앞 한강변에 한 무리의 유치원 아이들이 소풍을 나왔습니다. 그런데 아이들은 강변에 나왔는데도 그저 잔디밭에서 놀고 있습니다. 강변에 놀러왔으면 모래밭에서 '두껍아 두껍아 헌 집 줄게 새 집 다오!' 하며 모래놀이도 해보고, 강자갈로 물수제비도 던져보고, 강물에 손과 발을 담그고 작은 물고기도 잡아봐야 강에 놀러왔다고 할 수 있는 게 아닐까요?

한강에 나온 아이들은 강변에 온 것이 아닙니다. 그저 넓은 잔디밭이 있는 곳에 놀러 온 것뿐입니다. 강가에 왔는데도 강물에 손도 발도 담글 수 없는 비참한 현실이 이명박 대통령이 아름답다는 지금의 한강이요, 앞으로 4대강에서 벌어질 내일의 모습입니다.

오세훈 서울시장이 한강 르네상스라는 거창한 이름으로 한강에 5,400

∥ 한강종합개발로 모래를 파 없애기 전의 한강 모습입니
다. (출처: 서울시 옛날 한강 사진전에서)

억 원을 퍼부었습니다. 그러나 수천억 원을 입힌 한강에는 '접근 금지. 익
사 위험'이라는 경고판만 자리하고 있습니다. 콘크리트는 무너져가고, 사
람이 손도 발도 담글 수 없는 한강. 사람의 생명을 위협하는 죽음의 수로

‖ 그러나 시민들의 안전한 놀이터였던 한강이 한강종합개발로 사람의 생명을 위협하는 곳이 되었습니다.
5,400억 원을 퍼부은 한강 르네상스 후 한강변에 세워진 '위험 접근 금지' 팻말입니다. 이게 바로 4대강 사업
후 모든 강에 세워질 내용입니다.

‖ 참으로 위태로운 모습이 바로 지금의 한강입니다. 모두가 행복했던 한강이 이토록 위험한 운하가 되었습니다.
이게 바로 4대강의 미래입니다.

한강. 이게 바로 이명박 대통령이 아름답다며 4대강 사업의 모델로 제시
한 한강의 진실입니다. 이 죽음의 수로가 아름다워 4대강도 이렇게 만드
시겠답니다. 여러분은 이 미친 사업에 동의할 수 있겠습니까?

사람이 손도 발도 담글 수 없는 죽음의 수로는 원래 한강이 아닙니다.
'한강의 휴일, 벌거숭이 십만'이라는 오래전 신문 기사가 전해주듯, 진짜
한강은 수많은 시민들이 금빛 모래 반짝이는 강변에서 물놀이를 즐기던

금빛 모래와 여울이 아름답던 한강 이포나루입니다. 해마다 여름이면 강수욕을 즐기러 수많은 시민들이 이곳을 찾았습니다. 그러나 지금 이 자리에 4대강 사업으로 거대한 이포댐이 들어섰습니다.

‖이명박 대통령이 자랑하는 4대강 이포댐 조감도입니다. 아름답던 이포나루의 은빛 모래톱과 여울을 파괴한 후, 거대한 이포댐 한켠에 콘크리트 어항을 하나 만들어 수영하기 좋은 물이라고 홍보하고 있습니다. 흥부도 기가 막힐 저급한 코미디입니다.

　

행복한 강이었습니다. 지금은 비록 희미한 흑백사진으로만 남아 있지만, 한강의 금빛 모래사장에서 사람들은 즐겁게 놀기도 하고 휴식도 취했습니다. 이 사진은 우리가 얼마나 소중한 것을 잃어버렸는지 보여주고 있습니다.

　동강과 서강이 강원도 영월에서 만나 남한강이 되고, 경기도 양수리에서 남한강과 북한강이 만나 비로소 한강이 되어 서울로 흘러 들어옵니다. 수도 서울을 관통하는 한강은 지리적으로 하류에 위치한 덕에 여의도를 비롯하여 난지도, 저자도, 잠실도 등의 여러 개의 섬을 가질 수 있었고 금빛 모래 또한 여기저기에 가득했습니다. 그렇게 아름다운 한강이었지만, 1970년 제1차 한강종합개발과 1983년 제2차 한강종합개발 덕에 한강은 콘크리트 수로로 전락했습니다.

4대강도 한강처럼?

이명박 대통령은 4대강 사업으로 수질을 개선해서 수영하기 좋은 물을 만든다고 주장합니다. 수영하기 좋은 물의 실체는 4대강 사업 중 한강 이포댐의 조감도를 보면 정답이 나옵니다.

이포댐이 세워진 바로 그 자리엔 원래 그림처럼 아름다운 모래섬과 맑은 여울이 있었습니다. 이곳 여울에서는 언제나 견지낚시를 즐기는 사람들과 한여름이면 물놀이를 즐기는 사람들로 가득했습니다. 그러나 모래섬과 여울은 4대강 사업으로 사라져버렸고, 거대한 이포댐이 들어섰습니다.

거대한 이포댐 한쪽 곁에 동그란 콘크리트 어항이 달려 있습니다. 4대강 사업으로 만든 수영장입니다. 맑은 여울과 모래섬을 파괴하고 만든 보잘것없는 콘크리트 어항, 바로 이게 이명박 대통령이 말하는 '수영하기 좋은 물'의 실체입니다.

맑은 물이 흐르는 금빛 모래 여울 천연 수영장과 썩은 물로 채운 콘크리트 수영장 중 여러분은 어떤 것을 선택하시겠습니까?

수영 금지 팻말로 도배 될 4대강

4대강 사업 마스터플랜에 따르면, 4대강 사업 후 부산 하굿둑에서 상주 영강까지 낙동강 평균 수심이 8.5미터라고 되어 있습니다. 과연 어느 누가 8.5미터에 이르는 깊은 변종 운하에서 수영을 할 수 있을까요? 영주 내성천에는 수심 1.5미터로 위험하니 수영을 금지한다는 팻말이 세워져 있습니다. 수심 1.5미터도 위험한데 8.5미터의 수심에서 어떤

‖ 4대강 사업 후엔 수심이 깊어 그 누구도 강에 들어갈 수 없게 됩니다. 그런데 수영하기 좋은 물이라니요? 대단한 거짓말입니다.

일이 벌어질까요? 이제 4대강 사업이 끝난 후 모든 강변에는 '수영 금지. 익사 위험!'이라는 경고판이 줄줄이 세워지게 될 것입니다.

4대강 사업으로 수영하기 좋은 물로 개선했다는 한강 이포댐 아래 새롭게 만들어진 석축입니다. 사람이 강에 접근할 수도 없는 살벌한 강이 되었습니다. 22조 원을 처발라 국민의 생명을 위협하는 살인 흉기로 전락한 4대강, 이게 어떻게 수영하기 좋은 물로 거듭난 것인가요?

아이들이 마음껏 물놀이할 수 있는 강과 손도 발도 담글 수 없는 4대강 변종 운하, 철새와 사람이 하나로 어울린 강과 사람과 자연이 단절된 4대강 변종 운하 중 여러분은 어떤 게 더 좋으신가요? 답은 이미 나와 있습니다. 왜 4대강 사업이 재앙이며 국토 훼손이며 국가 손실인지 분명하게 보여주는 명백한 증거입니다. 한강처럼 만드는 4대강 사업은 환경 파괴요, 국토를 훼손하는 재앙입니다.

∥ 이명박 대통령이 22조 원을 들여 만든 한강변 석축입니다. 이게 수영하기 좋은 명소라고요? 미끄러져 물에 빠질까 두려울 뿐입니다.

∥ 철새와 사람이 함께 어울린 살아 있는 낙동강. 일곱 살 여자아이도 마음 놓고 물놀이를 할 수 있었습니다. 그러나 이제는 그럴 수 없습니다. 4대강 사업 후엔 낙동강에 찾아온 철새와 사람들은 어디로 가야 할까요?

'수영하기 좋은 물'이 아니라
'투신자살하기 좋은 운하'

지난 2010년 12월 3일, 한강구조대 보트가 전복돼 2명의 한강 수난 구조대원이 익사하는 어처구니없는 일이 벌어졌습니다. 경찰과 소방 당국은 한강에 빠진 다른 시신을 인양하는 작업 중 구조선이 강한 바람과 물결 때문에 전복된 것이라고 전하고 있습니다.

한강 다리를 걸어서 건너다보면 다리 난간에 하얀 페인트로 동그랗게 표시해놓은 곳을 종종 볼 수 있습니다. 사람들이 한강에서 투신자살한 자리를 표시해놓은 것이겠지요. 2010년 10월 11일자 《헤럴드경제》는 2006년부터 2010년까지 지난 5년 동안 한강에서 투신자살 시도 건수가 무려 2,500건에 육박한다고 보도했습니다.

‖ 한강 다리에서 뛰어내려 자살한 흔적입니다. 물이 많은 한강은 대한민국 최고의 투신자살 명소입니다.

이명박 대통령이 아름답다고 극찬한 한강은 투신자살의 명소입니다. 이렇게 한강이 투신자살의 명소가 된 이유는 한강종합개발사업으로 모래를 준설하여 수심을 깊게 만들었기 때문입니다. 한강을 준설하지 않았다면 벌어지지 않을 일이었습니다.

이명박 대통령은 4대강 사업으로 수영하기 좋은 물을 만들겠다고 주장합니다. 이 대통령은 수질 개선의 사례로 늘 한강을 제시합니다. 한강의 모래를 준설하고 잠실과 김포에 보를 세웠더니 수량이 풍부해져 수영하기 좋은 물이 되었다는 것입니다. 《안녕하십니까 청와대입니다》라는 청와대에서 직접 제작한 4대강 사업 홍보책이 있습니다. 이 책에는 아이들이 몸에 풍선을 달고 한강에서 수영하는 사진을 보여주며 한강종합개발사업으로 한강이 다시 살아난 덕이라고 밝히고 있습니다. 구조대원도 빠져 죽는 위험한 수로 한강이 아이들의 수영 명소라니 참 대단한 거짓말입니다.

4대강 사업 홍보 동영상에 따르면 4대강 사업 후에 아이들이 물살을 헤치며 뛰노는 행복한 장면을 보여주고 있습니다. 과연 4대강 사업 후에 아이들이 강에서 맘 놓고 뛰놀 수 있는 안전한 강이 되는 것일까요?

아이들의 강을 만든다는 한강 이포댐 공사 현장입니다. 이곳에서 지난 2010년 11월 17일, 한강 도하 훈련을 하던 군인들이 탄 배가 뒤집혀 4명이나 익사하는 사고가 발생했습니다. 한강 도하 훈련은 매년 이뤄지는 연례행사로서, 이곳은 군인들에게 매우 익숙한 곳입니다. 그러나 4대강 사업으로 강을 준설하고 거대한 댐을 세운 덕에 훈련 중인 배가 전복된 것입니다. 특히 구명조끼를 입었음에도 군인들이 사망하게 된 것은 이포댐으로 인한 급류가 얼마나 심각한지를 보여줍니다. 물에 빠졌다 겨우 구조된 군인들은 인터뷰에서 물살밖에 보이지 않았다고 증언했습니다.

∥훈련 중인 군인들이 빠져 죽은 4대강 사업 한강 이포댐 공사 현장입니다. 은빛 모래와 여울이 사라지고 거대한 댐이 들어선 덕에 군인들이 죽고, 공사 중이던 인부들도 물에 빠져 사망했습니다. 그런데 이곳이 수영하기 좋은 물이 된답니다. 재앙을 부르는 4대강 공사 중단을 외치며 환경운동가 3명이 저 댐 위에 올라갔던 것입니다.

아이들이 수영하기 좋은 물을 만든다는 4대강 사업 현장에서 공사 인부들도 익사하는 사고가 계속 발생했습니다. 지난겨울에도 4대강 공사 중인 가물막이가 터지며 포클레인 기사가 차가운 얼음물에 그대로 익사했습니다. 아이들이 수영하기 좋은 물을 만든다는데 왜 어른들이 물에 빠져 죽는지 도대체 이해할 수가 없습니다.

이명박 대통령은 종종 태화강 살리기를 4대강 사업의 명분으로 내세우곤 합니다. 태화강 살리기 덕에 죽었던 강에서 이젠 사람들이 수영을 한다는 것입니다. 그래서 4대강 사업으로 수영하기 좋은 강으로 다시 살아난다는 것이지요. 《안녕하십니까 청와대입니다》에서 태화강의 수영 사진을 자랑스럽게 보여주고 있습니다.

2002년에 시작된 '태화강 마스터플랜' 사업 후 1급수로 되살아난 태화강

금지

‖ 태화강 수영대회 사진을 홍보한 청와대가 제작한 4대강 홍보 책자. 그러나 태화강 현장엔 수영 금지 팻말이 곳곳에 자리하고 있습니다.

이명박 대통령이 말한 태화강 수영의 진실을 찾기 위해 울산 태화강을 다녀왔습니다. 홍보 책자에 나오는 태화강의 수영 장소엔 '익사 위험. 수영 금지'라는 팻말이 곳곳에 세워져 있었습니다. 태화강 살리기의 예를 든 청와대의 주장 역시 거짓말이었던 것입니다.

태화강은 강 하구에 있던 보를 철거하고, 습지를 그대로 보존함으로써 연어와 철새들이 돌아오는 강이 되었습니다. 그러나 태화강이 진짜 생명의 강이 되려면 아직 멀었습니다. 강변을 한강처럼 시멘트 제방으로 쌓아 강을 사람과 단절시켰고, 아직 수질 문제가 남아 있기 때문입니다. 태화강은 습지가 그대로 보존되어 연어와 철새가 노니는 상류와 준설이 이뤄진 중하류 부분으로 구분됩니다. 특히 청와대가 보여준 수영대회가 열리는 이곳은 적조 문제가 심각해 울산시의 해결과제로 남아 있습니다.

태화강 수영의 진실은 여기 있습니다. 울산 시민들이 언제나 태화강에서 수영을 즐길 수 있는 것이 아닙니다. 1년에 단 하루 수영대회 하는 날 사진입니다. 1년 중 딱 하루의 수영대회를 위해 울산시는 지하수를 끌어다 강에 공급하여 수질을 개선하고, 안전 요원들을 배치하여 수영대회를 치릅니다. 울산시 홍보를 위한 전시 행정 중에 하나이지요. 진실을 감추고, 그저 사진 한 장으로 국민을 속이려는 이명박 대통령의 뻔뻔스런 거짓말이 태화강에서 여전히 반복하고 있습니다.

4대강 사업 유지 관리 비용은?

4대강 사업 후에 강에서 아이들이 뛰놀게 된다는 4대강 홍보영상은 국민을 속이는 무책임한 거짓입니다. 4대강 사업의 핵심은 강의 모래를 퍼내는 준설입니다. 그 덕에 수심이 5~10미터로 깊어집니다. 그래야만 배가 다닐 수 있기 때문입니다. 과연 누가 이렇게 깊은 수로에서 목숨을 담보로 수영을 할 수 있을까요? 4대강 사업 홍보 동영상과는 달리 4대강 사업 후에는 아이들은 고사하고 수영을 잘하는 어른들도 강에 접근하기 어려워집니다.

지금 여의도 앞 한강은 그 누구도 발을 담글 수 없는 위험한 수로임을 모두가 잘 알고 있습니다. 한강 물이 썩었다는 것은 둘째 치고, 수심이 너무 깊어 물에 빠져 죽는 위험한 운하이기 때문입니다.

강을 준설하는 4대강 사업으로 우리 아이들이 강에 접근조차 할 수 없는 운하로 만들면서, 아이들이 물놀이 할 수 있는 안전한 강으로 거듭난다고 홍보하는 저 뻔뻔스러운 거짓말이 놀랍기만 합니다.

여울과 은빛 모래밭이 있던 강이 물만 가득한 수로가 되면 어떻게 될까요? 바로 4대강 사업의 모델인 한강이 증명해줍니다. 한강엔 여의도에 영등포 수난구조대와 잠실 구조대가 있습니다. 순간의 낙심으로 한강에 투신하는 사람들의 생명을 살려내기 위해서는 구역마다 수난구조대가 필요한 것입니다. 그렇다면 4대강 사업으로 생명의 강이 수심이 깊은 운하가 되면, 이제 4대강 역시 곳곳에 수난구조대가 항시 대기하고 있어야 하지 않을까요? 4대강을 지나는 300개가 넘는 다리가 투신자살하기 좋은 명소가 될 수도 있을 테니 말입니다.

한강은
운하다

이명박 대통령이 4대강 사업의 근거로 제시하는 홍수 예방, 수질 개선, 일자리 창출 등의 주장이 모두 거짓이라는 것을 우리 모두가 잘 알고 있습니다. 그렇다면 왜 빤한 거짓말로 국민을 속이면서까지 4대강 죽이기 공사를 강행한 것일까요?

국민들의 무지를 악용하려는 이 대통령의 꼼수입니다. 이미 이 대통령은 청계천을 통해 톡톡히 재미를 보았습니다. 청계천 복원이라는 구호 아래 청계천의 조선시대 문화재를 파괴하고 세계 최대의 누워 있는 분수를 만들었습니다. 그러나 진실을 모르는 많은 국민들은 거짓된 청계천 환상에 빠져 그를 대통령으로 세웠습니다.

청계천 복원처럼 4대강 사업 역시 '4대강 살리기'라는 그럴싸한 말로 국민을 호도합니다. 앞으로 4대강에 물이 가득해지고, 강변에 잔디 공원

∥한강 잠실수중보입니다. 한반도 대운하 책에 따르면 잠실수중보에는 갑문을 만들 자리가 이미 준비되어 있다고 밝히고 있습니다. 잠실수중보가 갑문만 달면 운하가 되듯, 4대강 사업 역시 갑문만 달면 운하가 됩니다. 그래서 대운하의 아류작인 변종 운하라고 이야기하는 것입니다.

이 들어서고, 강변을 따라 자전거도로가 건설되면 많은 사람들이 강이 살아났다고 오해하게 될 것입니다. 대다수 국민들은 강과 수로를 구분하지 못하기 때문입니다. 국민들은 4대강 사업으로 우리가 잃어버린 생명의 강의 소중함과 그 가치를 인식하지 못합니다. 5.8킬로미터에 불과한 청계천을 유지 관리하는 데 연간 100억 원에 가까운 혈세를 쏟아 붓듯이, 690킬로미터의 4대강을 유지 관리하기 위해 재정 적자가 심각한 지자체들이 매년 퍼부어야 할 국민 혈세는 인식하지 못합니다. 4대강 사업 때문에 홍수 예방이 아니라 오히려 대홍수 재앙이 발생하고, 강에 가득한 물이 썩어 악취가 진동할 때쯤에야 문제를 인식하게 되겠지요. 바로 이런 국민의 무지를 기대하며 4대강 죽이기를 강행한 것이겠지요.

한강의 진실은 '운하', 4대강의 진실 역시 '운하'

홍수 예방을 비롯하여 이 대통령이 4대강 사업의 효과로 내세운 온갖 구호들이 거짓이라면, 4대강 사업의 진실은 무엇일까요? 이명박 대통령이 4대강 사업의 모델로 한강을 제시했듯이, 4대강 사업의 숨겨진 진실 역시 한강에서 찾을 수 있습니다.

'한반도 대운하'가 '4대강 사업'으로 이름만 살짝 바꾸기 전에, 이명박 대통령 관계자들이 한반도 대운하에 관련한 다양한 책을 발행했습니다. 그 중 《왜 한반도 대운하인가?》라는 책에 "운하를 만들면 수질이 개선되고 환경이 더 좋아진다"며, "한강에서 답을 찾아라! 한강은 운하다"라고 말하고 있습니다. 내용을 정리하면 이렇습니다.

> "운하를 만들면 수질 개선과 함께 환경이 살아날 수 있음을 보여주는 예를 바로 한강에서 찾을 수 있다. 많은 사람들이 모르고 있는 것 가운데 하나가 한강이 바로 운하라는 사실이다. 서울의 한강은 잠실대교 및 수중보와 신곡수중보를 활용한 사실상의 운하이다. 잠실대교에는 이미 갑문을 만들기 위한 터가 준비되어 있다."

이 대통령이 부인하지만, 국민들이 4대강 사업을 '운하'라고 지적하는 이유가 바로 여기에 있습니다. 이 대통령 측근들이 밝혔듯이 한강이 운하이기 때문입니다. 이 대통령이 감사원조차 경제성이 없다고 판단한 경인 운하를 강행한 이유는, 이미 운하인 한강에 경인운하만 연결하면 인천 앞 바다에서 한강으로 배가 오갈 수 있기 때문입니다. 그래서 지난 2010년 5월 25일 국무회의에서 이 대통령은 항만법 시행령을 개정해 여의도를 국제무역항으로 지정했습니다. 여의도 한강 주변을 국제무역항으로 지정해 중국 및 동북아 국가와 주요 도시 사이에 선박이 운행하도록 하겠다는 것입니다. 한반도 대운하의 망령이 한강에서 다시 시작된 것이지요.

꼼수 정치와 전시 행정의 진면목

《왜 한반도 대운하인가?》라는 책에는 "어느 누구도 운하인 한강을 바라보면서 '물이 썩고 있다', '오염이 심하다'라는 말은 하지 않는다. 오히려 수질이 개선되고 국민들의 여가 공간이 늘어나 이로 인한 관광 효과 등이 그대로 보이고 있다"며 운하를 만들면 한강처럼 물이 맑아진다고 주장합니다. '한반도 대운하'나 많은 물 확보를 외치는 '4대강 사업'의 논리가 똑같습니다. 4대강 사업이 대운하의 아류작인 이유가 바로 이 때문입니다.

이명박 정부 관계자들은 종이컵 반 잔 정도의 한강물에 10만 마리가 넘는 대장균이 득실거리고 있다는 사실을 모르는 것일까요? 이명박 대통령이 자랑하는 여의도 앞의 그 많은 한강물은 너무 더러워 취수장이 단 하나도 없다는 사실을 왜 감추고 있는지 궁금할 뿐입니다.

이 책은 운하의 타당성을 강조하기 위해 '한강 은어-빙어 50년 만에 돌아왔다'라는 2007년 9월 18일자 《동아일보》기사를 인용해 "얼마 전에는 한강에 은어와 빙어가 돌아왔다는 반가운 소식이 들려왔다. 깨끗한 물에서만 산다는 지표종 어류인 은어, 빙어가 한강에서 서식하는 것으로 밝혀진 것이다"라고 운하인 한강의 살아난 생태를 강조했습니다.

한걸음 더 나아가 이 책은 운하 반대론자들에게 다음과 같은 질문을 던지며 운하의 타당성을 항변하고 있습니다. 아마도 이명박 대통령이 4대강 사업을 반대하는 사람들에게 묻고 싶은 말일 것입니다.

> "운하 반대론자들은 설명해야 한다. 한강은 분명히 운하이다. 그런데 왜 한강에 깨끗한 물에서만 산다는 은어와 빙어가 50년 만에 돌아왔을까 하는 점이다. 한강은 준설을 했다. 이명박 측이 계획하는 한강과 낙동강 운하 계획을 그대로 시행한 곳이 지금의 서울 한강이다. 서울의 한강은 그런 의미에서 한반도 대운하의 시범사업으로 여겨도 좋다."

이명박 대통령이 한강이 아름답다며 한강을 4대강 사업의 모델로 제시한 이유를 이제야 알 것 같습니다. 한강운하처럼 4대강 운하를 만들기 위한 것이지요. 그런데 운하 논리가 참 궁색하네요. 한반도 대운하의 모델인 한강운하에 왜 은어와 빙어가 50년 만에 돌아왔냐고요? 제가 4대강 살리기라는 미명 아래 변종 운하를 강행하는 이들에게 그 정답을 알려드리지요. 아주 쉽습니다. 인터넷 검색에서 '한강 은어 방류'라는 단어만 검색하면 끝입니다.

황복과 마찬가지로 은어 역시 지난 수년 동안 서울시가 한강에 방류한 사실을 쉽게 찾을 수 있습니다. 한강시민공원사업소 홈페이지에 '2005년 5월 27일, 1급수에 서식하는 은어 20만 마리 방류'라는 제목의 한강 은어 방류 행사 안내문이 자세히 나와 있습니다.

1급수에 서식하는 은어 20만 마리 방류

서울시는 이달 27일, 맑고 깨끗한 1급수에서만 산다는 은어 치어 20만 마리를 한강에 방류한다. 은어는 연어와 같은 회귀성 어족으로 입, 턱이 발달하여 돌이끼를 갉아먹을 수 있는 특이한 민물고기이다. 담백한 맛과 영양가가 높아 예로부터 임금님 상에 진상 되던 최고급 민물고기로 유명하다.

치어 방류 행사는 한강시민공원 광나루지구 천호대교 남단에서 오후 2시 반부터 4시까지 진행된다. 행사 참여자가 봉투에 든 치어를 한강에 직접 방류하게 되는데, 이렇게 방류된 은어 치어들은 성어로 자라나 한강의 생태 환경을 더욱 풍부하게 만들게 된다.

치어 방류 행사에는 유치원생이나 초, 중, 고등학교 학생 등 서울 시민이면 누구나 참여할 수 있다. 참가 인원은 선착순 500명으로 서울시 한강시민공원사업소 환경과로 신청하면 된다. 참가비는 없다.

문의: 한강시민공원사업소

지난 2010년 8월 11일 서울시가 청계천에서 1급수 어종인 은어가 한 마리 발견되었다며 청계천의 생태계가 살아나고 있다고 대대적인 홍보를 했습니다. 청계천 은어 발견 보도를 접한 네티즌들은 실소를 금치 못하며 "청계천에서 다금바리도 잡힐 거예요", "다음엔 청계천에서 오징어, 꼴뚜기, 대구, 명태, 거북이, 연어알도 나오겠다고 하겠구먼"이라고 트위터를 주고받았습니다. 사실 확인조차 없이 초등학생 수준의 받아쓰기에 능한 한국의 기자들보다 네티즌들의 수준이 훨씬 높음을 보여준 사건이었습니다.

2010년 청계천의 물고기 조사 과정에 은어를 직접 잡은 물고기 전문가는 "은어 한 마리를 보고서는 누가 방류했는지 모르기 때문에, 보도하면 논란만 더 키울 뿐"이라고 청계천 은어 보도를 반대했습니다. 그러나 이 명박 대통령에게 잘 보이기 위한 서울시가 청계천의 은어 한 마리를 과장 보도했습니다. 그리고 바로 이틀 뒤 이 대통령은 보란 듯이 청계천을 수행원들과 활보하는 모습이 언론에 보도되었습니다. 꼼수 정치와 전시 행정의 진면목을 볼 수 있는 대목이었지요. 그동안 서울시가 한강에 방류한 41만 마리의 은어 중 어디서 온 줄도 모르는 단 한 마리의 은어 때문에 모든 언론이 난리를 치며 국민을 속인 것입니다. 요즘은 한강에도 은어가 잡힌다는 소식이 잘 들리지 않습니다. 도대체 그 많은 41만 마리의 은어는 다 어디로 간 것일까요?

빙어가 돌아온 한강이 1급수라고요?

'은어'보다 더 기가 막힌 코미디는 '빙어'입니다. 빙어에 대해서 많은 사람들이 착각하고 있습니다. 빙어는 '맑은 물'이 아니라 '차가운 물'에 사는 물고기입니다. 여름에는 수심이 깊은 차가운 곳에 숨어 살다가 겨울이면 수면 위로 올라와서 잡히는 것입니다. 그런데 많은 분들이 '얼음 빙氷'자를 '맑을 청淸'으로 오해하여 빙어를 산 채로 먹고 있습니다.

빙어는 1급수 어종이 아닙니다. 빙어는 더러운 물에서 사는 물고기입니다. 하나자토 다카유키는 《물벼룩은 위대하다》라는 책에서 일본의 '스와' 호수의 1950년부터 2000년까지 50년간의 수질과 빙어 어획량 관계를 상세히 서술하고 있습니다.

스와 호수가 가장 오염되었던 1970년대엔 빙어 어획량이 330톤으로 최대였는데, 스와호의 수질을 개선하기 위해 하수 처리장이 설치되고 하

‖빙어는 이토록 진한 녹색의 썩은 물인 천수만 간월호와 부남호
  에서 잡힙니다. 결코 빙어는 물이 깨끗한 곳에서 사는 물고기가
  아닙니다.

수도 보급률이 높아져 수질이 맑아지자 2000년에는 빙어 어획량이 겨우
30~40톤으로 줄어들었다는 것입니다.

  이것 외에도 빙어가 더러운 물에 사는 물고기라는 증거는 많습니다. 이
명박 전 현대건설 사장이 천수만 바다를 막아 썩은 호수로 만든 천수만
간월호와 부남호에서 겨울이면 엄청난 양의 빙어가 잡혀 전국으로 유통
되고 있습니다. 간월호와 부남호는 썩은 녹색입니다. 공업용으로조차 쓸
수 없을 정도로 최악의 썩은 물입니다. 그런데 이 썩은 물로 농사지은 쌀
이 전국에 유통되고 있고, 이곳에서 많은 빙어들이 잡히는 것입니다.

  하나자토 다카유키는 우리의 오해를 이런 멋진 말로 설명합니다.

"대다수 사람들은 맑은 물에 물고기가 많이 살 것이라고 착각한다. 왜냐하면 맑은 호수에서 무리지어 헤엄치는 물고기를 흔히 보기 때문에 그러한 착각을 하는 것이다. 물이 오염되어 흐려지면 물고기는 찾아보기 힘들다. 하지만 그 오염된 호수 속에는 훨씬 많은 물고기가 서식하고 있다. 또한 '호수가 오염되면 물고기가 산소 부족으로 죽는다'는 이야기를 자주 듣는다. 그 말 역시 타당하지 않다. 물론 오염된 호수 밑바닥 부근에는 산소가 희박하기 때문에, 물고기는 그곳에 머물 수 없다. 하지만 산소가 희박한 곳은 심층수이지 표층수가 아니다. 표층수에는 엄청나게 불어난 식물성 플랑크톤녹조이 활발한 광합성을 통해 훨씬 많은 산소를 만들어내고 있다. 그곳에는 산소가 넘쳐 날 만큼 존재한다."

녹조가 산소를 만들어낸다는 증거는 청계천에서 쉽게 발견됩니다. 청계천 바닥은 하얀 진주 구슬을 깔아놓은 듯 동글동글한 산소 방울로 가득합니다. 청계천에 가득한 녹조들이 광합성을 하여 산소를 만들어낸 것입니다. 청계천의 썩은 수질이 얼마나 심각한지 보여주는 증거입니다.

운하인 한강에서 은어와 빙어가 잡힌 것이 4대강을 운하로 만드는 근거가 될 수 없습니다. 죽음의 수로로 전락한 한강이 4대강 사업의 모델이라는 이 대통령의 발언을 통해 4대강의 미래는 불 보듯 뻔합니다. '무지가 사람 잡는다'라는 옛말처럼, 이명박 대통령의 탐욕과 무지가 4대강을 처참하게 파괴했습니다.

한강은 죽음의 운하입니다. 4대강은 운하입니다. 4대강의 미래는 썩은 물로 가득한 재앙이 될 것입니다.

누구를 위한
자전거도로인가?

일본 지진의 영향이 이곳 4대강공사 현장까지 미친 것일까요? 이명박 대통령이 심혈을 기울여 만든 한강변 자전거도로가 완공된 지 겨우 몇 달 만에 와르르 무너졌습니다. 한강변 자전거도로의 붕괴는 이미 예견된 사고입니다.

지난 2010년 여름 한강변에 자전거도로 공사가 한창이었습니다. 깎아지른 급경사에 설치하는 자전거도로가 위태로워 보였습니다. 그러나 공사 관계자는 1미터 간격으로 철심을 박았기 때문에 어떤 일이 있어도 안전하다고 장담했습니다. 강변에 우거졌던 나무들을 베어내고 드디어 한강변 자전거도로가 완성되었습니다. 알록달록 멋지게 만든 자전거도로인데 하루아침에 칼로 자른 듯 붕괴된 것입니다.

이명박 정부는 4대강변을 따라 무려 1,700킬로미터에 이르는 자전거도

‖한강변에 이렇게 멋지게 자전거도로를 완공했는데 와르르 무너져 내렸습니다. 이것저것 따지지 않고 속도전
만을 내세우는 공사가 얼마나 위험한지 잘 보여주고 있습니다.

로를 건설하고 있습니다. 시원한 강변을 내다보며 달릴 수 있으니 얼마나 좋을까요? 보기에 그럴듯한 자전거도로가 완공되면 강이 살아나는 것일까요? 낙동강변의 자전거도로는 거대한 덤프트럭이 서로 교행할 수 있을 만큼 넓습니다. 도대체 얼마나 많은 사람들이 자전거를 이용하기에 강변에 이토록 큰 자전거도로를 건설하는 것일까요?

생태계 단절과 수질 악화를 부르는 자전거도로

강변 자전거도로 건설로 인한 환경 파괴는 심각합니다. 강변 숲은 강으로 유입되는 오염원을 차단하여 수질 오염을 막아주고, 강과 숲의 생태계를 연결하는 중요한 역할을 합니다. 그러나 강변 숲을 파괴하고 건설되는 자전거도로는 수질 오염과 함께 심각한 생태계 단절을 초래합니다. 세계 그 어느 나라도 4대강 사업처럼 멀쩡한 강변을 파괴하면서까지 자전거도로를 건설하지 않습니다. 소수를 위한 자전거도로의 유용성보다 강의 생태계와 수질과 아름다운 자연 경관이 더욱 소중하기 때문입니다.

자전거란 먼 길을 여행하는 수단이 아니라 가까운 거리를 이동하는 도구입니다. 선진국은 강변 자전거도로가 아니라 시내의 안전한 자전거도로 건설에 심혈을 기울입니다. 이게 바로 진짜 저탄소 녹색 성장이기 때문입니다. 자전거 천국인 독일의 이자강이나 라인강에도 대한민국처럼 강둑을 밀고 시멘트로 포장한 자전거도로를 건설하지 않았습니다. 강둑의 자갈길을 따라 자연스레 자전거가 오고갑니다. 운하를 자연의 강으로

‖ 운하를 생명의 강으로 되살린 독일 이자강 살리기 현장입니다. 자전거를 그토록 애용하면서도 강변에 자전거를 위한 포장도로는 단 한 곳도 없습니다. 4대강 사업과는 정반대입니다. (사진 : 임혜지 박사)

‖ 자전거도로를 이용하는 사람은 별로 없는데, 강변에 시멘트로 포장된 자전거도로가 무려 7차선으로 이뤄져 있습니다. 세계인이 놀랄 자전거도로입니다.

‖ 낙동강 자전거도로 건설 현장. 역시 4대강 사업은 대단합니다. 자전거도로에 대형 덤프트럭이 서로 교행할 수 있을 만큼 넓습니다. 자전거도로가 아니라 광란의 도로입니다.

복원한 스위스 투어강의 자전거도로 역시 시멘트 포장이 전혀 없습니다. 저탄소를 실현하기 위해 정작 자전거도로가 필요한 도심은 외면하고, 강변 숲을 파괴하고 콘크리트로 처바른 유희용 자전거도로를 건설하는 나라는 전 세계에서 대한민국이 유일합니다. 정신 이상이 아니고서는 숲과 강을 파괴하며 건설한 자전거도로를 저탄소 녹색 성장이라 부를 수는 없을 것입니다.

자전거도로 때문에 쫓겨나는 유기농민들

가짜 녹색인 1,700킬로미터의 4대강변 자전거도로 건설은 환경 파괴를 부르는 재앙에 그치지 않습니다. 강변 자전거도로 건설을 위해 많은 농민들이 삶터에서 쫓겨났습니다. 수도권 시민들의 안전한 먹을거리를 생산하던 경기도 팔당의 유기농단지 농민들이 쫓겨나고 비닐하우스가 철거되었습니다. 바로 MB표 가짜 녹색 자전거도로 건설을 위해서였습니다.

이명박 정부는 팔당의 유기농민들을 몰아내며 그 근거로 유기농민들이 한강의 수질을 오염시키기 때문이라고 주장했습니다. 과연 팔당 유기농민들이 한강의 수질을 악화시켰을까요? 절대 아닙니다. 농경지가 수질 오염의 주범이 되는 가장 큰 이유는 집중호우 때 농토의 비료와 농약이 강으로 유입되기 때문입니다. 특히 산을 헐고 급경사에 재배하는 고랭지 채소 재배가 하천 오염의 최고 주범입니다.

농약을 사용하지 않는 팔당 유기농민들은 대부분 비닐하우스 안에서 농사를 짓습니다. 농작물에 적당한 물을 뿌려주는 것은 기본 상식입니다.

‖친환경농업 대상을 받은 팔당 유기농민들의 터전이 MB
표 자전거도로를 위해 철거되고 있습니다.

비닐하우스 안에서 농사짓는 팔당 유
기농민들의 경작지에서 팔당호로 유입
되는 오염원을 찾아보기 힘듭니다.

사실 팔당 유기농민들이 있었기에
지금까지 팔당호의 수질을 그나마 유
지할 수 있었습니다. 지금도 팔당호 주
변에는 별장과 고급 주택들이 자리하
고 있습니다. 만약 이곳에 유기농이 이
뤄지지 않았다면 팔당호 주변에는 이
곳의 경관을 누리려는 별장들과 음식
점으로 가득했을 것이고, 팔당호의 수
질은 더 악화되었을 것입니다. 팔당 유
기농민들은 한강의 수질 보호와 국민
의 안전한 먹을거리 생산을 위해 농약
과 화학 비료를 사용하지 않았습니다.
그러나 몰염치한 이명박 정부와 경기
도는 유기농민들에게 수질 오염의 주
범이라는 낙인을 찍어 그들을 농토에
서 몰아냈습니다.

서울은 대한민국 인구의 4분의 1이
살아가는 기형적인 도시입니다. 회색
빛 콘크리트로 가득한 서울이 지속가
능하고 건강한 도시가 되려면 도시근
교농업이 함께 이뤄져야 합니다. 도시

| 팔당 유기농민들을 찾아와 농업이 위대한 산업이라고 했던 이명박 대통령. 그러나 지금은 그 위대한 산업을 깡그리 파괴하고 있습니다. 이명박 대통령에게 '약속'이란 무슨 의미일까요?

근교농업은 사람과 자연을 연결해주는 고리입니다. 도시농업은 도시인들의 농사 체험뿐만 아니라, 오염된 도시의 대기를 정화하고, 기후를 조절하며, 공동체 문화와 도시인의 정서 함양에도 큰 기여를 하고 있습니다. 팔당 유기농단지를 지금처럼 보존해야 하며, 앞으로 이런 도시근교

∥이명박 정권은 자전거도로를 건설하기 위해 팔당 유기농민들을 삶터에서 쫓아냈습니다. 이는 명백히 국가 권력의 테러입니다. (사진 : 오마이뉴스)

농업이 더 많아져야 합니다.

　이명박 정권은 수도권 시민에게 맑은 물을 공급하기 위한다며 유기농민을 몰아내더니, 그 자리에 한강의 수질 악화를 초래하는 자전거도로와 잔디광장과 피크닉장과 야외공연장을 조성하고 있습니다. 자전거공원이 꼭 필요하다면 시민들이 찾기 쉬운 서울 도심 한강변에 있어야 하지 않을까요? 서울에서 자전거로 몇 시간을 힘들게 달려와야 하는 팔당 유기농단지에 자전거공원을 조성하는 것은 이치상 맞지 않습니다. 이는 정치인들의 전시용 사업이요, 혈세 낭비에 불과합니다.

　특히 강변에 자전거도로와 잔디광장과 야외공연장이 들어서면 한강의 수질 오염이 더 가중된다는 것은 초등학생도 아는 기초 상식입니다. 많은 사람들이 차를 가지고 오니 당연히 이곳에 대형 주차장이 들어서야 할 테고, 공원의 잔디와 나무를 가꾸기 위해 조경용 퇴비와 농약을 사용해야 할 테니 수질은 더욱 악화될 것입니다. '수질 개선'이란 팔당 유기농민들을 몰아내기 위한 거짓 구호에 불과했던 것입니다.

유기농민 몰아내고, 농약 덩어리 골프장 허가라니

　4대강 사업의 명분으로 애용하는 '수질 개선'이 얼마나 허구인지를 보여주는 확실한 증거가 있습니다. 이명박 정부는 지난 2010년 7월 6일, 2,300만 수도권 시민의 젖줄인 팔당상수원특별대책 지역에 2011년 6월부터 골프장 입지를 허용하기로 했습니다. 그동안 수도권 시민들에게 안전하고 맑은 수돗물을 공급하기 위해 팔당 상수원 보호구역에 규제해오던 골프장 인허가 규제를 해제한 것입니다.

　이제 팔당상수원특별대책 지역에 대중 골프장은 물론이요, 회원제 골프장도 마음껏 들어설 수 있게 되었습니다. 이명박 정부의 법령 개정으로 골프장 입지가 완화되는 면적은 무려 의정부시의 10배인 825㎢에 이릅니다.

　골프장의 파란 잔디를 유지하기 위해서는 독성이 강한 농약을 뿌려야만 합니다. 지난 2009년 환경부 국정감사에서 한나라당 이화순 의원이 골프장 농약 기준에 대해 질의했습니다. 이에 대해 환경부는 "각 골프장마다 환경이 다르기 때문에 농약 사용 기준이 전혀 마련되어 있지 않다"고 밝혔습니다.

　그동안 수도권 시민들은 팔당 상수원의 수질을 보호하기 위해 물이용부담금을 수조 원씩 부담해왔습니다. 그러나 수질 오염의 주범인데도 농약 사용 기준조차 없는 골프장을 허가한 이명박 정부는 수도권 시민들의 생명을 위협하는 몰염치한 정권임을 스스로 증명한 것입니다. 수질 오염을 부르는 골프장 규제를 풀면서 수질 오염을 막는다며 유기농단지를 몰아내는 이율배반적인 모습을 보여주고 있습니다.

자전거도로에 쫓겨나는 큰고니 보금자리

팔당 유기농단지의 하우스 주변은 갈대숲으로 둘러싸여 있었습니다. 이곳의 갈대밭은 한강 수질 정화의 한 축을 담당하고 있습니다. 뿐만 아니라 이곳의 갈대 습지 덕분에 큰고니 무리가 매년 겨울 이곳에서 휴식을 취합니다. 이 대통령이 아름답다고 하는 여의도와 잠실 앞 한강에는 큰고니들이 먹을 것이 없기 때문입니다.

그런데 이명박 대통령이 건설하는 자전거도로는 큰고니와 기러기들의 쉼터를 파괴했습니다. 이뿐만 아니라, 수초와 나무가 자라야 할 강변에 자전거도로를 위한 돌 축대를 쌓았습니다. 강변에 수초들이 있어야 철새들이 깃들고, 개구리 등의 양서류들이 살아갈 수 있습니다. 그래야 강물도 맑아집니다. 그런데 MB표 자전거도로를 위해 이 모든 것이 사라지고 있습니다. 도대체 무엇을 위한, 누구를 위한 자전거도로인지 이명박 대통령에게 묻고 싶습니다.

▥팔당 유기농단지를 찾아오는 큰고니와 기러기들입니다. 그러나 4대강 자전거도로로 인해 이들의 쉼터가 파괴되고 있습니다.

▥이명박 대통령이 자전거도로를 건설하기 위해 한강변을 석축으로 포장하고 있습니다. 이로 인해 큰고니와 기러기들이 노닐던 보금자리는 파괴되고, 서울 시민의 젖줄인 한강물은 썩어가고 있습니다.

국민 차별 심각한 이명박 장로님

예수님은 가난하고 병들고 힘없는 자들을 찾아가 그들을 위로하고 치유하여 사람다운 삶을 살도록 이끌어주었습니다. 그러나 이명박 장로님은 소수의 부자를 위한 감세 조치로 나라 살림을 심각한 재정 적자에 허덕이게 했습니다. 특히 교육과 복지 등에 써야 할 예산을 4대강 사업에 퍼부어 국민을 고통으로 몰아넣고 있습니다.

국민을 차별하는 못된 정부의 실체가 팔당 유기농단지에서도 그대로 나타나고 있습니다. 팔당 유기농단지 한쪽엔 고급 별장들이 줄지어 있습

∥비닐하우스마다 철거될 번호가 적혀 있습니다. 힘없는 농민들의 비닐하우스는 철거하면서 부자들의 별장들은 그대로 있습니다.

▮자전거란 도심에서 가까운 거리를 이동할 때 쓰는 교통수단입니다. 그러나 대한민국에서 자전거를 타려면 목숨을 걸어야 합니다. 열악한 도심에서 자전거를 타다 사고로 부상당하거나 목숨을 잃는 사고가 늘어나고 있습니다. 4대강 사업은 진짜 필요한 도심 내 자전거도로는 외면하고, 강을 파괴하고 자전거도로를 포장했습니다. 이명박 대통령의 저탄소 녹색 성장이란 '먼 길 갈 땐, 자전거, 가까운 길은 자동차!'라는 저급한 코미디입니다.

‖ 이명박 대통령이 대운하의 모범사례로 말한 독일은 자전거 천국입니다. 도심 내 안전한 자전거도로를 확보하는 것, 이것이 바로 저탄소 녹색 성장이 아닐까요? 이명박 대통령의 저탄소 녹색 성장이란 구호 아래 펼쳐지는 4대강변 자전거도로는 환경 파괴의 재앙이 숨어 있을 뿐입니다. (사진 : 양쿠라)

니다. 그런데 자전거도로 건설을 위해 힘없고 가난한 유기농민들은 다 몰아내면서, 부자들의 별장들은 그대로 두었습니다. 심지어 고급 별장이 있는 곳은 강변에 축대를 쌓아가며 자전거도로를 건설하고 있습니다.

문제는 자전거도로로 인해 서울 시민의 젖줄인 팔당호 수질이 더 악화된다는 사실입니다. 강변에 자라던 수초를 뽑고 석축을 쌓았습니다. 놀랍게도 석축을 쌓은 곳은 녹조가 피고 심각한 악취가 진동합니다. 수초 자리를 대신 차지한 석축엔 생명이 깃들 수 없기 때문입니다. MB표 자전거도로는 국민의 식수를 오염시키는 주범이 되고 있습니다.

하루빨리 강변 자전거도로가 완공되기를 기다리는 사람들이 많다는 소식을 듣기도 합니다. 4대강변의 자전거도로 건설로 인해 환경이 파괴되고, 수질이 더 오염된다는 사실은 감춰져 있기 때문이지요. 그러나 건설한 지 몇 달 되지 않아 붕괴된 한강변 자전거도로처럼, 4대강 사업은 환경만 파괴하는 것이 아니라, 국민의 목숨까지 위협하고 있습니다.

오리는 없고
오리구이 식당만
가득하구나

강변을 따라 주~욱 모텔들이 늘어서 있습니다. 대한민국에서는 더 이상 낯선 풍경이 아닙니다. 한강물이 내려다보이는 전망 좋은 곳이면 어김없이 모텔과 카페와 음식점들이 자리하고 있습니다. 한강변을 따라 줄줄이 늘어선 오리구이집도 눈에 띕니다. 물만 가득한 한강엔 '오리'는 보이지 않고, 강변 '오리구이' 집만 가득합니다.

이명박 정부는 '강 살리기'라는 미명하에 생명의 강을 공원과 놀이터로 만들어버렸습니다. 앞으로 공원으로 변한 강변에 많은 사람들이 놀러올 것이고, 당연히 그들의 필요를 채워줄 음식점과 모텔이 들어서는 것은 너무도 당연한 수순입니다. 이게 바로 많은 사람들이 궁금해하는 4대강의 미래입니다.

이명박 대통령은 생명의 강을 변종 운하로 만들기 위해 강의 모래를

▐강이 내려다보이는 전망 좋은 자리엔 어김없이 모텔과 음식점이 자리하고 있습니다. 이게 바로 이명박 대통령
 이 만들어갈 4대강의 미래입니다.

열심히 파냈습니다. 이 대통령은 이를 '4대강 살리기'라고 주장했습니
다. 그렇다면 강을 살리기 위해 모래를 파내는 4대강 준설 기준은 무엇이
었을까요? 한강의 바위늪구비나 담양의 대나무 숲처럼 생태적으로 잘 보

존된 곳들이 4대강 삽질로 사라져버렸습니다. 빼어난 경관으로 절대적으로 보존해야 할 낙동강 제1비경 경천대도 광란의 4대강 삽질에 갈기갈기 찢겨나갔습니다. 역사와 문화가 있는 금강의 곰나루와 낙화암과 공산성의 금빛 모래밭도 4대강 삽질을 피하지 못하고 파괴되었습니다. 4대강 삽질 기준은 오직 하나, 배가 다닐 수로를 만드는 것입니다. 명목상 물 부족과 홍수 대비를 내세웠지만, 배가 오고갈 수로에 걸림돌이 된다면 생태와 경관 그리고 역사와 문화는 이명박 대통령에게 하잘것없는 것에 불과했습니다. 그렇지 않고서는 그 아름다운 강을 미친 듯이 파헤치지 못했겠지요.

땅값이 오르니 좋아할 수밖에요!

운하용 수로를 만들기 위해 4대강의 모래를 밤낮없이 파냈습니다. 강에서 나온 건설용 모래는 강변에 산더미처럼 쌓아두고, 건설에 사용할 수 없는 흙과 모래는 농지 리모델링이라는 미명하에 강 주변 농경지에 퍼부었습니다.

이명박 대통령이 강변 모래를 처분하기 위해 강행한 농지 리모델링 사업이 가져올 재앙은 아주 심각합니다. 애초에 강변 농지들의 개량이 필요해서 리모델링을 한 것이 아닙니다. 4대강에서 퍼낸 그 엄청난 모래와 흙을 쌓아둘 곳이 없으니, 농지 리모델링이란 이름으로 강변 농경지에 퍼부은 것입니다.

그동안 강변에서 농사짓던 2만 5,000여 명의 농민들이 수질 오염의 주범이라는 누명을 쓰고 쫓겨났습니다. 또 농지 리모델링이라는 이름으로

‖ 이게 뭐에 쓰는 물건인고? 강에서 퍼 올린 모래들을 곳곳에 쌓아놓은 모습입니다. 바람이 불면 심각한 황사가 밀어닥치고, 비가 오면 그대로 유실됩니다.

‖ 단 하나라도 더 살려보려는 애절한 아낙네의 손길을 무시하고 푸릇푸릇 싹이 돋는 양파밭을 4대강에서 퍼 올린 흙으로 뒤덮어버리는 파렴치한 이명박 정부입니다. (사진 : 정수근)

강둑에서 가까운 농경지들은 강에서 퍼 올린 모래를 쌓는다고 농사가 금지된 상태입니다. 채소류 값이 폭등한 이유는 단순히 냉해 때문이 아닙니다. 4대강변에서 경작되던 배추와 무, 양파, 마늘 등의 채소류들이 사라졌

‖ 이명박 정부에서는 농사짓는 일이 공무집행 방해죄가 되고 있습니다.

습니다. 2만 5,000명의 농민들이 삶터에서 쫓겨났을 뿐만 아니라, 농지 리모델링이란 이름으로 농사를 짓지 못하는 면적까지 합한다면 채소값의 급등은 너무도 당연한 것입니다.

'이 땅 빼앗기면 오갈 데도 없다. 차라리 낙동강에 빠져 죽자'라고 쫓겨 나는 농민들이 처절하게 절규하고 있습니다.

대한민국은 식량 자급률이 30%도 되지 않는 식량 부족 국가입니다. 세 계 모든 나라들이 식량 전쟁에 대비하고 있습니다. 그런데 대한민국은 대 통령이 앞장서서 농경지를 없애고 있습니다. 물 낭비가 심각한 대한민국 에 물 부족을 핑계로 식량 부족을 부채질하는 형국입니다.

강변 농경지를 소유한 땅 주인들은 4대강 사업 덕에 신이 났습니다. 강 변의 농경지들은 대부분 땅 주인이 직접 농사를 짓지 않고 임대를 주고 있습니다. 땅 주인들은 농민들에게 임대를 주는 것보다 이명박 정부가 리

모델링을 한다며 휴경 기간 동안 주는 사용료가 더 많으니 좋아할 수밖에요. 국민 혈세로 강변 땅 주인들에게 인심을 팍팍 쓰는 이명박 대통령입니다.

이명박 대통령은 4대강 사업을 주민들이 다 좋아한다고 주장합니다. 맞습니다. 4대강 개발로 땅값이 더 오르기 때문입니다. 특히 농경지 리모델링을 하는 땅 주인들은 앉아서 꿩 먹고 알 먹는 덕에 신바람이 났습니다. 소작을 주는 것보다 더 많은 임대료를 정부에게 받을 뿐만 아니라, 농지 리모델링 덕에 땅값이 폭등했기 때문입니다. 강변에 위치한 농경지들은 대부분 지대가 낮습니다. 그래서 농사 외에는 달리 쓸 수 없는 땅입니다. 그런데 정부가 리모델링을 한다며 강에서 퍼온 흙을 부어 지대를 높여주니 땅 가치가 상승하게 된 것입니다. 정부가 농지 리모델링한 농경지들은 앞으로 농지 전용 허가를 통해 주택과 음식점과 모텔 등으로 변모하게 될 것입니다.

재앙으로 다가올 4대강 농지 리모델링

4대강 사업의 농지 리모델링 과정은 이렇습니다. 농경지의 흙을 파서 한쪽에 쌓아두고, 강에서 퍼낸 흙모래를 두껍게 깐 뒤 쌓아둔 원래 흙을 다시 덮는 형식입니다. 문제는 밑에 깔린 흙이 강에 있던 모래 성분이기 때문에 물이 쉽게 빠져나갑니다. 앞으로 건조한 땅으로 변모하여 벼농사를 짓기에 부적합한 쓸모없는 땅으로 전락하게 될지도 모릅니다.

농지 리모델링이 부를 더 큰 문제는 홍수 재앙입니다. 강 주변에 있던 저지대 농경지들은 일종의 범람원 역할을 하며 홍수를 예방해왔습니다.

‖변종 운하를 만들기 위해 아름답던 강변을 파괴하고 있습니다. 강변 농지는 강변 습지와 함께 강의 아름다움과 강의 생태계를 유지해줍니다. (사진 : 부산 낙동강지키기운동본부)

‖농지 리모델링이란 이름으로 그동안 홍수 피해를 막아주던 저지대들을 매립했습니다. 이젠 비가 오면 물은 어디로 갈까요? 4대강 사업은 새로운 홍수를 유발시킬 것입니다.

‖ 강에서 퍼낸 모래. 자갈을 쌓아 강변 농경지를 거대한 산으로 만들었습니다.

그러나 농지 리모델링으로 저지대 농경지들이 사라지면 하류 지역의 홍수 위험은 더 증가할 수밖에 없습니다. 빗물은 어디론가 흘러가게 돼 있습니다. 저지대 농경지들이 사라지면, 물은 지금까지 호우 피해를 입지 않았던 새로운 곳을 찾아 피해를 입히기 마련입니다.

농지 리모델링이 부를 최악의 문제는 수질 악화입니다. 생명의 강이 4대강 사업으로 놀이 공원으로 전락하면 그 주위를 따라 모텔과 음식점 등이 줄줄이 들어서는 것은 너무도 당연합니다. 결국 4대강의 수질이 썩은

‖적치장이란 이름으로 강변에 쌓아둔 모래더미는 바람이 불면 황사 재앙이 되고, 비가 오면 유실되며 수질 오염을 일으키고 있습니다.

물이 될 것임은 너무도 자명한 일입니다.

이제 4대강의 미래가 분명해졌습니다. 수공의 부도를 막기 위한 4대강변 막개발 악법인 친수구역특별법으로 강변은 온통 아파트와 전원주택 등으로 도배될 것입니다. 4대강변을 개발하는 정부를 뒤따라 땅 소유주들도 덩달아 모텔과 음식점들을 짓기 시작할 것입니다. 결국 4대강의 미래는 물이 썩어 취수장이 단 하나도 없는 여의도 앞 한강과 동일한 길을 걷게 될 것입니다.

이명박 대통령이 실시한 4대강 농지 리모델링은 농민들의 농토를 투기용으로 변모시키고, 국내 식량 부족을 초래하고, 홍수를 유발하고 수질을 악화시키는 재앙이 될 것입니다.

∥ 파괴된 것은 강변 농지만이 아닙니다. 강에서 퍼올린 흙과 모래를 쌓아놓기 위해 멀쩡한 농촌공동체마저 흉물
스럽게 파괴했습니다. 광란의 삽질이 아름답던 강과 그곳에 깃들어 살던 생명들 그리고 그에 어울려 살아가는
사람들의 삶터마저 처참히 파괴했습니다. (사진 : 부산 낙동강지키기운동본부)

∥ 강과 강에 깃든 모든 생명과 사람들의 삶터마저 파괴하는 이 미친 짓이 어찌 강 살리기인지 이명박 대통령에
게 묻고 싶습니다. (사진 : 부산 낙동강지키기운동본부)

한강에서
백조의 우아한 날갯짓을
볼 수 있다면

사람들에게 가장 친숙하고 멋진 새를 하나 고르라면 '백조'일 것입니다. 모든 발레리나의 꿈은 차이코프스키의 〈백조의 호수〉에서 주인공 백조가 되는 것이겠지요. 그 많은 새 중에 백조가 선택된 이유는 우아한 자태와 강물을 박차고 비상할 때의 황홀한 날갯짓 때문일 것입니다. 백조의 올바른 학명은 고니입니다. 고니는 '고니', '큰고니' 그리고 부리가 조금 튀어 나온 혹고니로 구분됩니다. 이름은 다르지만 모두가 우리에게 우아한 몸짓과 황홀한 비상의 장관을 선물합니다.

고니는 결코 우리에게 먼 이웃나라의 새가 아닙니다. 서울의 한강에도 큰고니들이 찾아옵니다. 잠실에서 조금 더 상류로 올라가면 팔당대교 아래에 많은 고니들이 여유롭게 노니는 모습을 쉽게 만날 수 있습니다. 이

‖여유로운 몸짓으로 맑은 강물 위에 노닐고, 때론 힘찬 날갯짓으로 하늘을 날아가는 고니의 모습을 바라보는 것만으로도 가슴속에 말로 표현 못할 희열이 솟아오르고 기쁨이 밀려옵니다. 이렇게 살아 있는 아름다운 자연과 내가 함께한다는 감사와 행복이 마음에 와 닿는 것이겠지요.

곳은 서울시와 하남시의 경계선으로 당정섬과 여러 개의 모래섬으로 이루어져 있고, 가래여울이라 불리는 여울 물살이 반짝이는 곳입니다. 모래톱과 얕은 여울과 울창한 버드나무 습지가 있기 때문에 겨울엔 큰고니들의 안식처가 되고, 여름에는 민물가마우지들로 가득한 철새들의 쉼터가 됩니다.

당정섬 역시 밤섬처럼 한강종합개발로 사라졌던 섬입니다. 그러나 시간이 흐르며 다시 모래가 퇴적되고 버드나무가 자라 지금은 소중한 생명의 보금자리가 되었습니다.

한강의 수중 생태계는 잠실수중보를 경계로 둘로 나뉩니다. 한강은 한

‖한강 개발로 사라졌던 당정섬이 다시 모래가 퇴적되고 버드나무 군락이 형성되어 철새들과 물고기들의 쉼터
가 되었습니다. 이곳은 여름엔 가마우지, 겨울엔 큰고니들로 장관을 이룹니다.

강종합개발이라는 이름으로 강을 준설하고 콘크리트로 처바른 덕에 물고기들이 알도 낳을 수 없게 된 수로입니다. 그런데 이곳 당정섬은 모래가 퇴적되어 형성된 습지와 여울로 인해 봄이면 한강의 물고기들이 이곳에서 산란을 합니다. 한마디로 한강에서 유일한 생명의 터전인 셈입니다.

서울시가 2001년 12월 발간한 《한강에서 만나는 새와 물고기》란 책에 당정섬에 대해 이렇게 소개하고 있습니다.

> "이곳은 팔당호에서 흘러 들어오는 물살의 영향으로 모래가 계속 쌓여 당정섬을 비롯한 여러 개의 섬이 만들어져 있습니다. 이들 모래섬 주변에는 갈대와 버드나무 같은 수생식물들이 많이 자라고 있어 새들의 좋은 산란장이자 은신처가 되지요. 여름이면 개개비, 해오라기, 백로 등의 여름철새가 번식을 위해 이곳을 찾고, 겨울에는 주로 오리류들이 여기서 겨울을 납니다. 또 물의 깊이가 깊지 않기 때문에 해마다 고니를 비롯한 많은 겨울철새들이 이곳을 찾습니다. 특히 천연기념물 제210호인 큰고니를 볼 수 있는 유일한 곳이죠."

바로 여기 서울시가 강조한 "물의 깊이가 깊지 않기 때문에 고니를 비롯한 많은 겨울철새들이 이곳을 찾고, 특히 천연기념물 제210호인 큰고니를 볼 수 있는 유일한 곳"이란 말은 강을 깊게 준설하는 4대강 사업이 얼마나 큰 재앙인지 증명합니다.

매년 겨울이면 많은 고니들이 한강에 찾아옵니다. 그런데 한강을 찾아온 고니들이 팔당대교 아래 당정섬까지만 날아올 뿐, 더 이상 잠실과 여의도 앞 한강에 날아올 생각을 하지 않습니다. 백조들이 노닐고 있는 당정섬에서 잠실까지는 단 5분, 여의도는 10분이면 날아올 수 있는 가까운

‖ 수면성오리인 쇠오리가 수중발레하듯 머리를 물속에 넣고 먹이를 찾고 있습니다. 한국을 찾아오는 철새의 94 퍼센트는 잠수하지 못하고 수심이 얕은 곳에 살아가는 수면성오리입니다. 강을 준설하여 수심이 깊어지면 철새들은 더 이상 강에 살 수 없습니다.

‖ 수면성오리인 흰뺨검둥오리가 새끼들에게 살아가는 법을 가르치고 있습니다. 수면성오리들은 여울과 습지가 있는 곳을 좋아합니다.

▯잠수성오리인 논병아리도 바닥이 보이는 얕은 물을 좋아합니다.

▯잠수성오리인 비오리가 수심이 얕은 여울을 오가며 새끼들에게 수영을 가르치고 있습니다.

거리인데도 말입니다.

　잠실과 여의도 한강에 큰고니를 잡아먹는 사냥꾼이나 맹수가 있는 것도 아닙니다. 그런데 왜 큰고니들이 한강에 오지 않는 것일까요? 이명박 대통령이 아름답다며 4대강의 모델로 제시한 잠실과 여의도 앞 한강은 큰고니들을 비롯하여 철새들이 도저히 살 수 없는 곳이기 때문입니다. 이

∥이명박 대통령이 아름답다며 4대강 사업의 모델로 제시한 한강에서는 큰고니는 볼 수 없고, 플라스틱 오리배
만 떠 있을 뿐입니다.

명박 전 현대건설 사장님이 한강의 모래를 준설하고 수심을 깊게 하고, 강변을 콘크리트로 처발라 더 이상 큰고니가 살 수 없는 운하로 만들었기 때문입니다.

강에서 여유롭게 노니는 큰고니들이 쉴 새 없이 머리를 강물 속에 처박고 있습니다. 이것은 큰고니들이 올림픽에 나가기 위해 싱크로나이즈라는 수중발레를 연습하는 것이 아니라, 먹이를 찾는 중입니다. 큰고니들은 깊은 물을 싫어합니다.

한국을 찾아오는 철새들은 크게 두 종류로 나뉩니다. 비오리나 논병아리처럼 물속에 잠수해서 물고기를 잡아먹는 잠수성오리와 얕은 물가에서 머리만 처박고 수초뿌리와 갯지렁이를 잡아먹고 살아가는 수면성오리입니다. 그런데 놀랍게도 우리나라에 찾아오는 철새의 94퍼센트는 잠수하지 못하는 수면성오리입니다.

콘고니 또한 수면성오리기 때문에 수심이 얕은 물가에 노닐며 먹이를 찾는 것을 좋아합니다. 그런데 철새들의 낙원을 만든다는 이명박 대통령의 4대강 사업은 강의 모래를 다 파내서 수심을 수미터씩 깊게 했습니다. 물이 깊고 먹을 것이 없어 고니들이 살 수 없는 것이지요.

여의도와 잠실 앞의 한강에서는 백년을 기다린다 할지라도 결코 큰고니의 그림자도 볼 수 없습니다. 이명박 대통령이 꿈꾸는 4대강 사업의 모델인 한강에서는 큰고니가 아니라 흰색 오리를 닮은 플라스틱 오리 배만 둥둥 떠 있을 뿐입니다.

강을 준설하여 수심이 깊어지면 큰고니들이 더 이상 강에 살 수 없다는 증거는 수없이 많습니다. 대한민국에서 고니 무리들이 가장 많이 찾아오던 곳이 강릉 경포대 호수입니다. 그 작은 호수에 해마다 2,000마리가 넘는 큰고니 무리가 찾아왔습니다. 그러나 지금은 단 한 마리도 오지 않습니다. 환경부 자료에 따르면 큰고니의 낙원이던 경포호수에 더 이상 큰고니들이 찾아오지 않는 이유는 준설로 인해 수심이 깊어지고 먹을 것이 사라졌기 때문이라고 밝히고 있습니다.

나는 이런 한강이 보고 싶습니다

나는 오늘도 이런 한강을 꿈꿉니다. 금빛 모래밭에 아이들이 뛰노는 한강이 보고 싶습니다. 파란 하늘을 수놓는 고니들의 우아한 날갯짓으로 가득한 한강을 보고 싶습니다. 강물 따라 길게 드리워진 저녁노을 속으로 끼룩 끼룩 노래하며 V자 대열로 날아가는 기러기 무리의 꿈결

∥ 나는 기러기와 큰고니가 하늘을 날아가고 아이들이 생명을 만날 수 있는 한강을 소망합니다.

‖두루미가 날아가는 황홀한 풍경을 한강에서 만날 수 있다면 서울은 세계 최고의 도시가 될 것입니다. 한강 잠실과 김포의 수중보를 열어 금빛 모래 가득한 한강으로 거듭나면 철새들도 다시 돌아올 것입니다.

같은 비행을 한강변에 앉아 보고 싶습니다. 고니와 기러기가 찾아오는 한강은 우리가 잃어버린 향수를 되찾게 해줄 마음의 고향이 될 것입니다. 나는 악취 진동하는 썩은 물에 떠다니는 유람선만 있는 한강이 아니라, 생명이 출렁이는 한강이 눈물겹게 그립습니다.

한강종합개발이라는 미명 아래 생명의 한강을 잃어버린 서울은 죽음의 도시에 불과합니다. 이제 서울의 희망은 한강에서부터 다시 시작되어야 합니다. 철없는 정치인의 전시 행정으로 전락한 '한강 르네상스'라는 국적불명의 전시성 혈세 낭비 사업이 아니라, 고니와 기러기가 날아들고 생명이 약동하는 한강으로 다시 거듭나야 합니다. 여의도 앞의 한강이 다시 금빛 모래가 반짝이는 진짜 한강으로 거듭날 때, 한 개인의 헛된 망상에 의해 파괴된 4대강 역시 다시 생명의 강으로 부활하게 될 것입니다.

이명박 대통령님께 이 말씀을 드리고 싶습니다. 당신의 실수는 1983년 한강 파괴 한 번으로 족합니다. 건설업자 배불리기에 불과한 4대강 파괴는 단순한 실수가 아닙니다. 국민들은 4대강 파괴 재앙을 결코 용납하지 않을 것입니다. 당신은 이런 국토 파괴에 대해 반드시 그 책임을 져야 할 것입니다.

4대강은 MB표 변종 운하가 끝이 아닙니다. 20여 년 만에 다시 생성된 당정섬과 가래여울이 꿈틀거리며 다시 흐를 4대강의 희망을 노래하고 있습니다. 우리는 훗날 생명을 사랑하는 슬기로운 지도자와 함께 갈가리 찢겨 나간 4대강을 다시 생명의 강으로 회복해나갈 것입니다. 고니들이 날고 금빛 모래가 반짝이는 그 날을 꿈꾸며 국민들의 뜻과 지혜를 모아 다시 맑은 물이 흐르는 강으로 살려나갈 것입니다. 4대강에 건설된 저 흉측한 16개의 괴물 댐은 여기가 4대강의 끝이 아니라, 다시 생명의 강으로 거듭나기 위한 시작점이 될 것입니다.

혈세만 잡아먹을
경인운하

이명박 정부는 경인운하를 강행했습니다. 서울시 역시 경인운하에 발 맞춰 서울을 '수상 관광 중심 도시'로 만든다는 계획 아래 한강과 '경인운하'를 연결하는 '한강운하'를 만들고 있습니다. 서울시 계획에 따르면 2012년부터 운항되는 국제 크루즈선은 5,000톤급으로 여의도를 출발해 시다오石島-칭다오靑島-상하이上海를 운항하는 노선과 여의도에서 웨이하이威海-옌타이煙臺-텐진天津-친황다오秦皇島-다렌大連을 오가는 두 개 노선으로 운영될 예정이라고 합니다.

특히 서울시는 수상 관광 도시 건설을 위해 원효대교와 한강대교 사이에 물 위에 떠 있는 수상호텔도 건립할 예정입니다. 수상호텔은 지상 5층 객실 150개 규모로 컨벤션센터, 쇼핑센터, 면세점, 연회장 등의 부대시설이 있고 수상레포츠도 즐길 수 있도록 하겠다고 합니다.

또 서울시는 인천 영종도–행주대교 남단을 잇는 '경인아라뱃길'과 한강을 연결하는 '서해 비단뱃길'을 조성해 2013년부터는 인천에서 여의도–용산–잠실을 오가는 승선 인원 100~150명 규모의 50~100톤급 수상버스도 운영할 계획입니다.

요즘 서울시의 양화대교 확장 공사가 한창입니다. 한강운하에 배가 다니기 위해서는 양화대교 교각 사이가 너무 좁기 때문입니다. 그래서 멀쩡한 다리 기둥을 없애고, 대신 다리를 지탱하기 위한 아치 건설 공사를 하는 중입니다. 바로 이 때문에 운하를 반대하는 서울시의회와 운하를 강행하는 오세훈 전 서울시장이 예산 문제로 갈등을 겪었습니다. 서울시의회는 한강운하가 만고의 쓸모없는 4대강 운하로 가는 지름길이기에 결사반대를 하고 있는 것이지요.

오세훈 전 서울시장은 초등학교 무상급식이 나라를 망치는 망국적 사업이요, 포퓰리즘이라며 자신의 정치적 목숨을 걸고 반대하다 결국 사퇴

‖한강운하를 만들기 위해 양화대교 교각을 넓히는 공사를 하고 있습니다. 이미 아래쪽 다리는 교각을 잘라내고 아치를 만들었고, 또다시 위쪽 다리를 공사하려 하고 있습니다.

했습니다. 그렇다면 한강운하는 도대체 얼마나 타당성 있는 사업이기에 저 많은 혈세를 퍼부어가며 강행하는 것일까요?

오세훈 전 시장은 한강을 수상도시로 개발함으로써 "서울이 여객, 관광, 크루즈가 한 번에 가능한 동북아 중심의 수상 관광 도시로 도약하게 되고, 그동안 서울의 관광 거점에서 소외돼온 한강이 관광산업을 이끌어갈 핵심 원동력이 될 것"이라고 밝혔습니다.

서울이 한강 개발을 통해 국제적인 수상도시로 바뀐다? 참 멋진 계획입니다. 그러나 과연 한강의 수상도시 건설이 타당한 사업일까요? 뛰어난 한국의 건설기술로 조감도처럼 만드는 것이야 어려운 일이 아닙니다. 문제는 한강운하의 타당성과 경제성입니다. 한마디로 한강운하는 오세훈 시장이 그토록 애용하는 용어인 '망국적 사업'이요, 전형적인 '포퓰리즘'입니다. 4대강 사업이 홍수 예방, 수질 개선, 일자리 창출 등의 온갖 화려한 수식어로 강 살리기라고 국민을 기만한 것처럼, 한강운하 역시 사업 강행을 위한 포장된 언어에 불과합니다. 한강운하가 망국적 포퓰리즘이라는 증거는 너무 많습니다.

누굴 잡으려고 5,000톤급 크루즈를 띄우는가?

서울시는 서울과 중국을 오가는 크루즈 선의 규모가 5,000톤급이 될 것이라고 밝혔습니다. 수로 폭이 100미터에 불과한 경인운하와 높이가 낮은 한강 다리를 통과해야 하니 최대한으로 잡은 선박의 크기가 5,000톤입니다.

중국의 여러 도시를 오가는 여객선을 운항 중인 인천항을 다녀왔습니다.

인천항에 도착하니 마침 중국을 출항하여 인천항에 입항한 '뉴 골든 브릿지NEW GOLDEN BRIDGE Ⅱ'호 여객선이 정박 중이었습니다. 인천항 출입 선박 자료에 따르면 이 선박은 길이 187미터의 2만 6,463톤급 일반 선적입니다. 인천과 중국 청도를 오가는 '뉴 골든 브릿지 Ⅴ'호는 길이 196미터의 2만 9,554톤이고, 규모가 가장 작은 배에 속하는 인천과 중국 연운항을 오가는 사옥란호가 길이 155미터의 1만 6,071톤이었습니다.

넓은 바다를 오가는 국제 여객선은 승객의 안전을 위해 보통 2만 톤이 넘는 규모입니다. 서울시가 계획하는 5,000톤급 크루즈선은 바다 풍랑에 출렁이는 낙엽에 불과합니다. 5,000톤급 크루즈는 작은 바람에도 출항하지 못하거나, 파도 따라 춤을 추는 승객들의 바다 멀미 제조기가 될 뿐입니다. 오세훈 전 서울시장은 한강운하를 통해 중국의 부자들을 서울로 불

‖ 인천항에 정박 중인 2만 6,000톤급 뉴 골든 브릿지.

러오겠다고 주장했습니다. 그러나 어느 멍청한 사람이 낙엽과 같은 5,000 톤급의 작은 배에 목숨을 걸고 국제 여행을 할까요? 그것도 큰 것을 좋아하는 중국 부자들이 말입니다.

인천항은 이미 중국의 여러 도시를 오가는 여객선이 운항 중입니다. 작고 보잘것없는 한강운하가 타당성은 물론이요, 경제성조차 없음을 보여주는 증거이지요.

세계의 쿠루즈선은 보통 10만 톤이 넘고, 요즘은 점점 대형화되는 추세입니다. 최근 국내 조선기업인 STX유럽이 만든 '오아시스 오브 더 씨즈'라는 크루즈선은 축구장 3개 반에 이르는 길이 360미터 길이에 16층 높이 규모로서 자그마치 22만 5,000톤입니다.

국제 현실이 이러한데, 5,000톤의 배를 가지고 서울을 국제 관광 수상도시로 만들겠다는 서울시의 계획은 승객의 안전과 현실을 무시한 허무맹랑한 꿈에 불과한 정치적 헛소리일 뿐입니다. 결국 국민 혈세만 축내는 재앙이 될 뿐입니다.

누가 이 유람선을 이용할 것인가?

크루즈선이 서울 한강에 들어오려면 인천항을 거쳐 경인운하를 통과해야 합니다. 인천항에서 경인운하를 통해 한강을 거슬러 여의도에 도착하기까지 최소 5시간이 소요됩니다. 중국에서 인천항까지 보통 20~24시간이 걸립니다. 중국에서 꼬박 하루 동안 배를 타고 오느라 지친 관광객들이 서울로 들어오기 위해 또다시 5시간을 지루하게 기다려야 한다고요?

인천항에서 서울로 들어오는 길이 경인운하 딱 한 가지뿐이라면 추가되는 5시간의 지루함을 어쩔 수 없이 참아야겠지요. 그러나 인천항에서 전철이나 자동차를 타면 단 한 시간 만에 서울에 도착합니다. 주변 도시들을 눈요기하면서도 금방 서울에 도착할 수 있습니다. 단 한 시간이면 도착 가능한데, 어떤 바보가 갑갑한 경인운하에서 5시간을 참고 있을까요?

경인운하를 통해 한강으로 들어오는 5시간 동안 관광객들의 눈을 사로잡을 볼거리라도 있는 것일까요? 경인운하 주변은 인공으로 파낸 수로로서 아파트와 인천공항 철도가 전부입니다. 경인운하 입구에는 거대한 서울 수도권 쓰레기 매립지가 위용을 자랑하고 있습니다.

유럽에서 수상 관광이 인기가 있는 것은 강을 끼고 역사와 문화가 함께 흐르기 때문입니다. 유럽은 연중 강우량이 일정하기에 강변을 따라 문화와 역사가 꽃을 피울 수 있었습니다. 강변을 따라 볼거리가 풍부하기에 많은 관광객이 유럽의 운하를 찾는 것입니다. 그러나 이런 유럽 운하도 여름철만 관광객이 집중되고 나머지 비수기에는 주로 텅 빈 배가 운항됩니다. 사람들은 배를 타기 위한 목적이 아니라 강변 문화를 즐기기 위해 운하의 배를 이용하는 것뿐입니다.

경인운하는 한강 주변보다 더 볼 것이 없을 텐데 과연 누가 이곳을 이용할까요. 경인운하와 한강운하의 미래는 너무도 자명합니다.

경제적 타당성은 있는가?

경제적 타당성에서 한강운하는 과연 현실성이 있을까요? 서울시가 추진하는 한강 크루즈선의 승선 인원은 승무원을 포함 120명의 승

▮이 좁고 갑갑한 경인운하를 5시간에 걸쳐 통과해야 한강에 들어올 수 있습니다. 어느 바보가 썩은 물로 악취
　가 진동하는 경인운하에서 5시간을 참고 견딜까요?

▮물길이 없던 논길에 수로를 만들고 물을 채운 경인운하입니다. 그러나 벌써부터 물이 썩어 악취가 진동하고
　있습니다.

객이라고 밝혔습니다. 최근《KTX 매거진》3월호에 '2011년 부산, 인천 출발 레전드호 한중일 크루즈' 광고가 실려 있었습니다. 부산과 인천에서 중국과 일본을 오가는 크루즈선이 이미 2010년부터 운항 중인데, 배의 규모는 7만 톤급에 탑승 인원이 총 2,800명이라고 밝히고 있습니다.

그렇다면 5,000톤급, 120명 규모의 한강 크루즈는 목숨을 걸어야 할 만큼 위험하면서 비용은 타 크루즈선에 비해 비쌀 수밖에 없습니다. 결국 경쟁력이 없어 도태될 것이 너무도 뻔합니다. 거친 바다 풍랑에 목숨을 담보하면서 비싼 돈을 주고 오랜 시간을 걸려 고생을 하느니, 중국에서 서울까지 1~2시간 만에 비행기를 타고 와서 편안하고 안전하게 경제적인 관광을 하는 것이 더 낫다는 것은 초등학생들도 다 알 만한 이야기 아닐까요?

5,000톤급 한강 운하 크루즈선은 바다를 운항하기엔 형편없이 작은 배이지만, 경인운하와 한강을 운항하기엔 너무 큰 선박입니다. 그래서 서울시는 배가 지나갈 수 있도록 양화대교 교각 간격을 조정하고 구 행주대교는 철거할 예정이라고 밝혔습니다. 경제성도 없는 선박 운항을 위해 멀쩡한 다리를 수리해야 한다니 여기에 들어가는 돈은 누구 돈일까요?

또 서울시가 2013년부터는 인천에서 여의도-용산-잠실을 오가는 승선 인원 100~150명 규모의 50~100톤급 수상버스도 운영할 계획입니다. 경인운하는 원래 경인지역의 수해를 막기 위한 방수로 공사였는데 이명박 정부에서 갑자기 운하로 바꾼 것입니다. 경인운하는 원래 물이 풍부하게 흐르는 하천이 아닙니다. 인위적으로 땅을 파고 바닷물을 채운 수로입니다. 인천 앞바다에서 끌어들인 바닷물이 1년 내내 갇혀 있을 경인운하는 물이 썩어 시뻘건 적조로 가득하고 악취가 진동할 것입니다. 인천서 서울까지 자동차로 1시간이면 될 거리를 그 누가 5시간 동안 불안한 수상버스를 타고 이용할까요? 국민 세금만 잡아먹고 결국 폐기처분될 것이 너

∥오랜 세월 강변을 따라 문화와 역사가 발달한 유럽의 운하 도시입니다. 유럽이 강을 따라 문화가 발달할 수 있었던 것은 1년 내내 강수량이 일정하기 때문입니다.

∥강변 도시가 발달된 유럽에 비해 한강은 어떨까요? 한강은 사방이 아파트로 둘러싸여 있습니다. 한강에서 유람선을 타본 대부분의 사람들은 실망감에 두 번 다시는 한강 유람선을 타지 않겠다고 불만을 쏟아냅니다. 늘텅텅 빈 한강 유람선이 그 사실을 증명하고 있습니다. 이명박 정부가 경인운하를 아무리 잘 개발한다 할지라도 서울의 한강만큼도 볼 것이 없습니다. 이 허망한 사업을 위해 앞으로 국민 혈세를 얼마를 퍼부어야 할지 안타까울 뿐입니다.

‖ 감사원도 경제성 없음을 지적한 한강운하. 한강의 수상택시 이용자 수가 점점 줄고 적자 규모도 심각함을 보여주는 언론 보도입니다.

무도 명백한 사업입니다.

서울이 세계의 국제 관광도시로 탈바꿈한다는 데에 그 누가 반대하겠습니까? 그러나 한강운하는 전혀 경제성과 현실성도 없는 국민 혈세만 낭비하는 정치적 구호에 불과합니다.

서울시는 장밋빛 한강운하를 제시했습니다. 그러나 한강운하를 오가는 수상택시는 지금 현재도 서울시가 예상한 인원의 겨우 12%만 이용하고 있고, 그 결과 매년 적자를 면치 못하고 있습니다. 앞으로 경인운하와 한강운하에서 벌어질 일을 보여주는 것입니다.

2011년 6월 19일 감사원은 한강운하가 경제적 타당성이 부족한데도 사업을 강행했으며, 세빛둥둥섬 조성 사업을 하면서 민간 업자들에게 지나친 특혜를 준 사실을 발표하며, 서울시에 관련 공무원 4명의 징계를 요구했습니다. 감사원은 서울시가 한강 주운舟運 사업을 추진하면서 수도권 교통량을 늘리는 등의 방식으로 수요를 부풀려 예측했고, 잘못된 경제적 타당성 분석으로 0.54~0.71밖에 안 되는 '비용 대비 편익 비율B/C'을 1.14로 부풀렸다고 지적했습니다.

경인운하, 세계 황당 뉴스에 뽑힐 것

오세훈 전 서울시장이 여의도 앞에 요트 선착장을 만들었습니다. 4대강 사업의 조감도를 그대로 실현한 곳이 바로 이곳입니다. 그러나 요트 선착장을 채운 것은 30억 원을 호가하는 호화 요트를 비롯해 화려한 요트들입니다. 소수의 부자를 위한 감세 정책으로 국민을 고통으로 몰아간 이명박 정부처럼 서울시 역시 한강을 소수 사람들의 요트 놀이터로 만들었습니다.

2011년 4월 16일 개장한 한강 요트장은 서울시가 50억 원을 들여 기반시설을 해주고, 민간업체 '서울마리나'가 270억 원을 투자해 요트 90척과 클럽하우스 및 부대시설 등을 설치하고 향후 20년간 운영한 후 서울시에 기부 채납하는 방식으로 운영됩니다. 2011년 8월 찾아간 한강 요트장은 텅 비어 있었고, 관계자는 아직 적자를 면치 못하고 있다고 밝혔습니다. 지금 서울마리나는 투자한 비용을 회수하기 위해 고가의 회원권을 판매하고 있습니다. 한강이 소수의 유희 장소로 전락한 것입니다.

권도엽 국토해양부 장관은 2011년 8월 10일, 4대강 사업이 10월 말 개장식을 갖는다며, 4대강 사업으로 대한민국이 요트 강국이 된다고 말했습니다. 4대강 사업 역시 한강처럼 국민의 강을 빼앗아 소수의 요트 놀이를 위한 수로로 만든 것입니다.

우리는 혈세만 먹는 쓸모없는 한강운하를 할 것인지, 아니면 모든 시민들이 손과 발을 담글 수 있는 은빛 모래 가득한 한강으로 거듭나게 할 것인지 현명한 선택을 해야 할 것입니다.

정부는 마치 경인운하가 완성되면 외국 관광객이 찾아오고 더불어 지역경제가 살아날 것이라고 국민을 기만하고 있습니다. 이것이야말로 현실성을 결여한 정치적 포퓰리즘에 불과합니다.

최근 2조 2,500억 원의 막대한 예산이 투입된 경인운하가 1조 5,000억 원대의 혈세가 허공으로 사라질 것이라는 한국수자원공사의 내부 보고서가 공개되기도 했습니다. 한국수자원공사가 전문 경영컨설팅사에 의뢰한 '경인아라뱃길 최적 운영관리 방안 수립을 위한 연구용역'에 따르면 경인운하가 현재 계획대로 사업이 완료될 경우 순현재가치NPV는 −1조 5,177억 원인 것으로 나타났다는 것입니다. 경인운하 사업비 총 2조 2,458억 원 중에 투자비 7,000억 원만 회수 가능하고 나머지 1조 5,000여억 원은 허공으로 날아간다는 의미이지요.

국민 혈세만 낭비하고 폐쇄된 지방 공항들처럼 경인운하와 한강운하 역시 결국 정치인들의 놀음에 놀아난 꼴이 되고 말 것입니다. 1,320억 원의 공사비를 들였으나 승객이 없어 결국 휴업 상태가 된 울진공항이 AFP 통신이 선정한 '2007년 세계 황당 뉴스'에 뽑혔습니다. 참 부끄러운 일입니다. 그러나 부끄러운 일이 이것으로 그칠 것 같지 않습니다. 4대강 사업과 경인운하가 완성되는 그날, 변종 운하로 인한 국운 융성이 아니라 '2011년 세계 황당 뉴스' 목록에 4대강 사업과 경인운하가 당당히 뽑힐 것이 벌써 내다보이기 때문입니다.

당신은 어떤 강을 원하십니까? 건설업자들의 주머니를 채워주고 소수의 뱃놀이를 위한 운하입니까? 아니면 우리 아이들이 손과 발을 담글 수 있는 금빛 모래 반짝이는 살아 있는 강입니까? 당신의 선택이 생명이 꿈틀되는 4대강의 내일, 그리고 대한민국의 밝은 미래를 약속할 것입니다.

밤섬이 부르는
희망의 노래

회색빛 콘크리트로 둘러싸인 한강에서 그나마 녹색을 유지하는 곳이 있습니다. 여의도 앞 한강에 외로이 떠 있는 밤섬입니다. 밤섬은 드넓은 한강에 있는 아주 작은 모래섬에 불과합니다. 그러나 서울시는 2001년 발간한 《한강의 어제와 오늘》에서 한강에서 관찰되는 전체 조류 종수의 70퍼센트가 밤섬에 서식하고 있다고 밝히고 있습니다. 밤섬은 한강을 찾아온 철새들의 유일한 쉼터요, 홍수 때 상류에서 급류에 떠내려온 물고기들이 밤섬의 모래밭에서 생명을 유지하는 보금자리이기도 합니다. 이 작은 밤섬 하나가 한강에 생명과 희망을 불어넣고 있는 것입니다.

밤섬이 한강의 중요한 생명줄기이기에 서울시는 1988년 4월부터 밤섬을 철새도래지로 관리해오다, 1999년 8월에는 생태계보전지역으로 지정해

‖ 한강에 생명을 불어넣는 밤섬. 1968년 파괴되었으나 모래가 퇴적되며 다시 살아나 한강의 철새와 물고기의 쉼 터가 되고 있습니다.

사람의 출입을 금하고 있습니다. 밤섬마저 파괴된다면 한강에는 더 이상 생명이 찾아올 수 없기 때문입니다.

밤섬은 강에 있는 섬과 습지가 생태에 미치는 영향이 얼마나 중요한지를 보여주는 증거입니다. 만약 한강에 섬과 습지가 몇 개 더 있었다면 한강은 얼마나 더 생명이 풍성한 강이 되었을까요? 옛날 한강 지도에 따르면 한강에는 드넓은 모래사장뿐 아니라, 여러 섬들이 있었습니다. 밤섬뿐만 아니라 잠실과 송파도 한때 섬이었습니다. 난지도, 뚝섬, 저자도 등 다양한 섬들이 있어 한강의 경관은 그림처럼 아름다웠다고 합니다. 그러나 개발의 바람으로 이 모든 섬들이 사라지고 지금은 겨우 작은 밤섬 하나가 한강에 생명과 희망을 불어넣고 있는 것입니다.

밤섬, 20년 만에 다시 살아나다

그 모습이 마치 알밤을 닮았다고 해서 밤섬이라 불리는 이 섬은 작은 해금강이라 불릴 정도로 경관이 아름다웠습니다. 기록에 따르면, "밤섬은 길고 깨끗한 은빛 모래밭과 그 주위로 펼쳐진 버드나무 숲, 바닥이 훤히 드러나 보일 정도의 깨끗한 강물 때문에 오랫동안 마포 8경의 하나로 꼽혔다. 밤섬엔 조선시대부터 배 만드는 기술자들이 정착하기 시작했고, 주민들은 뽕나무와 약초를 심고, 염소를 방목하며 살았으며 1967년까지 62가구가 주로 조선, 도선업, 어업과 채소농사 등을 생업으로 했다"고 밝히고 있습니다.

그러나 마포 8경으로 손꼽힐 만큼 아름다웠던 이곳이 1968년 2월 여의도 개발을 위한 매립용 토사·석재를 마련하기 위해 폭파되고 파괴되고 말았습니다. 무지한 삽질론자들에 의해 영원히 사라질 뻔했던 것이지요. 그러나 밤섬은 해마다 쓸려온 모래가 퇴적되며 다시 살아났습니다. 이것이 바로 놀라운 자연의 힘입니다. 더 놀라운 것은 해마다 밤섬의 면적이 더 크게 자라고 있다는 사실입니다. 강은 정지된 것이 아니라 살아 꿈틀거리는 생명체임을 밤섬이 보여주고 있습니다.

흔적도 없이 파괴되었던 밤섬이 겨우 20년 만에 다시 철새들의 보금자리로 거듭난 것처럼, 4대강 또한 이명박 대통령의 파괴적 망상의 삽질을 딛고 다시 살아날 것입니다.

4대강에 세워진 저 흉물스런 16개의 괴물 댐을 후손들의 어깨에 무거운 짐으로 넘겨줘서는 안 될 것입니다. 우리의 잘못은 우리가 책임져야 하고, 우리가 해결해야 합니다. 4대강의 파괴를 막지 못한 부끄러운 선조이지만, 그 죄과를 조금이나마 보상하기 위해 하루라도 빨리 수문을 열길을 찾아야 합니다. 지금 우리는 4대강 사업이 완공되었다고 좌절하고 주저앉아서는 안 됩니다. 새로운 희망을 만들기 위해 다시 힘을 모아야 할 때입니다. 우리 곁에 있는 밤섬이 4대강의 희망을 큰 소리로 노래하고 있습니다. 처참히 파괴되었던 밤섬입니다. 그러나 밤섬은 포기하지 않았습니다. 시간을 통해 스스로 희망을 만들어왔습니다. 그리고 오늘도 밤섬은 더 큰 희망을 만들기 위해 달려가고 있습니다.

우리가 다시 흐르는 강을 볼 수 있을까?

밤섬은 4대강 사업의 어리석음과 무모성을 증거하고 있습니다. 사라졌던 밤섬이 살아났듯이, 강의 모래는 끊임없이 다시 퇴적됩니다. 이

‖매년 45억 원을 들여 쌓이는 모래를 준설해야 하는 한강.

명박 정부가 원하는 변종 운하를 유지하기 위해서는 4대강의 모래를 매년 준설해야 합니다. 그렇지 않으면 유람선이 다닐 수 없기 때문입니다. 지난 2011년 5월, MBC 뉴스는 현재 낙동강에서 준설 목표의 100퍼센트가 넘는 양을 준설했음에도 지금도 계속하고 있다고 밝혔습니다. 비가 오면 지천에서 유입되는 엄청난 양의 모래가 다시 강에 퇴적되기 때문입니다. 아무리 강의 모래를 퍼낸다 할지라도 4대강 사업은 도로 아미타불입니다.

한강의 뱃길 유지를 위해 서울시가 주기적으로 한강에서 모래를 퍼내고 있습니다. 잠실수중보 하류 40여 킬로미터의 준설 비용이 연간 45억 원에 이릅니다. 한강유람선 운영업체인 C&한강랜드가 유람선 운영과 관련하여 하천점용료 5억 6,000만 원 등 총 19억여 원을 서울시에 체납하고 있습니다. 한강 유람선의 연간 수익이 45억 원도 되지 못하는데, 뱃길 유지를 위한 준설 비용으로 연간 45억 원을 투입하는 웃지 못 할 일이 벌어지고 있습니다.

문제는 4대강 사업입니다. 4대강 사업 후에 뱃길을 유지하기 위해서는 매년 강에 퍼부어야 할 혈세 역시 밑 빠진 독에 물 붓기가 될 것입니다. 특히 낙동강 유역은 모래가 많은 곳입니다. 4대강 사업으로 낙동강을 깊이 준설해서 낙동강은 텅 빈 상태입니다. 비가 오면 지천에서 많은 모래가 낙동강으로 급속히 쓸려온다는 것은 과학이기 전에 너무나 기초적인 상식입니다. 그 과정에 지천의 유속이 빨라져 지천의 둑이 침식되고 여기저기 다리가 무너지는 재앙도 발생할 것입니다.

홍수 때 불어난 강물이 얼마나 많은 모래와 자갈을 쓸고 다니는지 단 한 번이라도 보았다면, 이명박 대통령의 4대강 사업이 얼마나 무모한 4대강 죽이기인지 알 수 있습니다.

밤섬은 4대강 사업이 생명의 강을 죽이는 재앙임을 증거하고 있습니다. 밤섬은 인간이 아무리 강을 파괴한다 할지라도 인간의 오만을 딛고 다시 살아날 것임을 보여주는 증거입니다. 밤섬은 희망의 증거입니다.

아직 4대강엔
희망이 있습니다

국민의 반대 목소리를 비웃기라도 하듯 이명박 대통령의 4대강 사업이 완공을 목전에 두고 있습니다. 이제 생명의 강을 지키려는 우리들의 노력이 모두 물거품이 된 것일까요?

그렇지 않습니다. 생명의 강은 결코 탐욕의 삽질에 무너지지 않습니다. 이명박 대통령의 파괴는 아주 잠깐일 뿐입니다. 수만 년 이 땅을 흘러온 4대강은 앞으로 또다시 수만 년 이 땅을 흘러가야 합니다. 강은 인간이 만든 수로에 갇혀 있기를 거부합니다. 생명의 강은 인간의 어리석음과 오만을 무너뜨리며 다시 원래의 물길을 찾아 흐를 것입니다. 자연의 힘은 위대하기 때문입니다.

희망의 증거 1 —
운하에서 생명의 강으로 거듭난 독일 이자강

생명의 강이 변종 운하로 전락했지만, 그럼에도 희망이 있음을 보여주는 증거가 있습니다. 독일 뮌헨시를 흐르는 이자강입니다. 금빛 모래·자갈밭에 많은 시민들이 일광욕을 즐기고, 고니들이 찾아와 자연과 사람들이 조화를 이루는 행복한 강입니다. 이명박 대통령 덕에 우리가 잃어버린 그 아름답던 4대강의 바로 그 모습입니다.

이자강은 원래 이런 생명의 강이 아니었습니다. 전 세계에서 운하가 가

∥운하를 여울과 모래·자갈이 있는 생명의 강으로 복원한 이자강. 수많은 시민들이 생명의 강으로 되살아난 이자강에서 행복을 누리고 있습니다. (사진 : 뮌헨시청)

장 많은 나라 중 하나인 독일은 150년 전에 이자강을 운하로 만들었습니다. 그러나 운하로 변한 이자강은 작은 비에도 홍수가 빈번하게 발생하고 생태계가 파괴되는 재앙을 불러왔습니다. 그러자 뮌헨시는 이자강 운하를 여울이 있는 원래의 자연하천으로 복원하기로 결정했습니다. 10년 동안의 조사와 10년 동안의 복원 공사라는 오랜 노력 끝에 지금은 사람과 자연이 어울린 생명의 강으로 다시 거듭난 것입니다.

이자강은 진짜 '강 살리기'가 무엇인지 우리에게 분명하게 제시하고 있습니다. 진짜 생명의 강이란 수로에 가득한 썩은 물이 아니라, 여울과 금빛 모래와 그곳에 어울린 수많은 생명들입니다.

다시 거듭난 이자강에는 4대강 사업처럼 시멘트로 포장된 자전거도로가 전혀 없습니다. 언제나 아이들이 강물에 발을 담글 수 있고, 강변 자갈밭에 가족들이 일광욕을 즐기고, 강변을 따라 우거진 나무 숲 사이 오솔길로 자전거가 다닐 뿐입니다. 이게 바로 진짜 살아 있는 강, 행복한 강입니다.

복원 전   복원 후

‖ 이자강은 원래 운하였습니다. 홍수가 빈번하게 발생하고 생태계가 파괴되자 독일 뮌헨시는 원래의 자연하천으로 복원했습니다. (사진: 독일 뮌헨시청)

4대강 사업은 이자강 살리기와는 반대의 길을 가고 있습니다. 4대강 사업은 맑은 여울을 파괴해 그 누구도 발을 담글 수 없는 썩은 물 가득한 수로로 만들었고, 생명이 가득했던 우거진 강변 숲을 파괴하여 자전거도로를 만들었습니다. 강변 습지가 홍수를 막아주고, 다양한 생명들을 품어주는 보금자리임에도 강 살리기라는 미명 아래 파괴되었습니다.

이자강은 이명박 대통령의 4대강 사업이 시대를 거스르는 잘못된 선택이라는 것을 증명하고 있습니다. 선진국들은 강을 수로화하는 일이 환경 파괴의 재앙이라는 것을 깨닫고 후회하고 있습니다. 이에 많은 비용을 들여서 운하를 다시 자연하천으로 되돌리는 일을 하고 있습니다. 자연을 살리는 것이 곧 사람도 사는 길임을 깨달았기 때문입니다. 이자강 살리기뿐만이 아닙니다. 스위스의 투어강 살리기와 미국의 키시미강 살리기 역시 4대강 사업은 '살리기'라는 이름을 도용한 대국민 사기극임을 증명하고 있습니다.

운하를 여울이 흐르는 생명의 강으로 복원한 이자강 살리기와 4대강 사업이 정반대임은 초등학생들도 알 만한 상식입니다. 그럼에도 이 대통령은 4대강 '죽이기'를 '살리기'라고 우기며 국민을 기만하고 있습니다.

운하에서 생명의 강으로 거듭난 독일 이자강은 변종 운하로 파괴된 4대강에 아직 희망이 있음을 웅변하고 있습니다. 100년 넘게 유지되었던 운하도 생명의 강으로 다시 살아났듯이, 4대강 변종 운하도 다시 생명 가득한 강으로 거듭날 수 있다는 것입니다. 바로 이 때문에 이명박 대통령의 4대강 사업이 완공되었다 할지라도 생명의 강을 지키기 위한 우리의 노력을 결코 포기할 수 없는 이유입니다.

∥제방을 헐어 생명의 강으로 되살리고 있는 스위스 투어강 살리기 현장입니다. 어른과 아이가 함께 강물 속에
몸을 담그고 행복을 누리고 있는 모습이 부럽기만 합니다. (사진 : 윤순태)

희망의 증거 2 ―
재앙을 넘어 희망을 만들다

여기 4대강에 희망을 버려서는 안 되는 또 다른 증거가 있습니다. 칼로 쪼갠 듯 커다란 절벽이 옥빛 서강과 어울려 한 폭의 그림을 그리는 곳, 강원도 영월 서강의 선돌입니다. 선돌의 비경을 국가도 인정해 지난 2011년 4월 4일 국가명승지로 지정 고시하기도 했습니다.

선돌 밑을 흐르는 서강 변에 건설교통부 지금의 국토해양부가 홍수를 예방한다며 1998년부터 좌측 강변에 튼튼한 제방을 쌓았습니다. 그러나 다음해 여름, 좌측 제방에 부딪힌 물살이 우측 농경지 유실을 초래했습니다. 제방 때문에 농경지가 유실되자 지대가 높아 홍수와는 아무런 상관없던 반대편 농경지에도 제방을 쌓기 시작했습니다. 제방 축조로 미루나무와 금빛 모래가 어울려 아름답게 빛나던 서강이 처참히 파괴되었습니다.

양쪽 강변을 따라 튼튼한 제방이 완성되자 놀라운 일이 벌어졌습니다. 2002년 8월, 제방에 갇혀 거세진 물살이 좌측 제방을 여지없이 무너뜨리고 만 것입니다. 강은 자신의 길을 막는 인간의 오만을 용납하지 않기 때문입니다.

무너진 제방이 어떻게 변했을지 궁금해 2011년 봄에 찾아가 보았습니다. 그래, 바로 이거야! 저는 이곳에서 이명박 대통령의 오만과 탐욕이 여지없이 무너질 내일을 보았습니다. 저는 여기서 다시 흐를 4대강의 희망을 발견했습니다.

붕괴되었던 제방의 수문은 콘크리트 흔적만이 남아 있었습니다. 제방이 서 있던 자리에는 어느새 버드나무들이 줄지어 자라고 있었습니다. 제방이 붕괴된 지 겨우 8년 만에 모래톱과 버드나무 군락이 저절로 조성된

∥2000년 제방 건설 당시와 2011년 제방이 무너지고 다시 살아난 강의 모습. 사진(위) 좌측에 있던 제방은 홍수
에 무너져 사라졌고, 우측 강변(아래)은 버드나무가 다시 자라 숲을 이루기 시작했습니다.

것입니다. 그리고 강 중앙에는 제방 공사로 사라졌던 하중도가 다시 생성되었고, 역시 하중도에도 버드나무가 우거지기 시작했습니다. 더 놀라운 것은 무너진 제방 자리에 버드나무 군락과 습지가 생성되자 개구리알이 가득 채워졌습니다. 스스로 다시 살아난 놀라운 생명의 현장이었습니다.

붕괴된 좌측 강변 건너편 제방 역시 생명으로 다시 거듭나 있었습니다. 제방이 곳곳에서 무너지고 있었고, 돌 틈 사이에 키 큰 나무들이 하늘을 향해 쑥쑥 자라고 있었습니다. 제방을 쌓은 지 10년 만에 나무들이 이토록 크게 자란 것이 믿기지 않아 혹시 인위적으로 나무를 심은 것은 아닌지 주민

‖ 인간은 강을 다스린다는 미명하에 강을 파괴했지만, 강은 겨우 10년 만에 다시 살아났습니다.

들에게 물어보았습니다. 마을 어르신들은 물길 따라 흘러온 씨앗에서 저절로 싹이 난 나무들인데, 세 번이나 잘랐는데도 저렇게 자라났다고 말했습니다.

서랍 속에서 10년 전 제방 건설 당시의 사진을 찾아냈습니다. 똑같은

자리에 서서 10년 전과 오늘을 비교해보았습니다. 주변 산세는 변함없는데 탐욕의 인간이 쌓았던 제방만 사라졌습니다. 인간이 아무리 제방을 튼튼히 쌓을지라도 자연의 힘 앞에서는 보잘것없다는 사실을 다시 한 번 확인했습니다. 이게 바로 인간의 손 안에 갇혀 있기를 거부하는 자연의 위대함이었습니다. 강은 흐르기만 하면 스스로 치유하며 생명의 강으로 거듭나는 것입니다.

제방이 초래하는 재앙, 하천법에 명시되어 있다

강을 준설하고 제방을 쌓는 이명박식 4대강 사업은 오히려 홍수를 더 일으키고, 강을 죽이는 재앙이라고 대한민국 법에 분명하게 명시되어 있습니다. 대한민국 하천법 상 최상위 법인 수자원장기종합계획(2006~2020)은 제방이 초래하는 문제점을 크게 세 가지로 지적하면서, 그동안 잘못된 제방 중심의 획일적 치수대책의 변화를 요구하고 있습니다. 4대강 사업이 초래할 재앙을 정확히 예언하고 있다고 할 수 있습니다.

"제방은 홍수 피해를 일차적으로 방지하는 긍정적인 역할을 하기도 하지만 역효과를 발생시킨다. 첫째, 제방으로 인한 피해 잠재성의 증가다. 제방이 건설되면 사람들은 제방으로 인해 더 이상 홍수가 발생하지 않을 것이라 인식하여 강 주변으로 인구와 자산이 집중하게 된다. 결국 피해 잠재성이 커지게 되고 이를 방지하기 위해 또다시 제방을 높여야 하고 다시 자산이 집중되는 악순환을 초래한다. 제방으로 보호된 지역에서 계획 규모 이상의 홍수로 제방이 붕괴되거나 월류하는 경우 피해는 더 크게 발생한다. 제방이 없는 경우 토사 등으로 매몰지 피해가 크지 않은 반면, 제방이 붕괴되는 경우 유속의 증가와 토사량의 증가로 농경지의 매몰 피해가 증대될 수 있다. 이를 제방 효과로 부르며 많은 나라에서 제방의 문제점으로 지적되고 있다.

둘째, 상류의 제방이 하류 지역의 홍수량을 증가시키는 역할을 한다. 상류 지역의 범람원에서 홍수가 자연적으로 지체되는 효과를 제방이 차단함으로 인해 상류의 홍수가 빠르게 하류로 유출되어 첨두 홍수량이 커지는 효과가 나타나는 것이다.

셋째, 홍수의 긍정적인 효과를 제방이 차단하는 것이다. 홍수는 새로운 토사를 공급해주고, 생물의 다양성을 유지시켜주며, 무기물과 영양분을 공급해주는 역할을 한다. 농경지의 경우 제방으로 인해 장기간 홍수의 범람이 발생하지 않을 경우에 생산성이 떨어지는 것도 제방의 역효과라고 할 수 있다."

수자원장기종합계획은 예언이 아니라 이미 수없이 반복되었던 인간의 실패를 정리한 것에 불과합니다. 제방 붕괴로 다시 살아나기 시작한 서강이 바로 그 증거입니다.

제방을 쌓기 전 서강변의 농경지는 기름진 옥토였습니다. 가끔 한 번씩 범람하는 홍수가 새로운 토사와 함께 영양분을 공급해주었기 때문입니다. 그러나 제방이 붕괴되면서 옥토는 아무 쓸데없는 자갈밭으로 변하고 말았습니다. 제방의 자갈이 붕괴되며 옥토를 뒤덮었기 때문입니다.

최근 찾아간 자갈밭 한 귀퉁이에 강자갈이 가득 쌓여 있고, 바로 그 곁엔 배추 모종이 자라고 있었습니다. 붕괴된 제방에서 밀려든 자갈을 걷어내고 그 밑에 감춰졌던 옥토를 다시 찾아 농사를 짓기 시작한 것입니다.

‖서강 주변의 제방입니다. 제방은 쌓은 지 단 2년 만에 콘크리트 흔적만 남기고 무너졌습니다.

자갈을 걷어내고 배추를 심은 곳은 드넓은 자갈밭 중에 아주 일부였지만, 제방을 쌓기 전엔 이곳이 얼마나 기름진 땅이었는지 보여주는 분명한 증거였습니다.

"제방이 없는 경우 토사 등으로 매몰지 피해가 크지 않은 반면, 제방이 붕괴되는 경우 유속의 증가와 토사량의 증가로 농경지의 매몰 피해가 증대될 수 있다"던 수자원장기종합계획의 예언이 그대로 증명된 것입니다. 이곳 서강변 농민들은 제방 건설로 농지가 감소되고 환경의 변화로 생활 기반이 상실된다며 정부 기관을 찾아가 제방 축조를 반대한 바 있습니다.

홍수를 막는다는 인간의 기술적 오만이 아름다운 강도 파괴하고, 기름진 옥토도 잃어버리게 한 증거의 현장이요, 4대강에서 벌어질 내일의 모습이기도 합니다.

강은 흐르면서 스스로를 치유한다

많은 사람들이 완공된 4대강을 보며 이제 더 이상 희망이 없다고 좌절합니다. 아닙니다. 희망이 있습니다. 이 대통령이 4대강 괴물 댐을 완성한다 할지라도 4대강에는 희망이 있습니다.

미국 미시시피강 유역을 배경으로 개구쟁이 소년인 톰 소여와 허클베리 핀의 모험을 그린 《톰소여의 모험》을 쓴 마크 트웨인은 "거침없이 흐르는 강을 길들일 수 없다. 이리로 흘러라, 저리로 흘러라 하며 복종시킬 수 없다"라고 이야기했습니다. 강을 변종 운하 수로에 가두려는 이명박 정부가 귀담아들어야 할 말입니다.

댐과 운하를 헐어 다시 금빛 모래 반짝이는 자연의 강으로 돌아가고 있는 세계 역사는 4대강 사업이 시대에 뒤진 어리석은 사업이요, 참혹한 재앙에 불과하다는 걸 증명하고 있습니다. 망국적 운하의 썩은 물길을 생명의 강으로 되돌린 세계 여러 나라의 사례들이 우리 4대강도 다시 거듭날 수 있음을 분명하게 보여주고 있습니다.

이자강은 운하를 뜯어 여울과 모래톱을 만들자 고니가 찾아오는 생명의 강으로 변했습니다. 인간들이 서강을 파괴한 지 겨우 10년도 되지 않아 서강은 놀랍도록 다시 살아나기 시작했습니다. 서강이 이처럼 생명의 강으로 다시 거듭날 수 있었던 것은 강물이 흘렀기 때문입니다. 강의 생명은 흐르는 역동성에 있습니다. 강은 흐르면서 스스로를 치유합니다. 비록 우리가 이명박 대통령의 4대강 파괴는 막지 못했지만, 이제라도 우리가 해야 할 일은 강을 다시 흐르게 하는 일입니다. 이명박표 4대강 괴물 댐의 수문을 열어 강물이 다시 흐르게 한다면, 4대강은 다시 생명으로 가득할 것입니다. 4대강엔 아직 희망이 있습니다.

어느 강이 더 좋으세요?

▮사람과 자연이 함께 어울린 행복한 독일 이자강(위)과 4대강 사업의 모델로서 그 누구도 들어갈 수 없는 한강(아래).

▮학생들이 강에 나와 수업을 하고 있는 안전하고 맑은 물이 흐르는 독일 이자강과 아무도 강에 손도 담글 수 없
는 위험하고 썩은 물만 가득한 한강.

‖ 모래와 자갈과 여울 그리고 사람이 함께 어울린 이자강과 강변의 마구잡이 개발로 수로로 전락한 한강.

‖ 사람이 강에 들어가 견지낚시를 하는 여울이 있는 이자강과 사람의 생명을 위협하는 콘크리트 수로 한강.

‘맑은 물’과 ‘썩은 많은 물’,
‘안전한 강’과 ‘위험한 운하’,
‘생명의 강’과 ‘죽음의 수로’.
당신의 선택이 4대강에 참 희망을 가져올 것입니다.